（吉野作造記念館所蔵）

吉野 作造

吉野　作造

●人と思想

太田　哲男　著

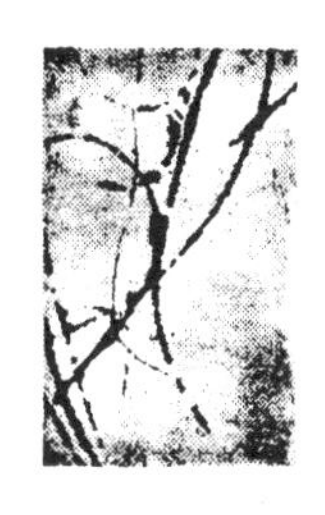

196

まえがき

吉野作造（一八七八（明治一一）年〜一九三三（昭和八）年）は、「大正デモクラシー」の名とともに、また、「民本主義」の提唱者として広く知られている。

吉野は、本書Ⅰで述べるように、一九〇六年一月から〇九年一月までの約三年を中国ですごし、一〇年四月から一三年七月、すなわち第一次世界大戦勃発のほぼ一年前まで欧米に留学していた。留学から帰国後ほどなく、吉野は雑誌『中央公論』などに論説を発表しはじめ、その言論活動は彼の死まで精力的に続けられた。だから、彼の言論活動が世に注目されはじめたのは、第一次世界大戦開始の少しまえ、あるいは「大正政変」（一九一三年二月）の少しあとにあたる。この「政変」は、第三次桂太郎内閣を総辞職に追いこんだ政治変動——都市の実業家たちから民衆まで、知識人やジャーナリズムが加わった憲政擁護運動のうねり——だった。

そして、吉野の死は一九三三年。満州事変の発端となった柳条湖事件（三一年九月）のころ、五・一五事件（三二年）で犬養毅（つよし）首相が暗殺され、戦前の「政党内閣」が終焉をむかえたころにあたる。すなわち、吉野の言論活動は、「大正デモクラシー」の高揚期とほぼ重なっている。その時期には、コメの買い占めなどによる米価高騰に対し、米騒動（一九一八年）が全国規模で起こった。また、翌一九年には、日本の植民地支配が進行した朝鮮で三・一独立運動が起こり、中国では五・四運動が起こった。これらの事件や運動についてはⅣで立ち入って論じるが、それらの問題を吉野は積極的に取りあげて論じていた。中国論・朝鮮論は、吉野の言論活動の重要な一環であった。眼を欧米世界に転じれば、ロシア革命や第一次世界大戦の終結からヴェルサイユ講和会議の時代、さらには、この講和条約を基礎としたヴェルサイユ体制がゆらいでいく時代でもあった。

吉野の「民本主義」が世に知られるようになった論文は、雑誌『中央公論』一九一六（大正五）年一月号に掲載された「憲政の本義を説いて其(その)有終の美を済(な)すの途(みち)を論ず」（以下、「本義」論文）である。とはいえ、吉野の思想を「民本主義」ということばで要約するにとどまってよいかどうかは問題である。第一に、吉野自身が「民本主義」を使用し続けたわけではなく、「デモクラシー」や「民主主義」という表現を用いるようになり、大正デモクラシーの運動の諸側面を推進する論陣を張ったからである。第二に、吉野の思想は社会主義（より正確にいえば社会民主主義）や平和主義との関連から把握されるべき面をもつと考えられるからであり、本書は吉野のこの側面にも着目しようとするものである。

ここに「社会主義」と書いたことに違和感をもたれる方もおいでであろう。

その点に関わるのが、「本義」論文から一〇〇年後の二〇一六年一月に刊行された『吉野作造政治史講義』である。これは、吉野が東京帝国大学で行った講義の受講学生であった矢内原忠雄、赤松克麿、岡義武が作成した講義ノートを翻刻・編集したもので、これまでは学会誌でその一部が紹介されるにとどまっていたものである。その講義録の公刊は、まさに「吉野作造デモクラシー論一〇〇年」を飾るにふさわしいものであった。そのうちの「矢内原忠雄ノート」＝一九一三年度講義録は、吉野が三年に及んだ海外留学から帰国した年に行われた講義の記録であり、そこではヨーロッパの社会主義の動向が、主題として生き生きと精力的に論じられた。吉野と社会民主主義との関係はこれまでも論じられてはいたにしても、この『政治史講義』の出現は、吉野の像を考える際にはじつに画期的なものであった。そこで本書でも、この『政治史講義』の一端を紹介した。

第二次世界大戦後の西欧では、しばしば社会民主主義政党（労働党や社会党）の政権が誕生した。その社会民主主義は、むろん二〇世紀初頭のそれと同じではないけれども、極端な「自由主義」的資本主義とは異なる社会のあり方を提示してきたのであり、それは、日本社会の今後のあり方を考える上で、考慮すべき選択肢のひとつとなり得るものであろう。そう考えれば、吉野の『政治史講義』や、さらにはその社会主義あるいは社会民主主義との関連についてふり返る意味は十分にあるといえよう。

吉野作造の論文には時事的・政治的な事象を論じたものが圧倒的に多い。それは、彼が新聞・雑誌にきわめて精力的に執筆を続けたこと、言いかえれば、彼の諸論文が「臨床的」「時局的」であったことと不可分である。

吉野作造と中学一年生のときに出会い、その後に吉野と「兄弟に等しい友誼」を続けた鈴木文治は、一九一二年に労働組合の「友愛会」を創設し、育てあげた人物である。その鈴木は、彼の著書『労働運動二十年』（一九三一年）のなかで、

大正年代における吉野作造氏（後に福田徳三氏を加えて）を中心とする民主主義的運動が、日本民衆の政治に対する関心と動向との上に、多大の影響を与えたことは言うまでもない。（三五八～九頁）

と書いている。

本書は、第一次世界大戦期から満州事変に至る時期における内外の諸情勢に関連して「時局的」「臨床的」な政治論を縦横に展開した吉野の姿、鈴木の表現を借用すれば、「大正年代における」「日本民衆の政治に対する関心と動向との上に、多大の影響を与えた」吉野の姿を描き出すことをめざす。吉野はその時代状況のなかに生きていたと同時に、時代に対して積極的に働きかけもした。そういう脈絡のなかで吉野と関わりをもった人びとのこともあわせて描き、吉野の生き方・経験が、周囲の人びととの親交や交流、あるいは反発のなかで形成された側面にも注意を払った。

吉野の諸論文は、時代に切り込む迫力をもっていたがゆえに、幅広く歓迎を受けた半面、激しい反発もまねき、それが吉野自身の運命を大きく左右した事実もあった。その典型的な一例が吉野の「舌禍事件」である。

この事件については本書Ⅵでふれるが、吉野は、ある事情があって一九二四年に東大教授の職を辞し、同年二月に朝日新聞社に入社した。入社後まもなく連続して開催された「時局問題大講演会」

は大盛況で、吉野が「現代政局の史的背景」の題目で講演したとき、そのなかに「五箇条の御誓文の発布を促した政治的動機」について述べた箇所があった。はからずもこれが吉野の「舌禍事件」を引きおこし、吉野は朝日新聞社からの退社を余儀なくされた。

この「舌禍事件」は、吉野と時代との接点がどれだけ深かったかを象徴的に示したできごとであった。そしてこの受難は、吉野個人の問題にとどまらず、日本における「デモクラシー」のあり方の断面を示す事件でもあった。

この「舌禍事件」のきっかけになった「五箇条の御誓文」は、一八六八年に発せられたものであり、二〇一八年は、その年から数えて「明治維新一五〇年」でもある。日本の「立憲政治が五箇条の御誓文にその端を発した」とする吉野の見地をふまえれば、「明治維新一五〇年」は、立憲政治にも関わるという意味で、現代につながっているともいえる。

右に言及した「本義」論文から一〇〇年あまり、日本国憲法の施行から七〇年あまりの昨今、憲法改正の声が高まりつつある。そういう状況下で、吉野のデモクラシー論は、「民主主義」とは、「立憲主義」はどのようなものかをあらためて考える手がかりを提供する面があるだろう。

本書は、以上に述べたような観点からこの吉野作造の「人と思想」を述べるものである。この「人と思想」シリーズでは、まずはその思想家の生涯や経歴を述べ、次にその思想について叙述するというのが定型のようになっているけれども、吉野のばあいは、人と思想と時代が密接につながっているので、本書では、吉野の人・思想とその時代を織りまぜて述べていくことにする。

二〇一八年は、ときあたかも「吉野作造生誕一四〇年」にあたる。結果的にではあるが、そういう時点で吉野伝を書くことができたことを喜びとしたい。

吉野がその言論活動においてめざしたところが、つまり日本における民主主義・立憲主義、社会民主主義や平和主義のあり方や可能性という問題が、単に吉野の時代にだけ関わるものではないことを念頭に置きつつ、本書をお読みいただけるとすれば、著者の望むところ、それにまさることはない。

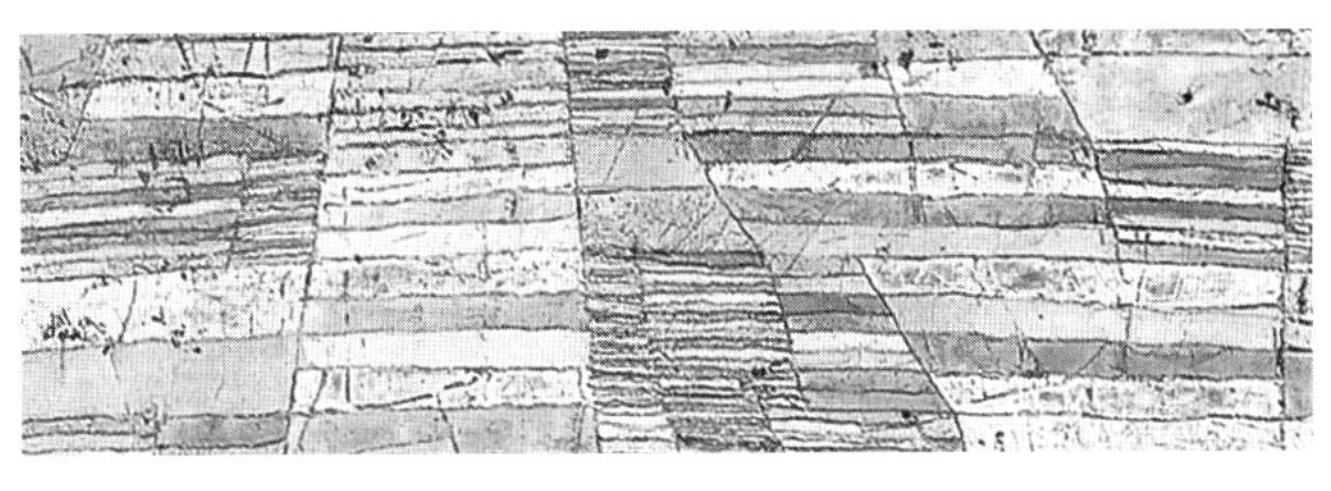

目次

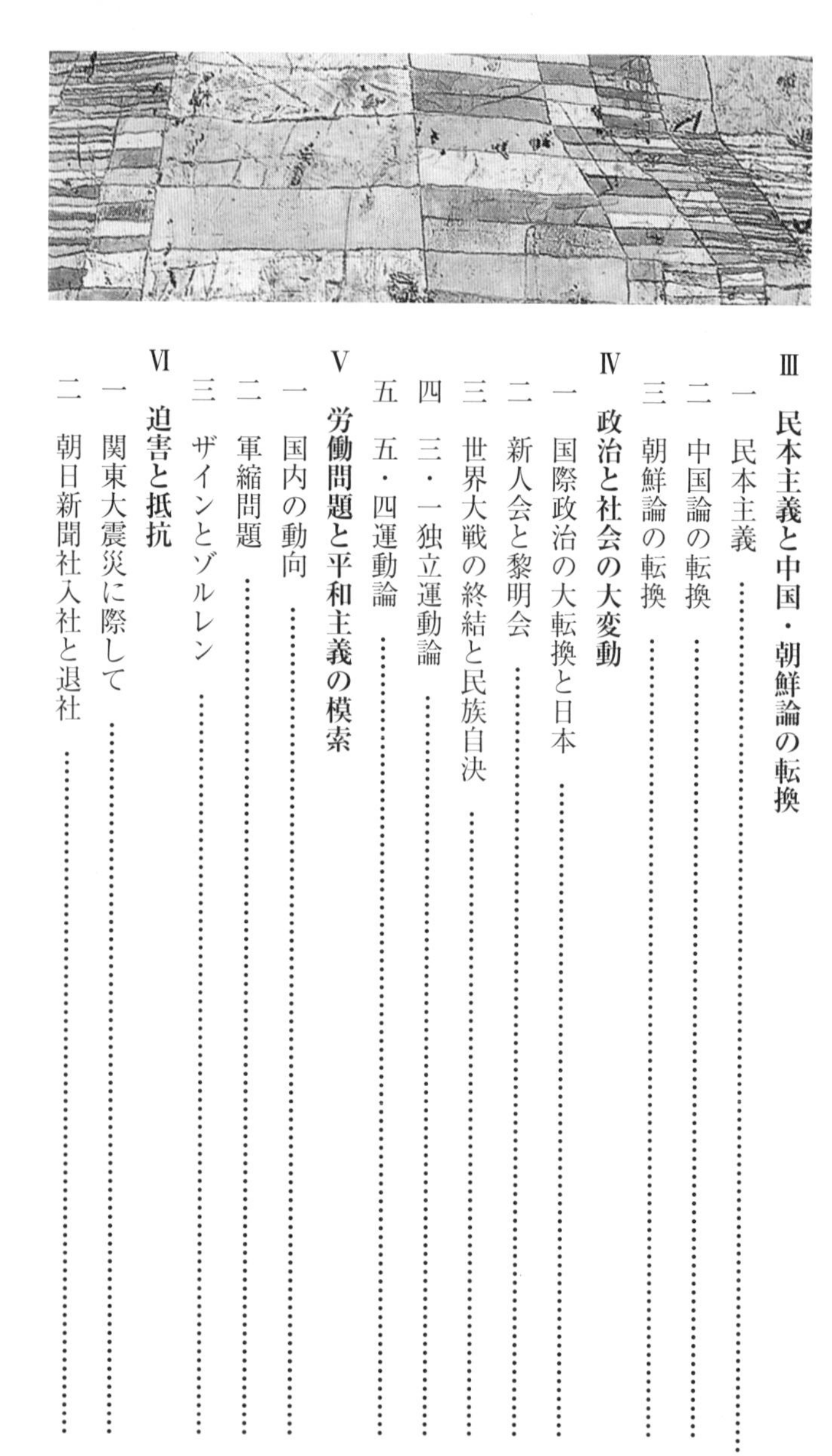

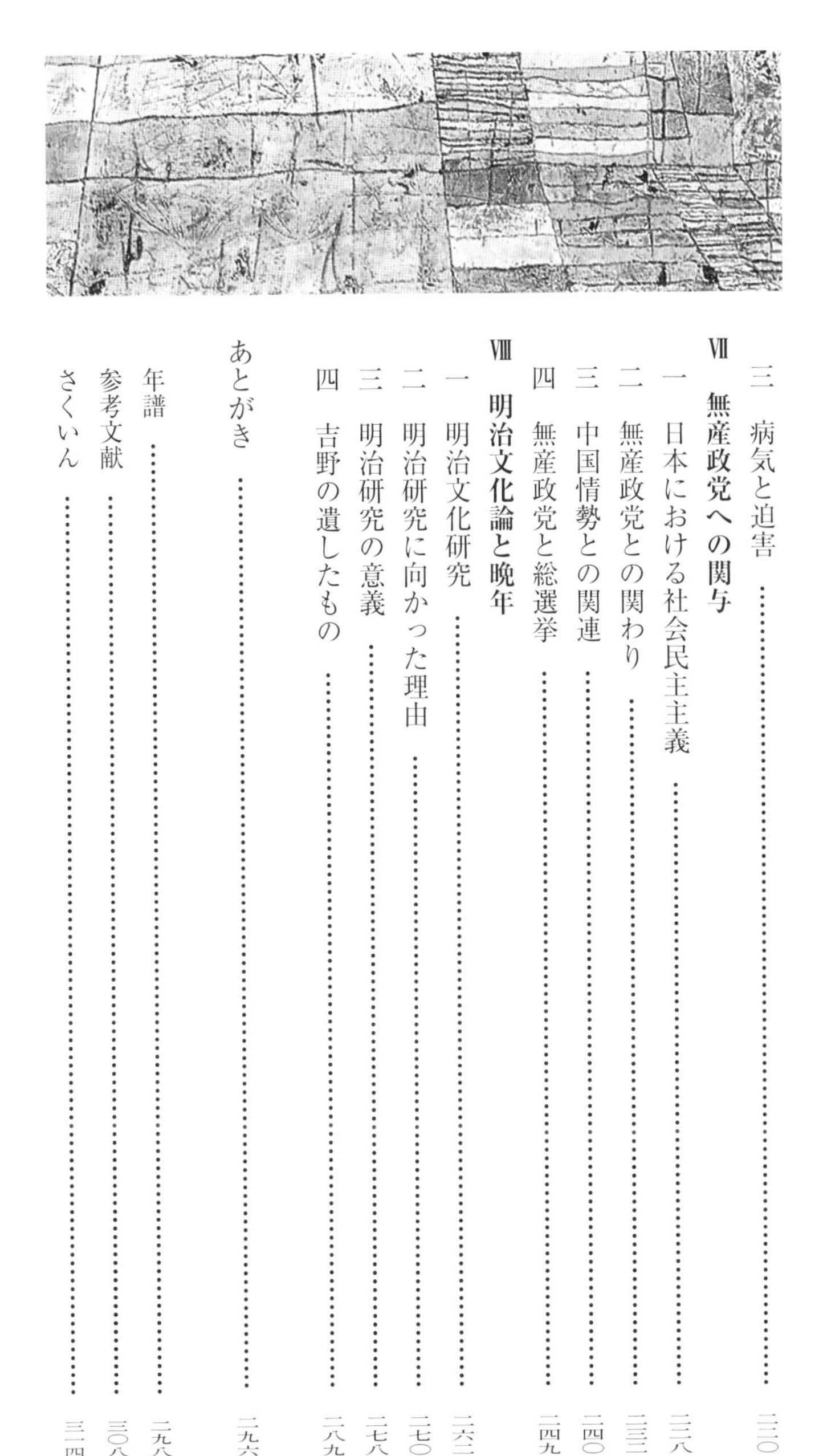

凡例

一、本書における引用史料の表記は、読みやすさと本シリーズの性格を考慮し、漢字の旧字体を新字体に、かな遣いも現代風にあらため、読点を適宜補った。文体を現代語風にあらためた引用箇所もある。ルビ、強調の傍点、引用文中の〔 〕内は、ほとんどのばあい、太田による。

二、『吉野作造選集』からの引用は、その一二巻四七頁からのばあい、（⑫四七）あるいは単に（四七）のように略記する。ただし、出所の記載を省いたところも少なくない。『吉野作造日記』については、吉野日記と略記し、その日付を、一九〇九年一月一日ならば〇九・一・一のように略記して添える。前後関係から月日だけを記したばあいもある。在外時代の日記は漢字・カタカナで記されているところがあるが、カタカナはひらがなにあらためた。外国語による表記を日本語表記にあらためたばあいもある。また、吉野日記には句点がないが、引用に際しては句点を補った。この選集・別巻所収「吉野作造年譜」（松尾尊兊（たかよし））を参照した場合は、松尾年譜と略記する。

三、『吉野作造政治史講義』は、本文を横組みとし、句読点を「，」「．」とし、数字は基本的にアラビア数字を使用している。本書では、これらを縦組みの形式に適宜あらためている。この書物からの引用は、その一七頁からの引用ならば（講義、一七）のように、あるいは文脈によっては（一七頁）のように略記する。

四、『東京朝日新聞』『大阪朝日新聞』からの引用に際しては、『東朝』『大朝』と略記し、一九二二年二月一三日付ならば一九二二・二・一三などと表記する。文脈から判断して、年の表示を略したばあいもある。

五、本書は、先行する諸著作・研究書を参照しているが、本シリーズの性格上、参照した書名の注記は省略したばあいが多い。

六、引用文中には、現在からみて不適切な表現・差別的な表現とされるところがある。しかし、それらは歴史的な史料でもあるので、表現を変更することなく、そのまま用いている。

I　欧州留学時代まで

大正デモクラシーの時代

自由民権運動の高揚は吉野作造の幼少期にあたり、大日本国帝国憲法の発布（一八八九年）は吉野が満一一歳のときであるから、彼に同時代的な記憶はあまりないであろう。日清戦争の開始は一六歳、日露戦争の開始は吉野の大学卒業の年、二六歳のとき。大正デモクラシーの起点となった日比谷焼打ち事件（一九〇五年九月）は、吉野の大学卒業の翌年、大学院に在籍中のことであった。

日比谷焼打ち事件は、日露戦争講和条約であるポーツマス条約によって賠償金の獲得や沿海州の割地・獲得ができなかったことなどへの反発から引き起こされた都市の民衆暴動であり、全国的な広がりをもち、戒厳令の宣告にまで至った。この運動は、膨張主義的・排外主義的側面をもつが、藩閥専制政治に対する抵抗という側面ももっていた。吉野はこの焼打ち事件を、「民衆が政治上において一つの勢力として動くという傾向の流行する」（③一七）起点だったと位置づけていた。大正デモクラシーの特色とされる「内に立憲主義、外に帝国主義」という性格が、この焼打ち事件のなかに浮かびあがったといえる。

大正デモクラシーとは、この日比谷焼打ち事件から一九三一年の満州事変勃発のころまでの、日本における政治・社会・文化などの諸方面にあらわれた民主主義的・自由主義的な傾向をいう。

大正デモクラシー期は、政治面で考えれば、この傾向を促進するような運動が多方面に展開された時代である。と同時に、一九一八年に成立した原敬（たかし）内閣から三二年に五・一五事件で倒れた犬養毅内閣まで、「政党内閣」が組織されていた時代でもある。

吉野が東京帝国大学を卒業したのが日露戦争開始後まもない一九〇四年七月であり、その死が三三年三月であるから、吉野が生きた時代は大正デモクラシーの時期とほぼ重なるということができる。

とはいえ、日比谷焼打ち事件以降に、デモクラシーの動きがもっぱら続いていたわけではない。そのことは、ともに一九一〇年に起きた韓国併合や大逆事件（すぐ次に述べる）があったことを考えればわかることである。

日比谷焼打ち事件　市街電車を焼打ちする民衆。

日露戦争は、日本とロシアの間で、朝鮮・南満州の支配権をめぐって争われたものであり、戦争の結果、日本は朝鮮の支配をロシアに認めさせることができた。そして、一九一〇年八月、韓国併合に関する日韓条約が調印された。それは、日本帝国の拡張を意味するものではあるけれども、デモクラシーにつながるものではない。

幸徳秋水と堺利彦は、日露戦争に反対する非戦論を唱えた社会主義者として知られているが、秋水はその後、一〇年六月に「大逆事件」（明治天皇暗殺を企てたとして、幸徳秋水ら一二名を「大逆罪」によって死刑とした思想弾圧事件）に連座し、翌一一年一月に刑死した。以後しばらく、日本の社会主義運動は「冬の時代」をむかえることになる。[1]

このようにみれば、日露戦争以降に「デモクラシー」の動向が継続して顕著だったともいえないけれども、その動きは、先にふれた一九一〇年代の「大正政変」で高揚する。徳富蘇峰（一八六三～一九五七、明治から昭和にかけてのジャーナリスト・歴史家・評論家）が、彼の『大正政局史論』（一九一六年）で、この大正政変が日比谷焼打ち事件と同質の反政府運動だと指摘していたのは的確だった。

韓国併合の条約調印や大逆事件、また、大正政変も、吉野のヨーロッパ留学時代のできごとであった。とはいえ、吉野日記には、韓国併合の条約調印をドイツのハイデルベルクにて新聞報道で知り、一三年二月の桂内閣総辞職の報はベルリンで接したとある。つまり、日本の政治状況を伝え聞いてはいたのだった。

このⅠでは、吉野作造の誕生からヨーロッパ留学時代までをみていくことにする。政治論を世に発表するようになる以前の時期における吉野ということになる。

一　誕生から高校卒業まで

誕生

吉野作造（誕生のときは作蔵だが、のちに作造と改名。以下ではすべて作造と記述）は、一八七八（明治一一）年一月二九日、宮城県志太郡大柿村（現在大崎市）で糸綿商を営む吉野屋に、父年蔵（一八四七〜一九一九）、母こう（一八五四〜一九三五）の長男として誕生した。大柿村は、一八八九年に近隣の四つの村が合併して古川町となった。現在では、大崎市に古川駅があり、仙台駅から四〇キロあまり、東北新幹線ならば北へ一駅である。作造はのちに「古川学人」とも称したが、それはふるさとへの愛着のあらわれでもあろう。

きょうだいは一二人で、弟のひとりは信次（のちに第一次近衛文麿内閣商工大臣、第三次鳩山一郎内閣運輸大臣）である。

吉野屋の年蔵の後継者と目されていたのは作造の姉・長女しめ（志め）であった。男女に関係なく長子相続する風習がこの地にあり、吉野屋でもその風習にしたがい、しめに婿養子を迎え、家督が継承された。弟信次は、「兄の中学に入るまで」という回想文（赤松克麿編『故吉野博士を語る』所収。以下、『語る』と略記）のなかで、長姉が婿を取って家の相続をしたからこそ、長男作造に学問をさせるということが起きたのだったと述べている。

吉野作造誕生の地　吉野作造生誕の地に設置された「生家跡地パーク」の書見台の碑。著者撮影

吉野屋は、一八八〇年代後半以降、糸、反物を主として扱うようになり、日清戦争（一八九四〜九五年）のころまで、なかなか繁盛していていたという。また、作造の記憶するところによれば、年蔵は新聞・書籍の取次をしていた。ただ、人口一万足らずの町で「当時新聞を取る家は十軒となかった」（⑫四〇）というから、この取次が商売になったわけではなかった。新聞といっても地元紙が中心で、雑誌は郵便で東京からも取り次いだらしい。「自由民権といった風の小冊子」も取り次ぎ、そうしたものの売れ残りが、作造の大学生時代まで土蔵のなかに残っていたという。一八八二年に「古川自由党」が結成されたとき、年蔵もこれに関係していた。年蔵は、一八八九年に町会議員となり、その後、九九年から一九〇三年にかけて、古川町長をつとめた。こういう環境は、後年の作造が政治学を専攻する背景になったのかもしれない。

一八九一年には、長姉志めが死去した。二〇年後のことになるが、吉野日記に、

亡姉志め子の二十周忌に当たる〔中略〕この姉にして夭折せざりせば郷家の頽廃はかくのごときに至るまじきになど愚図をこぼしたくなる（一〇・一二・一）

とあり、翌年同日の日記にも、ほぼ同じことがくり返されている。長姉死去に伴い、志めの夫・和平が相続人となった。

吉野屋が新聞・書籍の取次店を兼ねたことで、作造は幼少期から活字に親しんだし、「新聞だの雑誌だのまた書物などに私が興味をもったのは、あるいはこんな因縁からでもあろうか」（⑫四七）と回想している。作造は晩年に、明治文化の研究に力をそそぎ、書物収集に没頭するが、その発端が幼少期にあったことになる。

作造誕生の前年には、遠く九州で西南戦争が起こっていた。幼少期の作造たちは、西郷隆盛軍の掲げた「新政厚徳」の旗を押し立てていくさごっこをしたという。古川が属していた仙台藩が、幕末の戊辰戦争で幕府側につき、敗者となっていたことの名残といえよう。「私は薩長にいじめられた方の東北の片田舎に生まれた」（「明治維新の解釈」（『婦人公論』一九二七年一二月）と回想しているように、この感覚は、長じてのちにも残っていた。

小中学校

作造は、一八八四年三月に古川尋常小学校に入学し、八八年四月に高等小学校に進んだ。九二年三月に高等小学校を首席で卒業、六月に宮城県初の尋常中学として新設された、宮城県尋常中学校（当時県で唯一の中学校。現在の仙台一高）に入学した。同学年に真山青果（一八七八～一九四八。のちに『元禄忠臣蔵』などで知られる劇作家。ただし、中学四年で東京の中学に転校）がいた。校長は大槻文彦。文彦は、『解体新書』で著名な蘭学者杉田玄白や前野良沢の弟子・

大槻玄沢の孫に当たり、「近代的な国語辞典の最初」とされる『言海』を編纂した人物だった。作造にも目をかけていたという。

中学時代の吉野（以後、作造でなく吉野とする）は、回覧雑誌の編集に熱中して取り組んだ。彼の中学時代は、日清戦争から仏・独・露による三国干渉の時代に当たる。吉野は日清戦争の勃発に興奮した。仙台第二師団も出征する。「多くは真夜中に出発する。私どもは学業そっちのけにして毎回停車場に見送りに出た。期せずして駅前に集まる幾千人とともに幾回か万歳を繰りかえしたのであった」（⑫九一）という。こうした熱狂の渦に、吉野も巻き込まれていた。と同時に、仙台で芝居を見るようになり、「古典的な芝居」はたいてい見つくしたという。

一八九七年三月、吉野は宮城県尋常中学校を首席で卒業し、九月に仙台にあった第二高等学校法科（旧制）に無試験入学の「特典」を得た。真山青果の回想文「青年時代の吉野君」（『語る』）によれば、吉野の学校の成績はむろん毎度一番で、いつも「特待生」として「月謝免除」であった。中学・高校・大学を通じ、最初の一年だけは月謝を納めるけれども、その後は無月謝であったと思うという。

高校進学に際し、吉野は文科の哲学志望であったが、同じ下宿にいた友人が、吉野に法科への進学をすすめ、あまりの熱心さに「嫌々ながらウン」と応じたところ、彼は吉野の願書を勝手に法科志望と改めてしまったという。吉野はこのことを入学時に知って驚いたというが、嫌なら転科すればよいと考えてそのまま法科をやってしまった。「こんなことから一生の方針がきまるとは、人の運命も変なものだ」（⑫五七）と書いている。この偶然がなければのちの政治学者吉野作造も存在しなかったかもしれないが、この書き換えを受け入れてしまったところは、吉野の「楽天的な性格」を物語るといえよう。

第二高等学校

一八九七年九月、一九歳の吉野は第二高等学校（旧制二高）の法科に入学した。ここでの同級生に小山東助（一八七九～一九一九。一九一五年に衆議院議員・憲政会）、二年生に結城豊太郎（一八七七～一九五一、林銑十郎内閣大蔵大臣、その後日銀総裁などを歴任）、深田康算（一八七八～一九二八。美学者・京都帝国大学教授）、三年生に内ヶ崎作三郎（一八七七～一九四七、早稲田大学教授、一九二四年から衆議院議員・憲政会）、栗原基（第三高等学校教授）などがいた。

吉野の高校時代に特筆すべきことは、尚絅女学校長のアニー・S・ブゼル（一八六六～一九三六）のバイブル・クラスに出席するようになったことである。ブゼルは、アメリカのマサチューセッツ州に生まれ、やがて、アメリカン・バプテスト海外伝道協会から派遣されて来日した女性であった。翌年七月、吉野は内ヶ崎、島地雷夢（浄土真宗本願寺派の僧侶島地黙雷の息子）とともに、仙台浸礼（バプテスト）教会で、中島力三郎牧師により洗礼を受けるに至った。また、まだ中学生だった鈴木文治（一八八五～一九四六）と知り合いになったのもこのころのことである。鈴木は一九一二年に、労働団体の友愛会を設立する。キリスト教との関わりもあるが、それはⅤで述べる。

高校時代で特筆すべきもうひとつのことは、吉野が（二一歳頃）結婚したことである。相手は、元秋田藩士、当時仙台高等刑務所勤務の阿部弥吉・いいなの長女たまの（一八八〇〜一九五九）。当時たまのは「〔女子〕師範を出て先生になりたての美少女」だった。吉野の級友が吉野没後に語ったところ（『河北新報』一九三三年三月二一日付）では、ある雪の日、学校からの帰り道に足駄に雪がはさまり、鼻緒を切らせて困っている少女がいて、それをみた吉野がハンカチを引き裂いて与えて下宿に戻ったが、少女は母親とともにそのお礼に来た。それがふたりの恋の芽生えだったという。

この新聞記事には、たまのが「勇敢に吉野氏のもとを訪問しつづけて恋を獲得した美少女」とあるが、いずれにせよ、吉野は高校在学中に結婚し、一九〇〇年九月には長女をもうけていた。同月、吉野は第二高等学校法科を二番で卒業し、九月には東京帝国大学法科大学（のちの法学部）政治学科に入学した（一九一九年までは学部制ではなく、のちの法学部は法科大学、文学部は文科大学と称した）。

九月入学についていえば、夏目漱石の小説『三四郎』（一九〇八年）に、熊本から上京した三四郎が大学に入るところで、「学年は九月十一日に始まった」とある。東京帝大が学年開始を四月に変更する決定を行ったのは一九二〇年のことであり、二一年度から官立大学・（旧制）高等学校の全部が四月入学の実施に踏みきった。

二　東京帝大学生時代

大学入学

大学一年生のとき、吉野は一木喜徳郎（一八六七〜一九四四。東京帝国大学教授、第二次大隈重信内閣文部大臣。のち宮内大臣などを歴任）の国法学講義に心酔し、ある日、おおいに「勇を鼓して（当時私は格別内気で臆病であった）」一木の私邸を訪問したところ、「君はドイツ語が達者に読めるか、でないと話にならぬ」といった調子であしらわれ、ほうほうの体で引き下がった（吉野「民本主義鼓吹時代の回顧」。以下、「回顧」論文）という。

大学入学後まもなく、吉野は小山東助とともに東京帝国大学学生基督教青年会（東大ＹＭＣＡ）に入り、中央学生基督教青年会館に入寮した。吉野は当初、小石川柳町の浸礼教会に通ったけれども、ほどなく内ヶ崎・栗原とともに、海老名弾正牧師の本郷教会に通うようになり、一九〇〇年末ころから本郷教会機関誌『新人』（創刊は一九〇〇年七月）の編集に協力するようになった。このように、学生生活と教会の活動が並行して進

本郷教会　この建物は関東大震災で焼失。1926年に再建された。著者撮影

みはじめる。この雑誌『新人』は、やがて吉野がその所論を展開する主要舞台のひとつになっていく。

吉野は、「予の一生を支配する程の大いなる影響を与えし人・事件及び思想」（『中央公論』一九二三年二月号）のなかで、大学生時代に関しては、「小野塚博士の指導を感謝せざるを得ぬ。さらに信仰の師として海老名弾正先生を戴いたこと、また友人として内ヶ崎作三郎、今井嘉幸、佐々木惣一、故小山東助の諸君をもったことは、僕の一生に決定的の影響を与えた」と書いている。今井と佐々木についてはのちにふれるが、ここでは海老名と小野塚喜平次について略記しておこう。

海老名弾正

海老名弾正（一八五六～一九三七）は筑後（現福岡県）柳川藩士の子として生まれ、熊本洋学校に学んだ。海老名はここで、南北戦争に北軍の軍人として参加した経歴をもつアメリカ人のL・L・ジェーンズの教えを受け、キリスト教の洗礼を受け、洋学校生徒三五名がともに「奉教趣意書」に署名をした。この洋学校はほどなく廃校となるが、その生徒たちは、新島襄（一八四三～九〇）が京都に開いていた同志社英学校に入学した。これら熊本洋学校の系譜に連なる人びとに冠せられた名称が「熊本バンド」である。

近代の日本におけるキリスト教関係の活動では、アメリカから伝えられたプロテスタント系諸教派の宣教活動が活発であった。内村鑑三（一八六一～一九三〇）を中心とする札幌農学校の系譜に属する人びとを「札幌バンド」と称し、植村正久（一八五八～一九二五）などを含む人びとを「横浜バンド」という。「熊本バンド」のばあい、基本的には組合教会（コングリゲーショナル）といわれる教派の人びとであった。

この組合教会の系譜にあって、吉野との関わりのあったのが、海老名弾正のほか、徳富蘇峰であり、浮田和民（うきたかずたみ）（一八五九～一九四六。早稲田大学教授、政治学者。一九〇九年～一七年に雑誌『太陽』の主筆も兼務）である。

吉野は、「新人運動の回顧」（『新人』一九二三年四月号）という論文で、海老名と出会ったころのことを明治史の展開とともに回顧している。それによれば、明治時代に入り、「開化の時代」となって、科学中心の考え方が支配的となった。福沢諭吉なども科学思想を鼓吹した。それが、明治も三〇年頃から少し様子が変わってきて、「科学と宗教の衝突」ということが青年たちの問題になりはじめた。吉野が大学に入学してまもないころ、東京帝国大学の学生にも、海老名の牧（ぼく）する本郷教会で洗礼を受ける者があらわれた。そして、「科学と宗教」の問題について、海老名の「透徹せる解説は青年に非常なる光明を与えた」という。たとえば、普通には「耶蘇（やそ）が死して三日目に甦（よみがえ）った」ということを信じなければクリスチャンではないとされていた。これについて海老名は、「ユダヤ思想から見れば、義にして苦しみ、不義にして栄ゆるはずがない。〔中略〕ユダヤ人には正義の勝利が信ぜられていた。そして基督（キリスト）の死は刑罰であるにかかわらず、弟子の尊崇の念が変わらなかった。そこに復活の信念が現れたというふうに説明されて、復活の伝説よりも伝説を生じた信仰を高調せられた」という。

これが「透徹せる解説」であるかどうかはともかくとして、こういう海老名の説明によって、吉野たちが苦しんだ「科学と宗教の問題は何ら衝突する事のない」ものとなり、吉野たちは「信仰生活に満足した」という。このような雰囲気のなかで本郷教会は活発化した。

小野塚喜平次

政治の世界について吉野の眼をおおいに開いてくれた「第一の恩人」は、小野塚(おのづか)喜平次(きへいじ)（一八七〇～一九四四。東京帝国大学教授、政治学講座最初の専任担当教授。一九二八～三四年に東大総長）だった。小野塚は一九〇一年（明治三四年）に「欧州の留学から帰られ、私の二年生のとき私どもにその最初の政治学の講義を授けられた。この講義で私の受けた最も深い印象は、先生が政治を為政階級の術と視(み)ず、直にこれを国民生活の肝要なる一方面の活動とせられたことである。先生はさかんに衆民主義という言葉を使われた（中略）先生はデモクラシーを衆民主義と訳されたのである）」（⑫七九以下）と吉野は回想している。この「衆民主義」は、のちに吉野が唱えた「民本主義」に連なる面をもつといえよう。「民本主義」に連なるという点では、先にふれた浮田和民が雑誌『太陽』に掲載した立憲主義的・自由主義的な政論も同様だが、それを吉野が愛読するようになったのもこのころのことである。

小野塚は、日露戦争前の一九〇三年六月、桂太郎内閣（桂は長州出身・陸軍大将。台湾総督などを歴任）に対して提出された対露強硬外交の主張である「七教授建議書」に名を連ねたことでも知られる。小野塚はまもなく、このグループとの共同歩調をとらなくなったけれども、七教授のうち最も強硬な対露外交の主張者・戸水寛人は、日露戦争後のポーツマス講和条約に反対する論を展開した。

吉野は、「青年学生の実際運動」（『中央公論』一九二六年一二月号）で、自分の学生時代をふりかえり、「私どもの学生時代は、帝国主義的の議論にこそ共鳴はすれ、自由平和などいう文字はあまりはやらなかったものだ。戸水寛人先生のバイカル以東占領論が帝大学生の人気の中心であった」と述べている。

戸水はこの「占領論」ゆえに桂太郎内閣によって休職処分を受ける事態（戸水事件）となったが、この事件は、一方で対露強硬論・ポーツマス条約反対という主張に関連するものであり、他方で大学の自治擁護の運動をひきおこしたという意味で、先にふれた「内に立憲主義、外に帝国主義」という「大正デモクラシー」の特質に連なっているといえよう。吉野が「回顧」論文で、「日露戦争が一方において国民を帝国主義的海外発展に陶酔せしめたとともに、他方国民の自覚と民智の向上とを促して自らデモクラチックな思想の展開に資したことは、既に人のよくいう所である」と書いているのは、この特質にふれるものであろう。

本郷教会の雰囲気

吉野が大学に入学した半年後、夫人が上京し、いっしょに暮らすようになっていた。小野塚の講義に傾倒していたころ、吉野は社会主義に関心をもちはじめ、中学・高校・大学時代を通じての友人小山東助の手引きにより「しばしば社会主義者の講演

社会民主党に結集した人々　左から安部磯雄、河上清、幸徳秋水、木下尚江、片山潜、西川光二郎。

会に出席し、ひそかに安部磯雄、木下尚江の諸先輩に傾倒する因縁をつくった」（⑫八一）という。[2]

先に、大正デモクラシーの起点に日露戦争講和条約に反対する運動があったことにふれた。だが、日露以前に大正デモクラシーにつながる動きがなかったとはいえない。たとえば、大正デモクラシーの重要な一面に普通選挙権獲得運動があるが、普通選挙期成同盟会はすでに日清戦争後の一八九七年に成立をみている。足尾銅山鉱毒事件をめぐる被害農民の運動や裁判は、一九世紀末から二〇世紀初頭にかけて展開されたものである。貧困の問題などもふくめた「社会問題」の自覚を背景に、一九〇一年五月一八日、社会民主党が創立された（二〇日に解散命令により解散）。

安部磯雄（一八六五〜一九四九）は同志社出身、新島襄から洗礼を受けてアメリカのハートフォード神学校を卒業、その後日本に戻り、東京専門学校（早稲田大学の前身）教授となっていた。

木下尚江（一八六九〜一九三七）は、日本最初の社会主義政党である社会民主党のメンバーのひとりである。この党に結集したメンバー六名は、安部、木下のほか、片山潜、幸徳秋水、河上清、西川光二郎で、幸徳を除く五名は、いずれもキリスト教徒であった。

これらの社会主義者は、日露戦争の時代に、非戦論の論陣を張った幸徳秋水や堺利彦の平民社グループと、安部磯雄、木下尚江、石川三四郎のグループに分岐した。前者が主流とみなされることが多いようだが、後者は月刊誌『新紀元』を刊行（活動は一年の短期間）した。後者の特徴は、キリスト教と社会主義を結びつけようとしたこと、唯物主義・暴力主義に非を唱えたことであろう。

この分岐のなかで、吉野は安部や木下のキリスト教社会主義的な立場に親近感をいだいていた。それだけではない。この親近感は、ヨーロッパ留学中の経験に媒介されて、晩年にまで及ぶ。吉野は、のちの一九二六年、安部磯雄とともに社会民衆党の結成に尽力し、さらに三二年には社会大衆党の結成にも尽力することになる。これらの点はのちのⅦで述べよう。

少し時間がもどるが、一九〇四年二月、吉野は本郷教会に正式に転入をした。ちょうど同じ月、日露戦争がはじまった。吉野は『新人』に、「翔天生」の筆名で四篇の時評を執筆した。日露戦争を前にした〇三年一〇月、日露の非戦論から開戦論に転じた新聞『万朝報（よろずちょうほう）』の朝報社から、内村鑑三が、そして幸徳秋水・堺利彦が、非戦論を唱えて退社したことはよく知られているが、吉野はこれらの人びとのように、非戦を唱えていたわけではなかった。

吉野の時評の開始

吉野の時評「征露の目的」（『新人』〇四年三月号）には、「朝鮮の独立を保全し以て帝国の自存を安全にせんがためには露国の満州における勢力を挫（くじ）かざるべからず」と述べられており、日露戦争を支持する論である。

しかし、彼の論には、偏狭な愛国主義からの論とは異なる面もあった。たとえば、同じ時期に書かれた時評「露国の敗北は世界平和の基也」（〇四年三月号）をみよう。そこでの論は、「近世欧州の政治的進化の跡」をみると、「専制時代より民権論時代に移り」、今や「個人の充実」を基礎として強固な「団体的権力」を樹立しようとしている。しかるに、「露国は主義として今なお専制の政治を固執し、大勢趨向の当然たる自由思想の勃興をば強て圧抑して仮借するところなし」という状況である。したがって、「日露の開戦は種々の点において彼を反省せしむるの好機」であるから、「世界平和のために」ロシアの敗北を祈る、というのである。「欧州政治の進化」をふまえた立論だとしても、「日露の開戦」を是としていることはたしかである。日清戦争時に高揚した愛国的な感情に、吉野はまだひたっていたといえよう。

在学中の吉野が、世界共通語をめざして考案されたエスペラントにも関心をもち、その学習をはじめていたことも指摘しておこう。

一九〇四年七月、二六歳の吉野は法科大学政治学科を首席で卒業し、大学院に入って、河上肇（一八七九～一九四六。のち、京都帝国大学教授）とともに、東大法科大学の機関誌的な『国家学会雑誌』の編集に携わることになった（河上肇『自叙伝』に、当時の吉野のふるまいが「ゆかしきもの」だったと短く回想されている）。

また、穂積陳重教授の「法理学演習報告」として吉野が執筆した論文「ヘーゲルの法律哲学の基礎」が法科大学の『法学協会雑誌』に発表（〇四年九月）され、これが翌〇五年一月、単行本として刊行された。

吉野のヘーゲル論　前段で吉野がヘーゲル論を出版したことにふれた。ここで、この著作を簡略にみておこう。この著作冒頭の「例言」で吉野は、ヘーゲル哲学は「整然たる一大系統」をなしているので、その法律学説は彼の著作『法律哲学』だけではうかがい得ないと述べている。

ヘーゲル（一七七〇～一八三一）は、一八世紀後半にドイツに現れたカントやフィヒテなどの哲学者の思想（一般にはドイツ観念論とよばれる。近代ヨーロッパ哲学のドイツ版）を継承し体系化した哲学者である。

ヘーゲルがその哲学を体系的に展開した『エンチクロペディー』（一八一七年）は、「論理学」「自然哲学」「精神哲学」という展開・構成になっていて、「法律哲学」はこの「精神哲学」の一部分に位置づけられている（ただし、ヘーゲル哲学のばあい、現在一般には「法律哲学」ではなく「法哲学」あるいは「法の哲学」という）。

このように、「法律哲学」はヘーゲルの哲学体系の一部分に位置づけられているから、吉野が、まずはその全体系の概要をみておくことが必要だとしたのはもっともな話ではある。しかしその結果、三章から成る吉野の『ヘーゲルの法律哲学の基礎』（全体が選集①で約六〇頁）は全体としてその「一大系統」の概観に筆が費やされ、ヘーゲルの「法律哲学」に該当する部分は第三章第二節（選集①で一〇頁強）のみという結果になっている。

その第二節で吉野は、「古代専制の諸国においては事実上また理論上国家万能を主義とし、国権に対抗する一勢力としての個人の独立を認めざりしこと」は論ずるまでもないと書き、「ルーテル（ルター）」以来キリスト教の開発はますます個人それ自身の尊厳犯すべからざること」を教えたと書く。そして、フランス革命直前に『社会契約論』を著したJ＝J・ルソーに言及し、「ルソーの個人本位的国家説はその後多少風貌を変じてカント、フィヒテ等の継承する所」となったとみる。しかしヘーゲルは、「個人の財産及び自由の安全を保護するを目的とする」ひとつの手段となすような「個人主義的見解」は「正当」ではないとし、「国家は自由意思の顕現にしてそれ自身目的」であるとしたと吉野は論じる。そして、ヘーゲルの国家論は、「幾多の国家の連続的発達の上に実現せらるべき国家の理想」を表すものだと吉野は解釈したのである。

吉野のこうしたヘーゲル解釈は、ここに傍点を付した「実現せらるべき理想」という発想からすれば、ヘーゲルというよりむしろカントの発想に連なる面をもつように思われる。というのは、ヘーゲルのばあいは、国家はすでに「自由意思の顕現」であるとするところにその国家観の特色があるのに対し、カントには実現されるべき理想という発想が強いからである。吉野の発想がある面でカント的であるというのは、先にみた吉野の一文「予の一生を支配する程の大いなる影響を与えし人・事件及び思想」からも裏づけられる。そこで吉野は、「僕の今の思想の基底となっているものを今古の聖賢に求めるなら、おこがましいがカントと言いたい」と述べているのである。[3] いずれにせよ、歴史のなかにデモクラシーが実現されていくという考え方は、「個人本意的」自由につながるし、吉野のデモクラシー論にもつながることになる。

朝鮮問題研究会

一九〇五年、吉野は本郷教会で李殷徳（リウンドク）という朝鮮人青年と知りあいになったことをきっかけに、朝鮮に対する関心をもつようになった。そして、海老名弾正、島田三郎（政治家、当時は毎日新聞社長）を中心とする「朝鮮問題研究会」を発足させた。この時期の吉野は、これという朝鮮論を発表していないが、海老名が一九〇四年に発表した「朝鮮民族の運命を観じて日韓合同説を奨説す」（『新人』一九〇四年七月号、社説）などを考えれば、海老名のこの論文題名が示すような朝鮮観とさほど変わらない意識をもっていたのであろう。

しかし、この「朝鮮問題研究会」と吉野の関わりは長くはなかった。それは、吉野がほどなく中国での生活に入り、そして欧米に留学することになったからである。

三　中国へ渡る

中国へ

吉野は、優秀な成績で大学を卒業したけれども、異例というべきことに、大学内に職を得ることができなかった。そこで、東京帝国大学法科大学教授の梅謙次郎（一八六〇～一九一〇）。民法・商法学者で、第二次松方内閣・第三次伊藤博文内閣法制局長官）の斡旋により、一九〇六年一月、清国の直隷総督であった袁世凱（一八五九～一九一六）の息子・袁克定の家庭教師として、中国に赴くことになった。

梅謙次郎は、「明治時代最大の民・商法学者」（国史大辞典）とされ、本務は帝国大学教授であったが、法政大学総理もつとめ、二千余人の中国人留学生に法政教育を行ったというから、中国との関係にはじつに深いものがあり、人脈もあったのである。

〇六年の六月、袁克定は奉天督練処総弁に任命され、吉野は克定にしたがって天津から奉天（現瀋陽）に赴いたが、九月には天津に戻った。翌年九月、新設された北洋法政学堂の教員となり、政治学と国法学を担当（日本語で講義）した。ここには、のちに中国共産党の創立に加わった李大釗も学生として在籍していた。李大釗は、毛沢東の先生格にあたる人物である。

ややのちのことだが、東京帝大で吉野の「支那革命史」の講義を聴いたという伊藤武雄（一八九五～一九八四）は、一九二〇年七月の大学卒業とともに満鉄（南満州鉄道株式会社）に勤務することになった。中国赴任に際し、友人から二人の中国人（北京大学教授の陳啓修と李大釗）への紹介状を入手し、北京に着くと、その二人に会いに行ったという。李大釗は当時、北京大学図書館長だった。伊藤が李に面会したとき、最初に発せられたことばは、「吉野先生は健在であるか。私は天津で吉野先生の教えを受けた生徒だった」というものであったという[4]。

時間をもとにもどす。北洋法政学堂には、今井嘉幸が、東京地方裁判所判事現職のまま着任してきて、吉野と親交を結んだ。

今井が「支那時代の吉野君」（『語る』）で述べているところによれば、袁世凱は日本が日露戦争に勝利したのは立憲政治のたまものだと考え、司法官の養成を急務とし、その「人才製造機関」を設置しようと考えて、天津に北洋法政学堂を設置した。袁世凱とも接点があった梅謙次郎の世話で、吉野と今井がこの法政学堂に招聘（しょうへい）されたのだった。学校の名称には「北洋」（直隷・奉天・山東の三省を指す）とあったが、袁世凱は清朝の実力者であったし、官僚登用試験である科挙が廃止となった時期だったから、「四方から天下の人才雲の如く」この学堂に押しかけたという。

また、この学校で吉野と今井は「特別待遇の各控室」を与えられ、昼休みと放課後には、どちらかの部屋で、この両名に中国人教師を加え、「盛に支那の前途、東洋の将来を論じたものだ。何時でも支那は革命をやらねばだめだという結論であった」と今井は回想している。

しかし、一九〇六年から三年ほどの中国生活については、吉野自身の回想にしたがえば、「世人は私を目して支那の事情に通ずる者」としているにせよ、当時は「支那のことは余り研究しなかった」。吉野が「支那を論ずる知識の大部分」は、この三年間の滞在の際に得たものではないという。ことに、「支那革命の研究は大正五年〔一九一六年〕の春第三革命勃発してよりのことであって、今日までわずかに満二年を経たるに過ぎない」という。第三革命とは、一九一五年末に袁世凱を皇帝に推戴する動きがあり、これに反発した勢力の挙兵をいうが、これによって袁世凱は、翌一六年三月、帝位を断念した。いずれにせよ、自身の中国滞在期については、吉野には不満も少なくなかったようだ。

そもそも最初に中国に到着したとき、契約条件が違っていて、半年間給料を受け取らなかったということがあった。帰国まもない吉野が書いた「清国の夏」（『新人』一九〇九年七月号）によれば、袁克定にしたがって奉天についたとき、「支那人の経営している日本人向けの宿屋」に入ったものの、そこは「支那家屋で不潔で不便で御話にならない」状態だったなど、「御話にならない」ことは枚挙にいとまがないという具合だった。

このように、吉野は中国滞在中には中国に親近感をもつことはなく、そのため中国事情の研究に積極的に取り組んでいなかったとしてもふしぎではない。吉野日記のうち、中国滞在時代は一九〇七年の分が残存しているが、それを通覧しても、中国生活に積極的な意義をみいだしているようにはみえない。

吉野は、一九〇九年一月に天津を離れ、帰国の途についた。ほぼ三年にわたる中国生活であった。

四　欧州留学

欧州留学へ

中国から日本に戻った吉野は、二月、東京帝国大学法科大学助教授に任命された。担当は「政治史」だが、授業は行わなかった。五月一三日に学長から留学の内示があったことを受け、「政治学」講座最初の担当者であった小野塚喜平次教授と相談し、まずは独英米の三国に留学すると決めた。しかし、当時の吉野家の家計は「帰朝以来毎月支出するところ百金〔円〕に上り、五十余円の月給にては足らず」（吉野日記、〇九・五・三一）という「悲痛の苦」の状況にあった。そこで、七月一九日、宮城県選出の衆議院議員・菅原伝（立憲政友会）を訪問し、留学に際しての「資金調達」を申し出た。また、友人の小山東助が海老名弾正に吉野の経済事情を話し、海老名が徳富蘇峰にこれを話したことで、蘇峰は第二次桂太郎内閣逓信大臣の後藤新平（一八五七〜一九二九。岩手県出身）に吉野への資金提供を依頼していた。九月にはいり、吉野は紹介状をもらって蘇峰を訪問。今度は蘇峰から紹介状をもらい、後藤に面会。「単刀直入願望の主意を述べた」ところ、「即座に快諾」され、「毎年五百円ずつ三年間恵与」され、しかも「無条件」という約束になった（九・三）。海老名と蘇峰は、先にふれたように「熊本バンド」に連なる間柄にあった。蘇峰は第二次松方正義内閣の内務省勅任参事官も短期間ながらつとめた経歴があったから、後藤と意思疎通ができるパイプはあったといえよう。

蘇峰は一八八〇年代に「平民主義」を提唱して雑誌『国民之友』を創刊し、活発な言論活動をおこない、『国民新聞』も創刊していた言論人であった。しかし、三国干渉後に強硬な国権論を唱えるようになったし、『国民新聞』はポーツマス条約賛成の立場をとったから、世間から「御用新聞」だとして襲撃の対象となった。

一九一〇年一月、吉野は政治史および政治学研究のため、満三カ年間、独・英・米に留学を命じられた。「五十余円ノ月給」だったから、後藤の「補助」は大きかった[5]。

ハイデルベルク

一九一〇年四月一五日、吉野は留学に出発した。シンガポール、スエズ運河を経てマルセイユに到着。リヨンを経由してハイデルベルクに赴いた。留学といえば、どこかの大学に所属して研究を積むというスタイルが思いうかぶかもしれないが、結果からみると吉野の留学生活はそういうものではなかった。

吉野が最初にめざしたハイデルベルク大学には、「国家法人論」を唱えた国法学者のゲオルク＝イェリネックがいた。吉野は、一〇年一一月六日、イェリネックをその自宅に訪問した。小野塚喜平次、上杉慎吉（一八七八～一九二九）、美濃部達吉（一八七三～一九四八）といった法科大学の教授たちから示唆を受けての訪問だったと考えられる。

数日後の一一日の朝、初めてイェリネックの講義に出席。「近代国家の政治」という題で、「低声

ハイデルベルク大学　14世紀創立の大学。吉野はこの大学に在籍。著者撮影

なれどもよく分かる」と書いている。

吉野日記には、「ハイデルベルク大学の学籍許可証」とその裏面の「冬学期受講登録票」の写真が掲載されているから、学籍があったことは事実だとしても、大学の講義に熱心だったとはいいにくいようである。一二月半ば過ぎには、シュヴェルム（ヴェストファァリア州）にある友人の「ハーネ君」の実家に出かけてしまい、一二月末にはリーデンハイム（バイエルン州にある鄙びた農村）に出かけ、一時的にハイデルベルクに戻りはしたものの、リーデンハイムで一一年五月末までをすごすことになる。それに、翌一一年一月にイェリネックが講義中に急死してしまう。という次第で、吉野は、ハイデルベルク大学に籍を置きはしたものの、大学で研究を重ねたとはいいにくい。

ヨーロッパにおける吉野作造　その後の吉野の滞在先を並べると、おおよそ次のようになる。

一一年六月二三日〜九月二六日　ウィーン（第一次世界大戦前はオーストリア・ハンガリー帝国の首都）。この間に、ブダペストに小旅行。
九月三〇日〜一二年四月三日　ベルリン（ベルリンにはプラハ経由で）
四月二九日〜六月八日　シュトラスブルク（シュトラスブール。当時はドイツ領内）
六月八日〜七月三一日　ナンシー（フランス・ロレーヌ地方）
七月三一日〜一三年一月二九日　パリ（この間の九月はほぼ一ヶ月ジュネーブ）
二月一日〜一六日　ベルリン（ベルギー等を経て渡英）
三月一三日〜　ロンドン（約二ヶ月半の滞在）

という次第で、滞在期間が比較的長いのがベルリンとパリであるが、大学での研究生活があったわけではないようである。しかし、吉野の留学生活は、ドイツ内の場所だけについてみても、大都市（ベルリン）、古都（ハイデルベルク）、地方の小都市（シュヴェルム）、鄙びた農村（リーデンハイム）などに滞在し、「ドイツのさまざまの地域、さまざまなレヴェルの生活を経験」できた（吉野日記・飯田泰三解説）のだった。

その経験を可能にしたのは、ひとつにはキリスト教青年会（ＹＭＣＡ）を通じて知り合った人びととの間に生まれた人間関係である。吉野は、「支那問題に就て」という講演で、「私がヨーロッパに三年もいる間に、キリスト教の関係から、よく向こうのキリスト教青年会に行きました[6]」と回想している。

また、吉野は語学（独・仏・伊）の個人指導を受ける形のトレーニングを怠らず、その先生たちとの接触による人間関係があり、さらには下宿先の人びととの親密な交際という人間関係もあった。

その人柄

ここに「人間関係」と書いたが、『語る』では、三〇人あまりの人びとが吉野を偲んでいる（この『故吉野博士を語る』は、吉野の没後まもなく出版された）。そこから、吉野の人柄を偲ばせるところをみてみよう。吉野とヨーロッパで親しく交流した牧野英一は、「吉野君は親切と楽天との人であったとおもう。よくもあんなに人に対して親切が尽くせるとおもうほど、親切な人であった」と書いている。牧野の回想文の題名からして、「親切と楽天」というのであった。

また、吉野より一〇歳年少の大内兵衛（ひょうえ）（一八八八〜一九八〇、東京帝国大学経済学部教授）の回想文では、一九二〇年代末の大学内の「御殿」（レストラン）における吉野の姿が活写されている。たいていの人びとが各自の席で食事をとりはじめたころ、吉野は「風のように飄然（ひょうぜん）として食堂に現れるのだった」。そして、その辺の空いている席に座った。すると、「相手が誰であろうが、直ちに談論風発し、あたりはたちまちにして賑（にぎ）やかになるのであった」という。

日本人学者との交流

留学時代の吉野日記を読むと、日本から留学した人びととの交流が目につく。代表的な人物に、佐々木惣一（そういち）、牧野英一、中田薫、狩野直喜（かのなおき）などがいる。

佐々木惣一

佐々木惣一（一八七八～一九六五。一九〇三年京都帝国大学法科大学卒。のち同大学教授）は、国家法人説＝いわゆる天皇機関説を唱え、東の美濃部達吉・西の佐々木惣一と併称された。吉野とほぼ同時期にヨーロッパに留学していた佐々木は、一〇年九月にベルリンからハイデルベルクに移ってきて、吉野とはじめて出会う（一〇・九・四）。吉野はベルリンでも佐々木と会い、パリでも会っている。連れだってフランス下院の見物にいったり、書店めぐりをしたりしている。

佐々木について吉野は「短日月の交際なれどこれほど心気相許せし友はなし。今井〔嘉幸〕とともに予が最も親愛敬服する友は彼なり」（一一・一〇・一〇）と書いている。吉野と佐々木が親友となった理由の一斑は国家観などの共通性にあったのではなかろうか。

のちのことになるが、吉野が反動思想と対決すべく、自由主義的学者を結集した黎明会を一九一八年末に結成したとき、佐々木はこれに参加するなど、両者の親しい関係はその後も続いた。吉野がハイデルベルクで親交を結び、黎明会に京都から参加した人物という点では、朝永三十郎（一八七一～一九五一、哲学者、京都帝国大学教授）も同様である。ハイデルベルクで新カント派の哲学者ウィンデルバントに学んだ朝永は、『カントの平和論』（一九二二年）を書くことになる。

吉野が狩野直喜（一八六八～一九四七。中国学者。一八九五年に東京帝国大学文科大学漢学科を卒業、一九〇〇年に北京に留学。一九〇六年に京都帝国大学文科大学創立とともにその教授）とパリで出会ったのは、佐々木惣一の紹介による。吉野は、狩野を誘って芝居やオペラの見物をくり返している。

日本人学者との交流
中田薫と牧野英一

日本人の同僚の留学者との交流も目につく。法科大学の同僚である、中田薫と牧野英一との交流は、その後も長く続くことになる。[7]

一九一〇年の吉野日記に中田薫（なかだかおる）（一八七七〜一九六七、法制史学者）がハイデルベルクに到着したという記事（一一・一三）がみえる。翌一四日、吉野は中田を訪ね、「懇談夜を徹す」とあり、その後も連日、長く話し込んでいることが書かれていて、両者がずいぶん親密だったことがうかがえる。

牧野英一（一八七八〜一九七〇。吉野より一年前に大学卒業。刑法学者・東京帝国大学教授）は、ベルリン、パリ、ロンドンで吉野と親交を結んでいる。一九一二年には、佐々木、牧野、吉野の三人でベルリンの帝国議会の見物に出かけているが、それよりも注目したいのは、吉野が牧野とともに社会民主党の政談演説会を聞きにいっているところである。

その際の吉野の感想として、労働者の討論の際、しゃべる者五、六名。「なかなか彼らの間にも政治思想の普及しているには感心せり。しかも熱せず狂せず終始中正の態度を持して乱れざるには感服のほかなかりき」（一二・三・二六）と書かれている。

牧野英一との交流は、パリでもロンドンでもなされた。パリでは牧野と「社会博物館」Musée Social を見に行くという記述が日記にみえる（一三・一・二四）。ここは、「労働者階級の者に政治経済の社会的教育を与える目的にて、夜学、図書館、講演の設備をなせるものなり」とある。

留学経験に由来する吉野の立場

ロンドンでは、牧野と「違警罪裁判」（三月二七日）、議会（三月二九日）、トインビー・ホール（四月一五日）を見学しに出かけ、その足で「貧民窟」もみている。このトインビー・ホールは、経済学者・社会改良家のアーノルド＝トインビー（二〇世紀の歴史家として著名なアーノルド＝トインビーの叔父にあたる）を記念して名づけられた先駆的なセツルメント（下層民に対する社会事業）の拠点である。吉野には、貧困層の救済、社会改良運動という視点があったが、それは、当時のキリスト教社会主義者たちと共通するところでもあった。

吉野は、「回顧」論文で、「留学三年にあまる幾多の見聞が、後年の私の立場の確立に至大の関係あるはもちろんだ」として三つの例をあげている。その第一は、「英国において親しく上院権限縮小問題の成行（なりゆき）を見たこと」である。これは、日本の貴族院や枢密院の権限問題につながるところであり、立憲主義の確立という政治姿勢につながるといえよう。この貴族院や枢密院の権限問題は、のちに吉野が真正面から取り組むことになる課題となった。第二はウィーンにおける大規模なデモを観察したことであるという。それは、一九一一年九月一七日（日）の日記にみえることであろう。この日、ウィーンの滞在先で起床して新聞をみると、食品価格騰貴の問題について市庁舎前でデモがあるというので、出かけたとある。かなりの人数が集まっていたが、警察は「人民」に対していささかも「積極的追究の態度」に出ず、「人民」も規律を守り「みだりに反抗の態度」に出なかったというのが吉野の観察である。第三はベルギーにおける大ストライキの見聞だという。この第二・第三の点は、吉野の社会主義観の形成につながっていくことになる。

このように、吉野の留学生活は、大学内で学び、寄宿先にこもって読書するというスタイルではなく、「世間という大きな書物」（デカルト）から学んだということができよう。

社会民主主義への着目

先に、吉野がベルリンで社会民主党の政談演説会の見物に出かけたことにふれた。その際の吉野の感想で着目したいのは、三点。第一に、労働者への政治思想の広がりに着目している点。第二に、彼らの運動のあり方が熱狂的でないことに着目している点である。

第三は、女性の運動参加への注目である。一二年一月一一日（ベルリン）の日記によると、吉野は佐々木惣一と市内の選挙演説の傍聴に出かけている。「婦人来集者甚だ多し。生活難、物価騰貴などいうことは自ずから細民をして社会民主党に傾かしめるもののごとし」と、女性の運動参加にも注目している。(8)

先にふれた「大逆事件」は吉野留学中のことだったが、それ以前から日本の社会主義運動はきびしく抑圧されていたから、ベルリンやウィーンでの社会民主主義政党の広がりが、吉野に強い印象をもたらしたのも当然である。

日本における運動という点では、先にふれた日比谷焼打ち事件や、軍隊の出動まで引き起こした足尾銅山における争議・暴動（一九〇七年。ただし、この事件時に吉野は中国滞在中）を想起すれば、吉野が留学先でデモをみて、「熱せず狂せず終始中正の態度を持して乱れざるには感服」したのも無理からぬところであろう。

ヨーロッパ留学中の見聞から「熱せず狂せず」という点に「感服」したという吉野の姿勢、つまり熱狂主義を排そうとする立場は、マルクス主義に対する違和感ともつながっていくと考えられる。この点については、Ⅴでまたふれることにする。

社会改革への視座

吉野のヨーロッパでの見聞には、熱狂主義を排するということとは相対的に独立して、ヨーロッパの経済的「中間層」への着目が、日本の「政治改革」への見通しとつなげて観察されている点がある。それは、フランスのナンシーに滞在していたときの吉野日記（一二・七・三）の、次のような記述にうかがえる。

「総じて外国は小学校教師とか巡査とかいう下級官吏の手当行き届き」、倹約すれば相当の蓄えをなすことができるのに対し、「日本にては上に厚く下に薄く」という状態だ。そこで、枢密顧問官などを廃し、勅選議員の歳費を削減し、他方で「下級官吏に増俸することは目下の急務なり」という方策を記している。

ここでは、枢密院や貴族院の縮小という日本の政治改革の方向性が、立憲主義の確立という観点だけからではなく、「中間層」増大による社会の安定化という視点もあわせて提案されていると読むべきであろう。吉野の「民本主義」は、立憲主義の確立をめざす論であり政治論であるが、社会改革の方向性、あるいは社会民主主義的な志向性をあわせもっていた。それは、福祉国家論的な発想に連なるものであった。

この見方にヒントを与えてくれるのが、大著『ヨーロッパ戦後史』などで知られるイギリスの歴史家トニー＝ジャット（一九四八～二〇一〇）の『20世紀を考える』である。

ジャットは、この著作で、「第二次世界大戦後の計画経済の選択の背後にあった知的なものは何か」と問うている。このばあい、「計画経済」は「福祉国家」と置きかえて読むことができるが、ジャットは、ふたつの出発点があったとし、そのひとつは「一八九〇年代から一九一〇年代の、合衆国、イングランド、ドイツ、フランス、そしてベルギーなどの小国での、リベラルで進歩的な改革の時代でしょう[9]」と語り、もうひとつは「大恐慌に対する一九三〇年代の反応」だと述べている。そして、前者の動きのなかに、「雇用者と被雇用者とのあいだの関係」に関わる「ドイツ社会民主主義における偉大な論争[10]」も含めている。

吉野は、ドイツ社会民主党の主張に接し、滞在したヨーロッパでの経験を通じて、一般市民の生活向上への動向を察知したといえるだろう。ジャットの解釈では、それが「リベラルで進歩的な改革」をめざしたものであり、その改革をうながしていたものこそ、吉野がドイツ、フランス、ベルギーで接した民衆の動きだったといえよう。

社会民主党の将来

牧野英一が吉野没後に書いた「親切と楽天」（『語る』）に、次のような回想がある。牧野と吉野が最も盛に議論したのは留学先のベルリンであって、ふたりの共通の話題は「社会主義と哲学」であったという。「社会民主党の将来」ということについて「はなはだしばしば議論をかさねた」が、吉野は「ドイツは遠からず社会民主党の天下になる」と主張し、牧野はそれに反対したという。また、吉野は日本もはやく普通選挙にならねばと主張し、牧野はそれにも疑いをさしはさんだと回想している。

　吉野はドイツの社会民主党の勢力に大いに注目していて、紆余曲折はあるにせよ、将来的には社会民主主義がドイツでも、そして日本でも、大きな勢力になるとみていたのであろう。この見方も、一〇年あまりのち、吉野が社会民衆党の設立に尽力することになる伏線になったはずである。

世界情勢へのまなざし

　吉野が欧米に留学した一九一〇年四月から一九一三年六月という時期は、第一次世界大戦勃発（一九一四年七月）前にあたっていた。世界情勢の認識に対して旺盛な意欲をもっていた吉野は、諸地域の動向に関心をもっており、それが吉野日記に散見される。
　吉野の留学時期には、韓国併合が起こり、中国では清朝が倒壊した。
　朝鮮についていえば、韓国併合に関する日韓条約が一九一〇年八月二二日に調印され、二九日に公布施行されたとき、吉野はハイデルベルクにいた。吉野日記には、
　　新聞に日韓合邦の記事あり。各国にある日本公使はそれぞれ駐劄（ちゅうさつ）国の外務省に公式に通知を発せるようなり。別に記事を別冊に作る。（一〇・八・二六）

この日新聞に日韓合邦条約の独訳載せられあり。別表の如し〔日韓合邦条約のドイツ語訳掲載の新聞切抜き貼付〕。（九・二）

とあり、事実を書きつけ、関連記事の「別冊」まで作成している。

また、辛亥（しんがい）革命にむかう蜂起開始が一九一一年一〇月、それによって清朝が廃絶に至るのが翌一二年二月である。吉野は、一〇月の段階で中国情勢への着目を日記（一〇・一六）に書いており、その後の日記にも中国情勢にふれた記載が散見される。

東アジアへの着目だけでなく、ヨーロッパ情勢にも広く関心をもっていた。日本から雑誌などが届いていたことに加え、イギリスの『タイムズ』をよく読んでいたことがうかがえる。アイルランド問題、バルカン情勢から中国情勢まで、また、一九一二年のアメリカ大統領選挙に関連して、セオドア＝ルーズヴェルト、タフト、ウィルソンなどへの言及が日記にみえ、世界各地域の動向に目配りをしていたことがわかる。

国際会議と欧州情勢への注目

吉野はまた、当時のヨーロッパで開催された各種の国際会議にもおおいに関心をもった。

一九一二年九月一日、吉野はパリからジュネーブに入った。そして、ジュネーブで九月一八日開始の万国議員会議の開会式を見物しに出かけ、演説などを聴いている。日本からの議員はいない。翌日、吉野は「日本の議員は大喪（たいそう）のため欠席せしなりという」。時代は、明治から大正に移っていた（一九一二年七月三〇日、大正と改元）。しかし、「日本も世界的地歩を占めたる今日、世界的問題の討議に参加するの好機会を我から放棄するのは大喪という大事な場合」とはいえ、「返す返すも残念なりと思う」（九・一九）と感想を書き、翌二〇日も同じ会議の傍聴に出かけている。

さらに、翌週の九月二三日からは「万国平和協会大会」が開催され、吉野は連日のようにその傍聴に出かけた。これは議員会議よりも盛況で、会場は野次馬であふれたという。伊土〔イタリア・トルコ〕戦争の問題など、議論に「活気ありて面白かりし」という状況で、吉野はイタリア人の「シヨーヴィニズム」（排外的な愛国主義）にも注目している。

伊土戦争は終結したばかりとはいえ、「Balkan〔バルカン〕の風雲すこぶる急なり。まさに戦争始まらんとす」（一二・一〇・四）という時期であった。まさに第一次バルカン戦争（オスマン帝国とバルカン諸国との戦争）直前の記述である[11]。

バルカンの緊張を感じつつ、九月三〇日、吉野はパリにもどるが、「午前中読書す」という記述がじつに多い。一一月八日、午前中の読書のあと、午後に散歩のついでに古書店で北米とアジアに関する本二冊と「スペインの社会問題とロシアの革命に関する書二冊」を購入しているところなど、政治史の研究者としては当然といえば当然ではあろうが、世界情勢への注意を怠らず、吉野の関心の広がりがうかがえる。しかし、じっさいにどういう本を読んでいたのかについての情報は、残念ながら日記からはほとんどうかがえない。

吉野は、のちに『中央公論』などにおびただしい数の「政論」「時論」を執筆することになるが、世界各地の情勢や時局に対する広範な関心は、ヨーロッパ滞在期におおいに広がったといえよう。新聞や雑誌に目配りし、関連する本を読むにとどまらず、関係者の声の聞ける場所には意欲的に出向いて話を聞き、思索を重ねる政論家吉野作造の原像が、ここに浮かびあがる。

吉野には、政論家というだけでなく、いわば社会活動家としての面があった。その面は帰国後に「無産政党」との関わりや、社会事業への取り組みなどにあらわれた。帰国後のそれらの取り組みについてはのちにふれる。

留学の終わり

一九一三年三月にロンドンに渡った吉野は、五月二八日にロンドンを離れて渡米、六月五日にニューヨークに到着した。その後、シカゴなどを経て、シアトルに至った。一七日にそこから帰国すべく乗船。横浜到着は七月三日であった。吉野の留学は終了した。

七月五日、東京帝大と文部省に帰国の挨拶。八日には、教授会のあと、歓迎会が開かれた。一九日、後藤新平に挨拶に出かけている。

（1）二〇〇〇年一二月、幸徳秋水を生んだ高知県の中村市（現四万十市）の市議会は、幸徳秋水を顕彰する決議を行った。「大逆事件」発生から九〇年目の年であった。http://www.shuusui.com/
また、二〇一八年一月一九日、和歌山県新宮市は、同市出身の医師で「大逆事件」に連座して処刑された大石誠之助を名誉市民にすると発表した。https://mainichi.jp/articles/20180120/k00/00m/040/09900c
なお、田中伸尚『大逆事件』（岩波現代文庫、二〇一八年）も参照。

(2) 松尾尊兊『普通選挙制度成立史の研究』（岩波書店、一九八九年、五〇頁）によれば、一九〇二年八月の第七回総選挙に際し、「正義、道徳、軍備反対、普通選挙、社会主義の説」を唱えて木下尚江が立候補したとき、海老名弾正は、安部磯雄・片山潜・西川光二郎らとともに応援演説をしたという。

(3) この「予の一生を…」というエッセイが、のちに吉野の単行本『斯く信じ斯く語る』（一九二四年）に収録された際、「カントと言いたい」という部分が「荘子と言いたい」とあらためられた。この改変は、吉野のアナーキズムへの親近性を示すとも解釈できる。

(4) 伊藤武雄『満鉄に生きて』勁草書房、一九六四年、八九頁。

(5) 夏目漱石『坊っちゃん』（一九〇六年）には、兄から六〇〇円をもらった坊っちゃんが、「一年に二百円ずつ使えば三年間は勉強が出来る」として物理学校に入る話が出てくる。また、その学校を卒業した直後、「四国辺のある中学校で数学の教師がいる。月給は四十円だが、行ってはどうだという相談」が来たという。
なお、吉野が留学から戻ってからの東大での給与（年間）を示せば、次のようである。
一九一五年　一八八二円、一九一九年　三三四六・三〇円　一九二二年　三七六八・五〇円

(6) 一九一九・四・三〇の講演。『黎明会講演集』第四輯、所収。『吉野作造　中国・朝鮮論』平凡社・東洋文庫、二〇〇〇頁。

(7) 吉野は欧州留学中に東大の同僚中田薫と極めて親密だった。歴史学者の石母田正は、中田薫を、柳田国男、津田左右吉とならべて「三先生のこと」というエッセイを書き、モンテスキュー『法の精神』に学んだ中田が「法」に関して「世界史的視野」をもっていたことを特筆している（石母田『戦後歴史学の思想』法政大学出版局、

一九七七年、五一七頁以下）。こうした中田の視野は、「平等」「解放」という観点から政治史を考察しようとする吉野の発想と通底するところがあり、それが吉野と中田の親密さにつながっていると思われる。

（8）女性論という点では、普通選挙論に連なるものとして、「英国における婦人参政権運動」（初出は『新女界』一九一八年三月）などを書いている。また、民友社「現代叢書」シリーズの一冊『婦人問題』（一九一六年刊）は、蘇峰徳富猪一郎監修、吉野作造編集となっていて、冒頭の「例言」以外の本文は吉野の執筆ではないが、吉野の関心の一端を示している。婦人向けの月刊雑誌への寄稿も多かった。

（9）トニー＝ジャット『20世紀を考える』みすず書房、二〇一五年、四八七頁。

（10）同、四八九頁。

（11）東ヨーロッパに関連して、のちにハンナ＝アーレント『全体主義の起原　2・帝国主義』も、「バルト海からアドリア海に及ぶ」「多民族混在地帯」の問題性を論じた。太田哲男『ハンナ＝アーレント』（清水書院）参照。

II 政論家吉野の誕生と中国の大変動

大正政変

吉野が留学から帰国した一九一三年七月の半年ほど前、国内では、憲政擁護運動が起こり、第三次桂太郎内閣を辞職に追い込む政変となった。「大正政変」である。

これは、吉野の帰国直前のことであるが、当時の政治状況をうかがうために、その前後のことを含めつつ、ここで概観しておこう。

韓国併合ののち、第二次西園寺公望内閣の上原勇作陸軍大臣は、一二年一一月、朝鮮に二個師団を増設する案を閣議に提出した。しかし、この案が閣議で否決されると、上原陸相は「帷幄上奏」（陸軍大臣や海軍大臣などが内閣と無関係に天皇に直接上奏すること）と称して天皇に単独辞表を提出し、また、陸軍は後任の陸相を出さなかったことで、内閣を倒すに至った。一九〇〇年に確立された軍部大臣現役武官制という制度が内閣を倒したということができる。これが、「軍閥の横暴」という世論の反発をまねき、第一次護憲運動がはじまった。

西園寺の後継首相となったのが桂太郎である。桂は、内大臣・侍従長として「宮中」に入っていたが、「宮中」から出て、またその際、海軍大臣留任を拒絶していた斎藤実に対し、桂と山県有朋は詔勅を出させて留任を決定するなどして、一二月に第三次桂内閣を組織した。しかし、この首相就任が、「宮中」と「府中」（国政を行なう場所）とは別だとする暗黙のルールを無視するものであったこと、海相を得るのに詔勅を持ち出したことも世論の強い反感をまねいた。一部の御用新聞以外の新聞は、ことごとく長州閥の桂打倒を叫び、民衆の内閣打倒運動も高揚し、犬養毅・尾崎行雄らの議員も政府弾劾決議案を提出、桂も総辞職を決意した。桂の辞職は、組閣から二カ月も経ない一三年二月一一日のことであった。これが「大正政変」である。

ここに出てくる帷幄上奏、軍部大臣現役武官制などは、のちに吉野もきびしく批判したところであるが、護憲運動のなかで問題視されていた事柄であった。桂のあとを受けた山本権兵衛内閣（第一次）は、軍部大臣の任命資格から「現役」という制限を除外したものの、現実には、現役以外の将官が軍部大臣となることはなかったし、一九三六年の二・二六事件直後に現役制が復活する。いずれにせよ、この制度は、軍部の政治的進出の強力なテコとなったものだった。

大正デモクラシーというけれども、大正期だけに限定して首相となった人物名を並べてみると、桂太郎、山本権兵衛（二度）、大隈重信、寺内正毅、原敬、高橋是清、加藤友三郎、清浦奎吾、加藤高明、若槻礼次郎の一〇名となり、このうち、桂、寺内が陸軍大将、山本、加藤友三郎が海軍大将であって、これだけの数の軍人が「大正デモクラシー」期の政権を担当したことも動かない事実であった。その半面、彼らの内閣のばあい、首相在任中に病没した加藤友三郎の内閣を別として、桂内閣が憲政擁護運動によって、（第一次）山本権兵衛内閣が収賄事件であるジーメンス事件とそれに対する弾劾運動によって、寺内内閣が米騒動によって、総辞職に追い込まれたことを考えれば、そこに「民衆」の動きが大きく作用していたとはいえる。

一　帰国後の吉野の社会主義講義

政治史講義録の復元

一九一三年七月、欧米留学から戻った吉野は、東京帝国大学の政治史講座担当を命じられた。同年秋以降、吉野は各種の雑誌などに精力的に論文やエッセイを発表しはじめるが、当時の吉野の活動でまず注目すべきは、本書「まえがき」にふれた一九一三年の大学における政治史講義である。その講義が、『吉野作造政治史講義　矢内原忠雄・赤松克麿・岡義武ノート』に含まれているが、この著作は次の「ノート」から構成されている。

一九一三年度講義録。矢内原（やないはら）忠雄（一八九三〜一九六一）が筆記したノート
一九一五年度・一六年度講義録。赤松克麿（一八九四〜一九五五）が筆記したノート
一九二四年度講義録。岡義武（一九〇二〜九〇）が筆記したノート

これらは「政治史」の講義であり、赤松ノートでは主に一九世紀のヨーロッパ政治史が、岡ノートでは主に日本憲政史が扱われ、「歴史」を軸に論が展開されている。それに対し、矢内原ノートは「同時代史」的色彩が強く、しかも、社会主義運動の展開に重点を置いていて、異彩を放っている。そこで、ここでは、矢内原ノートについてだけみることにしよう。

矢内原忠雄は第一高等学校在学中に、校長の新渡戸（にとべ）稲造から影響を受け、また、内村鑑三の聖書

講義に出席を許されて無教会キリスト者となった。一九一三年に東大に入学した矢内原は、吉野が欧米から帰国して講じた「政治史」の最初の講義に出席するめぐりあわせとなり、そのノートを残した[1]。

二〇年、新渡戸が国際連盟事務次長に就任するために東大を辞任すると、その「植民政策」講座担当の後任として、矢内原は創設まもない東大経済学部に戻った。植民政策学というのは、現在ではなじみのないものであるが、国際経済学や国際関係論の前身にあたる学問分野である。

矢内原は、その後の三七年、強い非戦の訴えを問題視された矢内原事件で東大辞職を余儀なくされたが、戦後は東大に戻り、総長を務めた。

この矢内原ノートの内容は驚くべきものかもしれない。というのは、社会主義運動の「冬の時代」に、矢内原ノートによれば、吉野は東大の講義でマルクスをはじめとする社会主義の思想や運動を中心に論じているからである。当然ではあるが、その論じ方は、あくまでも思想と運動の歴史、現状の紹介という客観的な姿勢によるものである。

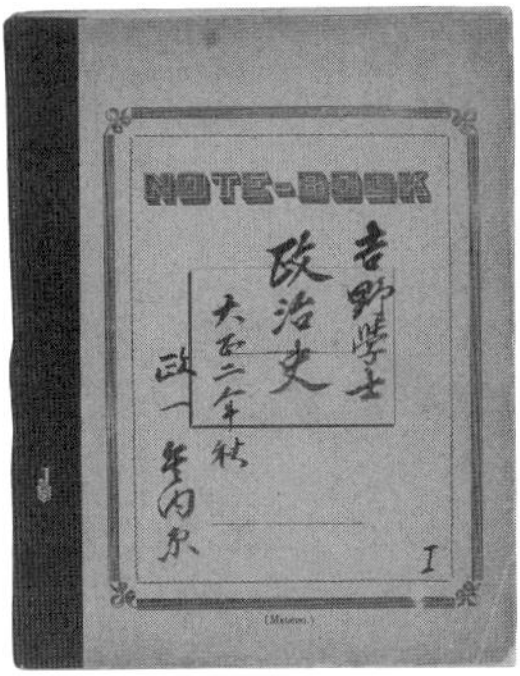

その矢内原ノートでは、冒頭に第一節として「現代政治的進化の概観」がおかれ、「余は一九世紀の始より今日までを現代と称す」としている。その「現代」において、多くの学者は「民主主義を以て一九世紀に通ずる根本思想」としているけれども、民主

矢内原忠雄ノート　矢内原忠雄「吉野作造政治史講義ノート」。矢内原忠雄文庫（琉球大学附属図書館）所蔵

主義というだけでは不十分である。というのは、社会主義運動の台頭、人種間の問題、性の問題などもあるからで、むしろ「平等もしくは解放（liberation; emancipation）を以て一九世紀の特色となすとすべきだというのである。このような特色をもつ現代政治の動向を、吉野は、日本国内の問題としてだけではなく、世界的な動向との関連でとらえようとしていたのである。

吉野がその講義のどこに力を入れようとしていたのかは、その学期末試験問題からもうかがえるであろう。それは次のようなものであった。

一、Revisionismus〔修正主義〕を論ず

二、近世欧州における選挙法改正運動の大勢を論ず[2]

この「修正主義」を吉野がどう説明したかはこのあとの「政治史講義――修正主義」の節で述べるが、要するに一九世紀後半のドイツ社会民主党内における「修正主義」――「革命主義」に対抗する主張で、議会を通じての改革を重視する立場――を意味していて、これが吉野の講義の重要な内容になっている（この「修正主義」は、昨今しばしば話題になる「歴史修正主義」とは別である）。

留学以前の社会主義観

吉野がすでに学生時代から社会主義に関心をもっていたという点についてはすでにふれた。

吉野は「回顧」論文において、大正期における自由思想は、一八八〇年前後の自由民権論の伝統を継いでいるのではなく、「社会主義者の一団」の思想や運動が「淵源」となっている、ただし、

この社会主義者にも種々のグループがあって一概にはいえないがと留保している。しかも、吉野自身がこの一団の系譜にあると述べている。ここに種々のグループというのは、一方に平民社グループであり、他方にキリスト教社会主義のグループということであって、少なくとも吉野のばあい、「淵源」となったのは後者だということであろう。

本書「まえがき」に、吉野と社会主義との関連を重視するという意味のことを述べたが、それは、吉野自身のこの述懐を重視するということでもある。

では、この「社会主義者の一団」はいかなる主張をしたのか。さかのぼれば、社会民主党（一九〇一年）の宣言書「社会民主党宣言」に行きつき、その宣言部分の執筆を担当したのが安部磯雄だった。また、その宣言書には、理想綱領八カ条と行動綱領二八カ条も含まれていた。こちらもおそらくは安部の手になるものであろう。理想綱領には人類同胞、軍備全廃、土地・資本の公有などが、行動綱領には、八時間労働制、児童労働の禁止、労働組合法の制定、小作人保護法の制定、普通選挙法の採用、貴族院廃止、軍備縮小、治安警察法廃止、新聞条例廃止、などが含まれており、これは「社会主義を経とし民主主義を緯として、その旗幟を明白に」するものだと宣言されていた。

明治三〇年代（一九世紀末から二〇世紀初頭）の社会主義（初期社会主義）というと、幸徳秋水を連想することが多いと思われるけれども、ここに引いた社会民主党宣言のような立場の系譜に吉野はいたと推測することができるだろう。

ここに抜き出した綱領の項目は、政治的には「民主主義」的要求であり、それに（当時のことばではないが）社会権的要求、あるいは社会民主主義的要求を加えていて、これらは、大正期のデモクラシー運動の目標にもなったものである。

この綱領は、ドイツ社会民主党のエルフルト綱領（一八九一年）を下敷きにしたものだとしばしばいわれる。しかし、細目を比較すると、日本のばあいとドイツのばあいとで重ならない条文も少なくない。それに、ドイツの綱領は階級闘争主義をうたっているのに対し、日本の綱領は議会主義を強調している。

この綱領・宣言は、アメリカの経済学者イリーの『社会主義と社会改良』から影響を受けたとも伝えられる。けれども、イリー自身は資本主義の維持をめざしているのに対し、安部の書いた文書は資本主義の打破について論じているので、イリーからの影響は限定的であるというべきである(3)。

この宣言には、「我党は世界の大勢に鑑み、経済の趨勢を察し、純然たる社会主義と民主主義に依り、貧富の懸隔を打破して全世界に平和主義の勝利を得せしめんことを欲するなり」とあり、平和主義ということばがみえる。理想綱領に「人類は皆同胞たりとの主義を拡張すること」とある。これらは、キリスト教に由来するものであろう。

ただ、「純然たる社会主義と民主主義」と述べたとき、その一部が、ドイツ社会民主党の考え方と重なる部分を含んでいたことはたしかである。

日露戦争の時代における吉野に、どのような社会主義理解があったのかは必ずしも明瞭ではないが、吉野は安部や木下尚江と教会を通じて接近していたし、社会主義について一定の知識をもって留学し、その延長線上でヨーロッパの社会主義の運動などに接したといえよう。

政治史講義——「各国の社会党」の動向　吉野の東大での講義のうち、矢内原ノートにおける「現今各国の社会党」の動向の解説について、少し立ち入ってみてみよう。各国といっても、具体的には独・仏・英にオーストリアとベルギーの五カ国である。それぞれの国における社会党などの歴史や党勢発達、目的などが紹介されていて、なかでもドイツとオーストリアに関する紹介が詳しい。ドイツについていえば、一八六〇年代以降の政党などの動向が解説され、一八七一年、つまりドイツ帝国成立以降の社会党（一八九〇年以降は社会民主党）の「党勢発達」の経緯が示されている。その一部を表にすると、

年次	得票数	*百分比例	議員数
一八七一	一二四、〇〇〇	三・一九	二
一八八一	三一二、〇〇〇	六・一二	一二
一八九〇	一、四二七、〇〇〇	一九・七五	三五
一九〇三	三、〇一一、〇〇〇	三一・七一	八一
一九一二	四、二五〇、〇〇〇	三四・八一	一一〇

という具合である（六九頁以下）。ここに＊を付した「百分比例」というのは、全体の得票数に対する比率とされているから、つまりは得票率である。この間、一八九〇年までは、ビスマルク首相による「社会主義者鎮圧法」が存在していたにもかかわらず、このような伸張がみられたのだった。

日本の場合と比較すると、第一一回総選挙（一九一二年・第二次西園寺公望内閣執行）での有効投票総数は一、三三八、五〇五票、議員数は三八一。議席分布は、立憲政友会二〇九、立憲国民党九五、中央倶楽部三〇、無所属四七であり、「社会党」系はみられなかった。日本もドイツも普通選挙ではなく、納税額にしたがう制限選挙である。日本の方が「制限」の比率が高い。

ドイツの社会民主党の「主義目的」に関連しては、エルフルト綱領が「最も詳細」として参照されている。そこには、「生産に必要なる物件の公有及び生産事業の公営」とあるが、すぐにここに到達することは困難だとして、漸進的な方策が述べられている。また、政治体制についても、「終極の理想」は共和主義であるが、さしあたりはできるだけ君権を抑制し、「民主化」（七五頁）を進めることをめざす「修正主義」的な立場であり、吉野の「民本主義」の発想につながるものがある。

この社会民主党の「主義目的」は多岐にわたるが、「労働者の利益の増進を目的とするもの」にしぼって紹介すれば、言論集会結社の自由の拡張、普通選挙権、教育・裁判の設備の無償利用、医薬の無償提供、労働保護法の設定、税法改正などがあげられている。労働保護法については、さらにその細目が記されていて、八時間労働、夜業禁止、毎週三六時間の継続的休憩時間の設定、労働保険の完備などが並んでいる。

「平等もしくは解放」という潮流が日本にも押し寄せてくるとすれば、ドイツのこのような政治状況は、吉野の眼に日本の社会の将来を示唆するものと映ったであろう。

百年以上前に吉野が紹介したこの目標は、「ブラック企業」などが存在し、貧困層が拡大しているという昨今の日本の現状をみれば、昔話になっているとはいえない。

政治史講義――修正主義

ドイツ社会民主党には、むろんマルクスの影響もあった。この点について吉野は、党内に「正統主義」もしくは「急進主義」と、これに対する「修正主義」もしくは「改革派」という分岐があると説明している。前者つまり急進主義は、「在来の過激なる思想」あるいは実行を曲げない立場のものであり、革命路線あるいは階級闘争主義といってもよい。後者つまり改革派は、「実行においては経験と省慮とを重んじ、革命的よりはむしろ改革的たらんとすることを期するもの」（七七頁）だとする。これを、議会重視の立場といってもよいだろう。また、マルクス派の立場に対して吉野は、「一片の理論に拘泥（こうでい）し事情を取捨せずして無責任に行動なすは果してその本来の目的を達するゆえんなりか」と論評している。

この「修正主義」は、ベルンシュタイン（一八五〇～一九三二）が『社会主義の諸前提と社会民主主義の任務』（一八九九年）を発表したことによって鮮明になった。同年の社会民主党大会では、ベルンシュタインの立場は排斥されたけれども、その「潜勢力」は侮れないし、その後、一九一三年九月のイエナにおける党大会では、むしろ修正主義の方向に傾いたと吉野は解説する。

このように吉野は「修正主義」への共感を隠していないが、このような考えを吉野がとるに至ったのはなぜか。そこには、すでにふれたヨーロッパ留学以前からの吉野の社会主義観、つまり、安部磯雄が構想した社会民主党的な立場に加え、留学中の経験、つまり、社会民主党系のデモなどに接し、「熱せず狂せず終始中正の態度を持して乱れざるには感服」したという経験に深くつながっていたことが大きいのではなかろうか。

この社会民主主義的な立場は、一九二〇年代後半の「無産政党」立ち上げへの吉野の関与につながっていくといえるが、その点についてはⅦで述べる。

大逆事件後の時代に吉野がその講義においてこのような社会主義論を展開していたといえば、それは東大というアカデミーの内部だから可能になったのではないかと考えるひとがいるかもしれない。しかし、そうともいえない。吉野の「選挙権拡張論」(『六合雑誌』一九一三年一一月)では、普選を主張し、東大での講義と同様に、社会民主主義を肯定しているからである。この論文は、矢内原ノートにみられるような詳細な論を展開してはいないが、趣旨としては変わるところはない。

マルクス主義をどうみたか　二〇世紀の政治、そして政治思想史においては、マルクス主義の影響力には甚大なものがあった。その背景にあったのは、ロシア革命(一九一七年一一月)の「成功」であろう。レーニンに指導されたこの革命を通じ、ロシア共産党の影響力は拡大し、国際共産党(コミンテルン)が結成されて、マルクス主義の立場をとる共産党が各国に形成された。

この流れのなかで、社会主義・共産主義思想のうちでは、マルクス主義あるいは「レーニン主義」が圧倒的な影響力を示すようになった。

吉野の周囲では、のちにふれるが、一九一八年一二月、東京帝国大学の学生による社会運動団体として「新人会」が結成され、この会は一〇年ほど継続した。その活動の後期には、会員のなかにマルクス主義の影響が顕著となり、日本共産党（一九二二年、非合法下に成立）に加入する学生もあらわれた。吉野の身近という点では、吉野の講義ノートを残した赤松克麿（のちに吉野作造の次女明子と結婚）が一九二二年に共産党に入党していたが、赤松は、翌年の共産党員の一斉検挙（第一次共産党事件）で検挙されて離脱した。

国外をみれば、中国にも共産党が成立（一九二一年）していたし、ドイツでもナチス政権の成立（一九三三年）まで共産党は有力な政党であった。その後の展開を考えれば、ナチス・ドイツを打倒した国にソ連が含まれていたことで、反ファシズムの姿勢をとる人びとに対するマルクス主義の影響力は大きく、その知的影響力は第二次世界大戦後にまで及んだ。

だが、マルクス主義に対する吉野の姿勢は、ロシア革命の「成功」によって変化するということはほとんどなかったように思われる。一九一〇年代には「民本主義」を掲げ、光彩陸離たる趣のあった吉野の政治的な言説が、二〇年代に入ると、ややその光を失うかのような印象があるのは、吉野の姿勢に大きな変化があったというより、周囲の学生たちにマルクス主義の影響が及び、彼らが政治的意識を大きく変化させたことが大きかったことによるだろう。

二　政論家としてのジャーナリズムへの登場

中央公論社との関わりのはじまり　吉野作造の論壇での活躍の中心となった舞台は雑誌『中央公論』であり、その担当は滝田樗陰（ちょいん）（一八八二〜一九二五）であった。一九二五年一〇月、滝田が若くして亡くなったときに吉野が書いた「滝田君と私」（『中央公論』二五年一二月号）に、ふたりの関係が回想されている。

一九一二年に『中央公論』編集主幹になっていた滝田は、留学から戻った吉野をしばらく「研究」したうえで、一三年の晩秋に吉野を訪問、吉野と『中央公論』との関係がはじまった。その「初陣」となったのが、吉野の論文「学術上より見たる日米問題」（一四年一月号）であった。しかし、当時の吉野は留学からもどって「教師としての最初の年」でもあって、忙しかった。「それほど暇がないなら私が筆記しましょう」と滝田の提案があり、そうしてできたのが、論文「民衆的示威運動を論ず」（四月号）であったという。吉野の回想は続く。

やがて欧州大戦が始まった。近く欧州の形勢を見て来た私として自（おの）ずから心の躍るを覚えざるを得ない。それだけではない。戦争の発展とともにデモクラシーの思潮が湧然（ゆうぜん）として勃興する。そこへ滝田君は再々やって来ては私をそそのかす。とうとう私は滝田君の誘導に応じて我から進んで半分雑誌記者見たような人間になってしまったわけだ。

そして、一九二四年に大学を辞職して朝日新聞社に入るまで、「一、二度病気か何かで休んだ外は、我ながらよくも毎月まめに書いたと思う」と述べ、当初八、九年間の論文は、若干の例外をのぞき、滝田の筆記によるものだと回顧している。滝田は、吉野の議論に不満があると、「無遠慮に」これを指摘したし、滝田がテーマを提示することも多かったばかりか、長くこの方式をくり返しているうちに、滝田は吉野の「気持やいい表し方を十分にのみ込み、筆記したものを自分で仕上げ」るようになったという。こうした二人三脚によって吉野の論文は発表されていった。この「二人三脚」は、吉野の論文が読みやすいものとなる大きな条件をつくりだしたのである。

また、吉野はここで、「半分雑誌記者見たような人間」と書き、そこにやや否定的なニュアンスを含ませているが、否定的に考えなければ、これが吉野の本質といえるだろう。徳富蘇峰も「半分雑誌記者見たような人間」であろうし、つまり、半ばジャーナリストだという吉野の自己診断は、まさにその通りだったといえよう。

論文の数

吉野と『中央公論』にはこのような関係が生まれたのであるが、そこにはいささか特異というべきところがある。

吉野の「著作年表」（吉野選集別巻所収）によって一例を示そう。ここまで述べてきた時期よりも数年後のことになってしまうが、『中央公論』一九一九年六月号掲載分が次のように記されている（便宜的に、冒頭にアルファベットを付記）。

a．北京学生団の行動を漫罵する勿れ（巻頭言、無署名）
b．民本主義・社会主義・過激主義
c．山東問題解決の世界的背景（「時論」欄）
d．朝鮮に於ける言論自由（〃）
e．北京大学に於ける新思潮の勃興（〃）
f．小題小言録（〃）

このうち、aは「無署名」であるが、論調などから吉野によるものと判断される論文である（「巻頭言」を「無署名」で吉野が執筆するという形が長く継続した）。bは通常の論文であるが、c〜eは「時論」欄に掲載された比較的短いものである。そしてfには、「鮮服鮮語の奨励」「植民地に於ける教育制度」「布哇に於ける日本語学校の禁止」「対独講和条件の過酷」「小平氏の新著を推奨す」「未見の友に謝す」という六つの「小言」が含まれている。

この号・一九一九年六月号刊行の時期は、朝鮮の三・一独立運動、中国の五・四運動直後であり、第一次世界大戦後の対独講和条約であるヴェルサイユ条約の調印（六月）の直前にあたる。aの五・四運動論など、同時代の状勢と密接に関わる。他に、bの「民本主義・社会主義・過激主義」のように理論的な論文もあって、政論家吉野の八面六臂の活躍がうかがえる。「半分雑誌記者見たような人間」ともいえる。

また、雑誌のひとつの号に複数の論文などが掲載されるという例は、他の人物の場合でもないことはないが、類例は多くはないであろう。このことから『中央公論』における吉野作造の位置が特別なものになっていたことをうかがうことができる。

吉野が『中央公論』に活躍の場を定めてまもない一九一六年から、その死の前年・三二年に至る一七年ほどの間に、吉野が執筆した文章数は「ごく短いものも合わせて一七〇〇以上に達する」[4]というから、単純に平均すれば、一年間に一〇〇以上の文章を書いていたことになる。すこぶる精力的であったといえるだけでなく、テーマ的にも多彩をきわめた。その片鱗は、右にみた号からもうかがうことができる。

『中央公論』と滝田樗陰

吉野の論文について検討する前に、『中央公論』について今少し述べておくことにしよう。『反省会雑誌』という名前で一八八七（明治二〇）年に出発した雑誌が、九九年に『中央公論』と改題、滝田樗陰が編集の中心となった一九一二年ころから次第に思想界・文芸界を代表する総合雑誌となりはじめ、それまでの有力誌『太陽』をしのぐ位置を占めるに至った。『中央公論』の発行部数は、一九一九年ころ、一二万部といわれる[5]。

滝田は、夏目漱石がロンドンからもどって東京帝国大学文科大学講師に就任した一九〇三年に文科大学に入学した。そうした関係もあり、『中央公論』には、幸田露伴や漱石も登場し、のちの昭和期には島崎藤村『夜明け前』（一九二九～三五年）や谷崎潤一郎『細雪（ささめゆき）』（一九四三年）などの長篇小説が連載されたが、ここでは、吉野が『中央公論』に登場したころの一九一四年から一六年に限り、「小説」「創作」などの欄に登場した作家名を少し並べると、次のようである。

永井荷風（かふう）、北原白秋（はくしゅう）、谷崎潤一郎、小川未明、正宗白鳥、武者小路実篤、田村俊子、田山花袋（かたい）、森鷗外、徳田秋声、木下杢太郎（もくたろう）、泉鏡花（きょうか）、中條（ちゅうじょう）百合子、芥川龍之介

日本の近代文学の歴史を考えれば、壮観というしかない面々がならんでいるが、創作欄の充実は、滝田のめざしたところであった。

と同時に、若き日の滝田は、日本における活字ジャーナリズムの興隆期に育った世代であり、蘇峰の雑誌『国民之友』（一八八七年創刊）や三宅雪嶺（一八六〇～一九四五）の雑誌『日本人』（一八八八年創刊。のち、『日本及日本人』と改題）などに影響を受けて成長した。[6]『国民之友』は、論説とならんで文芸欄をもっていたが、それを継承するような形で、『中央公論』は、作家・文学者たちの「創作」だけでなく、「公論」「説苑」「評論」を掲載し、充実した「総合雑誌」をつくりあげていった。その「公論」（政治論）の重要な担い手として、吉野が登場したのである。

とはいえ、一九一四年における吉野の『中央公論』への登場は二回のみである。それが、一五年に入ると、一月号から「欧州動乱史」の連載（七月号まで。ただし、六月号は別のテーマの論文を掲載）があり、一二月までのすべての号に寄稿している。

そして、吉野の代表的な論文「憲政の本義を説いてその有終の美を済（な）すの途（みち）を論ず」（『中央公論』一六年一月号）が登場することになる。この論文については、Ⅲで取りあげることとして、「総合雑

誌」について今少しみておこう。

総合雑誌の動向　一九一〇年代後半以降、総合雑誌が注目されるようになった背景には、第一次世界大戦ころからの日本資本主義の発展、高等教育機関の拡充にともなう読者層の増大ということもあろう。

第二次世界大戦以前の日本の雑誌は、「週刊誌」でなく「月刊誌」を中心として発展し、有力雑誌は、論説・創作・「中間読み物」をふくむ「総合雑誌」という形をとった。その代表が『中央公論』であるが、『改造』（改造社、一九一九年創刊）がこれを追いかけるように勢力を拡大し、一九二〇年代から三〇年代にかけてこの二大誌が競合する形になった（一九四四年に両誌とも「横浜事件」による弾圧で廃刊）。

第二次大戦後に復刊された『中央公論』や創刊された『世界』（岩波書店、一九四六年創刊）が一九六〇年代半ばころまでは、有力な総合雑誌であって、そこへの登場が有力な知識人たるあかしになった。その影響力という点では、吉野作造の時代の『中央公論』と似ているのかもしれない。その後はさまざまな事情から総合雑誌の影響力は低下している。吉野が論壇で活躍しはじめたとき、総合雑誌は新聞とならんで有力なマスメディアであって、ラジオ放送もはじまっていない時代であった。ラジオの登場は一九二〇年代であり、アジア・太平洋戦争の遂行に、ラジオはその影響力を発揮することになるが、それはややのちの話になる。

政論家としての吉野

一九一四年夏に世界大戦が勃発すると、吉野がその戦局になみなみならぬ関心をいだき、その推移などを論じたのは当然であった。吉野「著作年表」によれば、一九一四年には雑誌『新人』などを中心に五〇本あまりの評論・論文・エッセイを発表した。『中央公論』に毎号数点を寄稿しはじめた一五年になると、年間の評論などの数は一二〇あまりと激増した。

吉野は、これらの評論類をとりまとめ、一九一五年・一六年に著作として刊行した。

『欧州動乱史論』（警醒（けいせい）社書店、一九一五年八月）

『現代の政治』（実業之日本社、一九一五年一一月）

『欧州戦局の現在及将来』（現代の政治第二）（実業之日本社、一九一六年五月）

がそれである。同じ時期、『日支交渉論』（警醒社書店、一九一五年六月）も「書き下ろし」で上梓しているが、これについては次の三節でふれる。

この時期に吉野が最も精力的に論じたテーマは、ヨーロッパの戦局に関するものであり、それらが『欧州動乱史論』『欧州戦局の現在及将来』となった。『現代の政治』は日本の政治・政局に関する論文と中国に関する論文などを収めている。

ヨーロッパの戦局といっても、「愛蘭（アイルランド）問題」（『新女界』一四年七月）ではイギリス併合時代のアイルランド、「欧州戦局と波蘭（ポーランド）民族の将来」（『基督（キリスト）教世界』一四年一〇月、一六二二号）では独立と統一を妨げられていたポーランドと、植民地問題にも着目しているところが眼を引く。

三　中国の大変動と吉野

吉野と中国との関わり

吉野は大学卒業後の一九〇六年から〇九年まで、三年ほど中国に滞在していたため、中国事情に通じている人物だとみなされることがあるけれども、中国滞在当時の吉野は、「心を西欧の留学に寄せ」ていたという。吉野日記には「青年会に行き支那語を学ぶ」という記述（一九〇七・二・二二）がないことはない。しかし、英語・ドイツ語の学習にはげみ、「支那の事は余り研究しなかった」という。

吉野のヨーロッパ滞在時代に、中国では、清王朝が辛亥革命（一九一一～一二年）＝第一革命によって滅亡した。辛亥革命によって孫文（孫逸仙、一八六六～一九二五）が南京臨時政府の大総統に就任した直後の吉野日記に、東大の寺尾亨教授が関西に行くと称して「南清革命軍に投じ」たという新聞報道があったと記されている。

吉野作造の政治思想の主要な側面のひとつは、その中国論にある。ことに、一九一九年の中国の五・四運動に関連した彼の諸論説にその特色をうかがうことができる。

吉野の中国論は、一九年になって突然生まれたわけではなく、思想史的な前提があるので、次にはその前提をみておきたい。吉野は、同時代の中国を考えるうえで、一九世紀末以来の孫文などを中心とする中国の革命の動向にしばしば言及しており、その際に、孫文と深く関わった宮崎寅蔵（滔天と号す。一八七一～一九二二。滔天の生年月日は旧暦明治三年一二月三日で、新暦換算すると明治四年一月二三日）の『三十三年の夢』の意義を強調していた。

そこで、中国に共和制を創始して「国父」とされる孫逸仙、すなわち中国革命の指導者となる孫文の動き、そして中国人留学生の動態を、少し時間をさかのぼらせてみておくことにする。

孫文　広東省に生まれた孫文は、吉野より一二歳年長。一三歳のとき、ホノルルに移住し、キリスト教の洗礼を受けた。時代は清王朝末期、孫文は一八九五年に興中会を結成して中国・広州で挙兵したが失敗し、日本に亡命した。その後、欧米などに渡り、また来日ということをくり返し、その距離は、地球を幾度も回るほどとなった。

九七年、孫文には、「生涯の盟友」あるいは「絶対的支援者」となる宮崎滔天との出会いがあった。吉野とアジア主義者というべき滔天との関わりについては、のちにふれる。

孫文には、社会主義者・幸徳秋水などの平民社との接触もあった。日露戦争進行の時期、『平民新聞』（第五九号、一九〇四年一二月二五日）には、孫逸仙「革命潮（支那問題真個の〔まことの〕解決）」という文章が掲載されている。そこには、

東洋の平和より延いて世界一般の平和を確立せんと要するの吾人支那人民〔中略〕支那人の覚醒と、進歩せる政府の建設とは、独り支那人民のみならず、一般世界の利福なり、

という、ナショナリズムとデモクラシーをつないだような文言がみえる。この「革命潮」の記事の前に、幸徳生つまり幸徳秋水の「平民日記」が出ているが、そこには、

> 午前は在宅して孫逸仙の革命潮を訳した。〔中略〕議論の可否はとにかくとして、予はかくまでにつとめている革命士の辛苦に対して深き同情に堪えぬのである。

とある。孫文は、一九〇五年五月中旬、ブリュッセルに第二インターナショナルの国際社会主義事務局を訪問し、自身の革命勢力を受け入れるよう要請したというから[7]、単に日本の平民社とのつながりがあったというだけではなかった[8]。

孫文は、ブリュッセルからパリ、マルセイユからシンガポールを経由してまた来日。〇五年八月一三日には留日学生による孫文歓迎会が、一〇〇〇名の参加者を得て開催された。「東京における孫文の代理人」宮崎滔天の尽力もあって、中国革命をめざすいくつかの団体、広東の興中会（孫文）、湖南の華興会（宋教仁など）、浙江の光復会（蔡元培など）などの結束がはかられ、中国同盟会が結成され、八月二〇日にその結成大会[9]が開催され、孫文は三民主義や革命方略を定めた。このように、日露戦争当時の東京には、留学生などの運動が渦を巻いていたけれども、そして、のちには中国問題に深い関心をもつに至る吉野であるが、この歓迎会や結成大会に、吉野作造はまだ特段の関心を示さなかったようである。

中国社会の変化と留学生

この一〇〇〇〇名という数字が大きいと思われるかもしれないので、そのあたりのことに少し言及しておこう。一九世紀後半になると、中国からの海外移民の行き先は、東南アジアからアメリカに拡大した。鉄道建設やゴールドラッシュ時代のカリフォルニアには、中国人移民を引き寄せる条件があった。若き孫文がホノルルに移住したのも、なんら特殊なことではなかった。

他方、中国には欧米人も入り込み、一九世紀後半の中国には、カトリック（天主教）もプロテスタント（基督教）も、急速に普及した。滞欧中の吉野作造が親近感をいだいた王正廷（おうせいてい）は、メソジスト（プロテスタントの一教派）の牧師の子どもとして生まれた。こうした出自は決して特異ではなかったといえよう。

また、清朝末期、清は「改革政策」を推進するが、そのひとつが科挙の廃止であり、それと表裏一体をなす欧米あるいは日本への留学の推奨であった。日本留学生が激増した時期が一九〇五～〇六年ころで、このころには中国人留日学生数が約八〇〇〇人に上ったという[10]。それを背景に「留日学生ネットワーク」が形成された。東京における孫文歓迎会や中国同盟会の盛況には、このようなネットワークが作用していると考えれば、先ほどの一〇〇〇〇という人数に不自然さはないだろう。吉野自身、東大教授になると、少なくない中国人留学生と接触をもつようになる。

文学者魯迅（ろじん）が仙台医学専門学校（現在の東北大学）に入学したのは一九〇四年であり、吉野が東大を卒業した時期にあたる。

他方、日本から中国に渡って教育者となる人びとも少なくなかったが、吉野作造もそういう人のひとりだったとみることができる。

滞欧時期の朝鮮・中国への関心

では、滞欧中の吉野は中国についてどのような関心をもっていたか。その一端が、吉野の講演「支那問題に就て」（『黎明会講演集』一九一九年）にうかがえる。それによれば、吉野が中国問題に関心を持ったのは、一九一四年に「革命党の人を知ったのが原因であります」（吉野『中国・朝鮮論』一九九頁）という。「革命党の人」とは、このばあい、先にふれた王正廷（一八八二〜一九六一。国民政府外交部長などを歴任）を指している。

吉野は、ヨーロッパ留学中に、当地のキリスト教青年会を通じて、王正廷の噂を聞いたという。王正廷は、一九〇五年から〇七年にかけて日本に留学した後に渡米、一九一〇年にイェール大学を卒業していた。その後、王は、キリスト教の「青年会万国大会に、支那を代表してしばしば出席してそこで大いに頭角を現した」（同、二〇〇頁）という。そして、第一次世界大戦後の国際会議である、一九年のパリ講和会議、二一年のワシントン会議に際しては中国代表団の一員となった。

この例からうかがえるように、クリスチャンのネットワークを通じての国際的な情報伝達や人的交流が、吉野にとって小さくない意味をもった。

辛亥革命後の孫文

孫文は、辛亥革命後に臨時大総統となり、中華民国を発足させたものの、まもなく政権を袁世凱に渡した。その後、袁世凱打倒をめざす「第二革命」に失敗し、一三年八月、日本に亡命した。山本権兵衛（薩摩出身・海軍大将）内閣のこの時期、孫文の滞在許可を得るために尽力したのが犬養毅であり、「大陸浪人」の巨頭とされる頭山満である。頭山については、少しあとでまたふれるが、明治期に台頭した国家主義団体である玄洋社の中心的存在でもあった。このとき孫文は、二年八カ月ほど日本に滞在し、援助を求める活動を展開した。資金的な面でそれに応じたのが、筑豊炭鉱の安川敬一郎（安川財閥創始者）であり、日立鉱山創業者の久原房之助（久原財閥総裁）であり、日本の映画事業の先駆者である日活の梅屋庄吉（一八六八～一九三四）であった。経済界にも日中関係を重視する面々も存在していたわけである。安川は玄洋社の社員でもあったから、その資金が玄洋社に流れ込んでいた。

ほぼ同じころにあたる一四年二月、日本に亡命してきた中国の革命家たちとその子弟のために政法学校が神田に設けられた。経営を担当したのは先にふれた寺尾亨。寺尾（一八五九～一九二五）は、東京帝大教授として日露戦争開戦前に出された「七教授建議書」に名を連ねた人物で、アジア主義者。孫文だけでなく、インドの独立運動家として知られるラース＝ビハーリー＝ボース（「中村屋のボース」）の支援をした人物であった。一四年末には政法学校の生徒数が三〇〇余だったという。この政法学校の講師陣に、吉野も加わり、一九年六月の閉校まで務めた。

寺尾がこの学校をはじめてまもなく、政権交代があった。山本権兵衛内閣がジーメンス事件、貴

孫文の額装　吉野作造記念館所蔵

族院の反対による予算案不成立などによって一九一四年四月に総辞職すると、大隈重信内閣（第二次）が成立した。まさにその時局に対応して、吉野の論文「山本内閣の倒壊と大隈内閣の成立」（雑誌『太陽』一四年五月、所収）が発表され、この政変について論じた。吉野は、清浦奎吾の超然内閣が成立することなく、大隈重信内閣という形で「政党内閣の主義」が勝ったことを評価していた。

そのような政治情勢のなかの五月一四日、孫文は大隈重信に中国革命への支持を求める書簡を出していた[11]。

対華二一カ条要求

政法学校開校の半年ほどのちの一九一四年夏、ヨーロッパで世界大戦が起こった。この年の春、日本では憲政擁護運動が活発に行われていたが、経済問題もかかえていたので、戦争勃発は「大正新時代の天佑」（井上馨）と受けとめられた。そして、八月二三日、日本はドイツに宣戦布告し、日本軍は一〇月にドイツ領南洋諸島を、一一月には、ドイツが支配していた青島を、次いで山東全域を占領した。翌一五年一月、大隈重信内閣の加藤高明外相の主導のもと、日本は中華民国の袁世凱大総統に五号二一カ条の要求を突きつけた。そして、五月に入ると、日本は最後通牒の受諾を北京政府に迫り、中華民国は第五号（項）以外の四項を受諾した。

こうした動向に、政治史研究者としての吉野が大きな関心を示したのは当然である。

五号から成る二一カ条の内容をごく簡略に書けば、第一号が山東省におけるドイツ権益の日本による継承、第二号が南満州における日本権益の一層の強化とその東部内蒙古までの拡張、第三号が華中・漢冶萍公司に関するもの、第四号は中国沿岸部の不割譲の約束、第五号はその他の七カ条であった（この第五条が当初は伏せられ、のちに問題化した）。

吉野はこの二一カ条について、『日支交渉論』を出版した。選集版で一七〇頁ほどの分量である。その「序」によれば、「極めて簡単なる解説を一般国民に提供せんことを目的として」いるという。

『日支交渉論』

この『日支交渉論』は対華二一カ条に即して、「山東省」「南満州」「東部内蒙古」「中央及南部支那」と地域ごとに要求を説明し、そのあとに「支那全体に亙る要求」を加えている。二一カ条の要求がなされた時点から五カ月足らずで『日支交渉論』が刊行の運びとなったのであるから、たいへんな早さというべきである。

一般的な理解では、吉野はこの本でいわゆる対華二一カ条の要求を積極的に肯定しているとされている。たしかに吉野は、「今度の要求は大体において最小限度の要求であり、日本の生存のためには必要欠くべからざるものであったと認める」（⑧一五二）と、二一カ条を肯定する。また、ドイツのもっていた「権利を承継する」ことを当然視するようなことを書いているから、「要求の侵略性をより鮮明化するという特徴[12]」があることを否定することはできない[13]。

したがって、政法学校での吉野の講義が、受講生たちに広く共感をよびおこしたとは考えにくく、吉野日記に中国人聴講者たちとの交流の記事が出てこないのも当然であろう。

とはいえ、狭間直樹「吉野作造と中国」[14]は、吉野のこの著作の末尾に、次のようなことばが含まれていた点に注目している。

ただこの問題に関連し予のこの機会を利用して切に国民に訴えんと欲する点は、帝国〔日本〕の支那に対する理想の政策は、どこまでも支那を助け、支那の力となって、支那の完全なかつ健全な進歩を図るにあり、今日支那にかくのごとき要求をなして一時彼等の反感を買うのは、実は支那における列国競争の勢いに促されてやむを得ざるに出ずるもので、決して日本の本意ではないということを、深く各自の脳裡にしるし、将来支那の事物に対しては、大いに同情と尊敬とをもって接せんことである。（⑧一五五）

中国の反感を買わざるを得ない日本の要求に対する肯定と、この引用にみられる中国に対する「同情と尊敬」をもって接すべしという倫理的要請との間には、「ほとんど飛び越えることのできないほどの溝が横たわっていた」と狭間氏は説得的に書いている。

その後の日本の歩みがこの二一カ条を認めさせる方向に進み、さらにそれを肥大化させたことは述べるまでもないが、吉野はこの「倫理的要請」を軸とする立場に進んでゆく。その岐路に、この『日支交渉論』は位置していたといえよう。

当時の吉野は、社会主義について論じてはいても、それが植民地問題に対する批判的まなざしを深く形成する方向には必ずしもむかっていかなかったことがうかがえる。

吉野の『日支交渉論』が刊行されたのは一九一五年六月である。その六月の吉野日記に、「四時過ぎより同気倶楽部にゆく。孫逸仙氏の講話を聞く。戴天仇君通訳す」（六・五）とあり、吉野は孫文の姿を目の当たりにした。

連帯と敵対

一五年一二月には、北一輝（一八八三～一九三七）から寄贈を受けた『支那革命党及革命之支那』に敬服した吉野が、北を訪問するということもあった。

北は、辛亥革命が勃発すると、中国に渡り、宋教仁を支援した経歴をもつ。一三年三月に宋が暗殺されたあと、帰国を余儀なくされ、日本の政府要人に対する意見書として執筆したのが『支那革命党及革命之支那』であった。中国革命の支援と日本の発展をつなげて把握しようとするこの時期の北の発想は、吉野の考えと通いあうところがあるから、吉野が北の著作に接して敬服したのは自然の成りゆきだった。自分の執筆した意見書を吉野に寄贈したのは、北が吉野の中国論（おそらくは『日支交渉論』）に着目していたからであろう。

「大正デモクラシー」の時代は、「アジア主義」の渦巻く時代でもあった。ともに、アジア主義の中味が変貌していく時期でもあった。

この変貌について説明したのは、中国文学者竹内好（一九一〇～七七）である。竹内は、論文「日本人のアジア観」（一九六四年）において、「日本の近代史は、思想の角度からみると、興亜と脱亜のからみあいで進行し、最後に、脱亜が興亜を吸収する形で敗戦に行きついた」とする。そして、これは「日本にとってアジアの意味が、当初の連帯感から、次第に支配の対象に変わった、ということである」[15]と指摘した。

日本も中国も、欧米列強の政治的軍事的圧力が強く感じられている間は、相互に「連帯感」をもち得た。一九世紀末の清朝における改革運動「戊戌の変法」の動きは、明治維新をモデルにしていた面があったから、「変法」の担い手となった康有為や梁啓超が、「変法」の挫折後に日本に亡命してくるという事態も生じた。また、中国革命をめざす孫文も、日本人との間に幅広い人間関係を築いており、日中間の「連帯」に基盤があった。

孫文と辛亥革命を支援した人物として知られるのが先に少しふれた宮崎滔天であり、滔天の著作『三十三年の夢』（原著・一九〇二年刊）は、その自叙伝である。その公刊の翌年には、二種類の中国語訳が公刊された。吉野は、一九二六年にこの著作を復刊するが、そのとき吉野は、この本が「多数の愛読者を支那人のうちにも見出したことは怪しむに足らぬ」と書いた。

しかし、二一カ条要求の時代に至ると、連帯を唱えていた勢力のなかにも、日本は中国を「支配の対象」とみる視点が前面に出てくる。半面、中国側では、利権回収運動がナショナリズムの動きとして顕在化し、こうして、日中間の「対立」が表面化する。日露戦争から対華二一カ条の時期は、この変化の分水嶺にあたるような時期であったといえよう。

二一カ条要求はまさしく中国を「支配の対象」とみなすものに他ならないが、吉野のなかには中国や朝鮮を「支配の対象」とみない見方が育ちつつあった。

頭山満・寺尾亨からの依頼

その吉野の中国観・朝鮮観の展開にとって重要な契機となるできごとがあった。

一九一五年一二月、中国では袁世凱が帝政を開始しようとしていた。これに対し、中国南部・雲南あたりから帝政反対の烽火があがった。中国における「第三革命」の始まりである。この「第三革命」の勃発の余波が、吉野にも及んだ。それを、吉野は次のように回想している。

　この革命勃発して数週の後、当時ひそかに南支の運動に同情を寄せておった頭山満翁寺尾亨先生の一派は、今次革命の精神の広くわが国朝野に知られざるを慨し、これを明らかにするための用として簡単なる支那革命史の編纂を思い立たれ、そのことを実は私に託されたのであった。

（「『三十三年の夢』解題」）

吉野はこの要請を引き受け、寺尾は「最近の材料の供給者」として、吉野に戴天仇、殷汝耕などを紹介したという。第三革命から「数週の後」であるから、一六年一月、「本義」論文の発表ののち、吉野は中国革命史の研究をはじめたと考えられる[16]。

先にふれた頭山満は、一般には「右翼の頭目」として著名だが、他のアジアの独立運動家、インドのビハーリー＝ボース、朝鮮の金玉均との交流もあった。寺尾についてもすでにみたが、頭山・寺尾の「一派」というのは、「南支の運動」、つまり孫文を中心とする革命派に「同情」を抱いていたアジア主義者たちであった。その頭山や寺尾が、吉野を見込んで「簡単なる支那革命史」の執筆を吉野に依頼してきた、というわけである。これは、『支那革命小史』（万朶書房、一九一七年八月）

として結実する。そして、頭山の「一派」からの依頼を受けてまもなく、吉野の中国観・朝鮮観を大きく転換させた論文が発表される。

そこで、その論文についてみていくのが順序ではある。だが、時系列でいうと、その論文が発表されるすぐ前に、吉野の論文中でもっともよく知られた「憲政の本義を説いて其の有終の美を済す の途を論ず」が、雑誌『中央公論』一九一六年一月号に発表された。

そこで、その時間的順序を考慮し、次にはこの「本義」論文についてみることとし、そののちに中国観・朝鮮観の転換にふれることにしよう。

（1）『矢内原忠雄全集』第二十八巻（岩波書店、一九六五年）には、一九一三年の矢内原の日記（全集本で二二〇頁ほどの分量）が収録されている。内村と新渡戸に関する記述はわりあいに出てくるが、吉野あるいは政治史の名前が出てくるのは三回ほど。「雑然たるかな教室の光景、教師のいうこと我を驚かさず。牧野〔英一〕、吉野両新進の教授なりしかど」（一〇月一三日）とある。少なくともこのときは、矢内原が吉野の「政治史」講義に感銘したということではなかったらしい。

（2）『吉野作造政治史講義』解説、x頁。

（3）安部磯雄は、イリーのこの著作を翻訳して『社会主義と社会改良主義』とし、別の著作と併せて『社会政策二論』（大日本文明協会、一九〇九年）として出版した。

（4）松尾尊兊『選集』⑨「解説」

（5）『木佐木日記』による。これは、中央公論社、改造社で編集者をつとめた木佐木勝の日記。

（6）近藤信行「滝田樗陰とその時代」中公文庫編集部編『中央公論文芸欄の大正』（中央公論新社、二〇〇六年）所収、参照。
（7）深町英夫『孫文』岩波新書、五六頁。
（8）ちなみに、この『平民新聞』第五九号には、「共産党宣言判決文」が掲載されている。これは、マルクスとエンゲルスの『共産党宣言』の翻訳を掲載した『平民新聞』第五三号が発行禁止とされた事件の裁判（東京地裁）の判決文（罰金刑）を掲載したものである。また、同じ「平民日記」には、「田中正造翁来社して曰く」として、足尾鉱毒事件の解決に挺身した田中正造の反戦の志が記されている。
（9）結成大会は赤坂の大倉喜八郎の邸宅内で行われた。その場所は、現ホテルオークラ敷地内にある。『日本経済新聞』二〇一五年六月一日付。
（10）深町英夫『孫文』四四頁。
（11）『孫文革命論集』岩波文庫。
（12）松尾尊兊「吉野作造の中国論」選集⑧「解説」。
（13）文部省唱歌「冬の夜」の二番に、

囲炉裏のはたに縄なう父は／過ぎしいくさの手柄を語る／居並ぶ子どもはねむさ忘れて／耳を傾けこぶしを握る／囲炉裏火はとろとろ／外は吹雪

とある。「過ぎしいくさ」とは日露戦争であろう。日露戦争に出征した父はその「手柄」を語り、その語りに興奮した子どもたちは「こぶしを握る」わけである。この歌の成立は「大正デモクラシー」期である。この時期に学校教育の場では、一定の「自由主義的」教育がなされはしたが、日露戦争後、領土拡張を当然視する教育が広くなされるようになっていた。昭和に入ると、日本には軍歌があふれる。

(14) 狭間直樹『選集』⑦「解説」
(15) 竹内好『日本とアジア』ちくま学芸文庫、一〇四頁。
(16) 戴天仇（戴季陶）については、張玉萍『戴季陶と近代日本』法政大学出版局、二〇一一年、参照。

Ⅲ　民本主義と中国・朝鮮論の転換

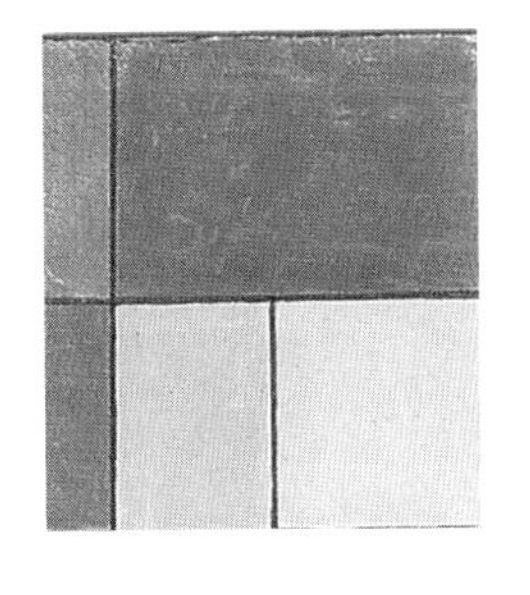

一　民本主義

吉野作造の「民本主義」

吉野の「憲政の本義を説いてその有終の美を済すの途を論ず」は、「民本主義」を説いた論文として知られている。四〇〇字詰め原稿用紙なら二四〇枚ほどの長大な論文だが、「まえがき」にも書いた通り、これが雑誌『中央公論』一九一六年一月号に一挙掲載された。今から一〇〇年あまり前のことであった。

この「本義」論文について、吉野日記に、「朝滝田君来る。中央公論正月の為めに談話す」（一五・一一・三〇）とあり、この談話が一二月一日、三日、五日と続き、六日には、

朝滝田君来る。〔中略〕夜滝田君来る。十一時までかかって了（おわ）る。君曰く約八、九十頁になる。中央公論始まって以来の長論文なりとて喜んで帰らる。

とある。このときの談話筆記が「本義」論文となった。

吉野によれば、「憲政の本義」の中核ともいうべき民本主義は、近代の憲法政治に存する「共通の一つの精神的根底」である。民本主義ということばは、「日本語としてはきわめて新しい用例」だが、デモクラシーということばの翻訳である。[1] ギリシャ語で、「デーモスというのが人民で、クラテオというのが支配の意味」だから、デモクラシーとは要するに「人民の政治」（②二四）だが、

それには二義がある。では、民主主義と民本主義とはどこが違うのか。

「第一」の民主主義は、「国家の主権は人民にあり」という理論上の主張である。これは、およそ国家にあっては、その「主権の本来当然の持ち主は一般人民」でなければならないとする「絶対的または哲学的民主主義」というべきものである。これは、わが国では「容れることのできない危険思想」である。なぜなら、帝国憲法第一条に「大日本帝国ハ万世一系ノ天皇之ヲ統治ス」、第四条に「天皇ハ国ノ元首ニシテ統治権ヲ総覧シ…」とあって、主権の所在が人民にないことは明白であるからである。

しかし、これとは別に「第二」の民主主義がある。つまり、法律の理論上の主権の所在を問うことなく、その国の憲法の解釈上主権の所在は人民にありとするかたちで唱えられるもので、これを吉野は「相対的または解釈的民主主義」と名づけた。これが民本主義だというのである。吉野はいう。

いわゆる民本主義とは、法律の理論上主権の何人に在りやということは措いてこれを問わず、ただその主権を行用するにあたって、主権者はすべからく一般民衆の利福ならびに意向を重んずるを方針とすべしという主義である。

民本主義をこのように規定すると、主権が君主にあるか人民にあるかは、問う必要がなくなる。だから、民本主義は君主制とも両立すると吉野は主張する。

この定義はおのずから二つの内容をわれわれに示す。一つは政権運用の目的すなわち「政治の目的」が一般民衆の利福にあるということで、他は政権運用の方針の決定すなわち「政策の決定」が一般民衆の意向によるということである。換言すれば、一は政治は一般民衆のために行なわれねばならぬということで、二は政治は一般民衆の意向によって行なわれねばならぬということである。これ実に民本主義の要求する二大綱領である。

このようにみれば、吉野のいう民本主義を、民主主義についてのリンカーンの定義、「人民の、人民による、人民のための」政治を借用して表現するなら、民本主義は「人民の」は欠いているが、「人民による、人民のための」政治だということになろう。厳密にいうなら、「法律論」としての人民主権から「政治論」としての民本主義を切り離した[2]」といってもよい。

なぜ「民本主義」を唱えたか

吉野はそもそもなぜ「民本主義」を唱えたか。また、なぜこのように長大な論文を書いたのか。

それは、「本義」論文の各所からうかがうことができる。まず、「序言」で吉野は、国民の準備がまだ整っていないのに早急に憲政を施行したために、「今や破綻百出、経世の志ある者をして日暮れ途遠しの感」をいだかせている。そこで、「奮って改善・進歩の途」を講ずるしかない、と述べる。また、「憲政の円満なる成功をみるためには、憲政に伴う諸制度にいかなる改善を加うること」が必要かを考慮し、またその運用の仕事に当たる政治家はいかなる心がけをもつべきかを、特に説こうとするのだと述べる。

ここで吉野が「早く憲政を施行」といっているのは、大日本帝国憲法の公布（一八八九年。翌年施行）からすでに約四半世紀が経過したという意味である。しかし、この「本義」論文が書かれた時点で、憲政が「破綻百出」の状況にあること、現代風にいえば「制度疲労」を起こしていることを憂えて、その改善の途を探ろうというわけである。ただし、吉野は、大日本国帝国憲法自体の改正はまるで考えていない。これは、吉野と同じく「大正デモクラシー」的な立場にあった憲法学者の美濃部達吉でも、佐々木惣一でも同じことである。

大日本帝国憲法下では、「超然内閣」という主義があった。これは、「議会の意思に超脱して内閣は全然絶対的独立の地位を取るべしという趣意」である。これでは、政府は、「極端なことをいえば、どんな勝手な悪政をもどんどんこれを遂行し得る理屈になる」。超然内閣自体が憲法違反だということではないけれども、それが「立憲政治の精神」に背いているのは明白だと吉野は断ずる。

そこで吉野は、「立憲政治の精神」を説明しようとする。それが、「憲政の本義は民本主義にあり」というものであって、民本主義の徹底的実現は各種の改革を前提としつつ、「責任内閣制度」にあるとする。

吉野は、「この民本主義の徹底的発現を妨げているもっとも主たる原因は、旧時代の遺物たるいわゆる特権階級の存在である」。「特権階級に対する民本主義の抗争」は、一九世紀はじめのヨーロッパでは相当に激しかったけれども、多くの国々では決着がついた。問題が残っているのは、ヨーロッパではロシアくらいで、あとは日本であるとする。

日本の特権階級には、近年の金権階級のほかに、歴史的特権階級があり、後者の牙城となっているものは、元老や内大臣であり、枢密院であり、貴族院などであった。吉野は、「歴史的特権階級」に対する批判を果敢に行うことになるが、それが吉野の運命にも重大な事態をよびおこすことになる。

民本主義への非難に対する反批判　民本主義に対しては、いろいろ反論がなされた。憲法上君主大権の義に反するとする説がそのひとつだが、これに対して吉野は、民本主義は「君主主権と相矛盾するものではない」ことをくり返す。

もうひとつは、君主はその権力の行使にあたってつねに必ず一般人民の意向を参照しなければならないというのでは、それだけ君主大権の自由行動を妨げることになるという非難である。これに対して吉野は、そもそも憲法的諸制度は「君主大権の制限を目的とする政治的設備にほかならない」のであるから、立憲政治を採用するなら君主の大権が諸般の制限を受けるのは当然であるとする。君主ひとりが「百般の政務」を単独に決裁できるなどとすることは不可能なことであって、問題は君主がいかなる制限を受けるかということである。かりに内閣更迭ということになれば、後継の首相について元老に御下問になる。しかし、議会の多数党から選ぶのも元老の御下問によって決めるのも、君主大権を制限するものだという点では同じではないか。そもそも、明治天皇は維新のはじめ、「広く会議を起こし万機公論に決すべし」と勅されたではないか、と吉野は主張する。

この他にも、民本主義に対する非難をいくつかあげて、逐一反論をこころみている。

社会主義への言及

吉野の「本義」論文は長大なものであるから、いろいろな論点をとりだすことはできるが、ここでは、この論文で社会主義に言及しているところをみておこう。

資本家階級に対しては社会主義勢力の反抗があったが、この関係は、歴史的特権階級に対する民本主義の関係と似ている、と吉野はいう。つまり、「社会主義が資本家に対して抗争するゆえんの根本動機」は「社会的利福を一般民衆の間にあまねく分配せんとするの精神」に基づくのだが、この点において「社会主義はまた民本主義と多少相通ずるところがないでもない」というのである。そして、民本主義は「社会的立法施設」を講ずることによって「経済的特権階級とも争うということは、近代各国に通有の現象である」という。

この点になると、民本主義は単に統治機構や制度のあり方の問題ではなく、貧困対策などの社会政策にも関わるものでもあることになる。

ただし、吉野は、この「本義」論文のなかで、「社会主義者の運動」が「危険思想」を伴うものだと認めている。それは、「絶対的または哲学的民主主義」のばあいであり、これは大日本帝国憲法のもとでは、「危険思想」といわざるを得ない。しかし、この種の社会主義者とは異なる社会主義があり得る。それは社会民主主義であって、こちらの社会主義は「危険思想」ではないというのである。

ここでは、民本主義が社会主義とつなげて把握されているといえよう。

吉野の生き方

吉野はこの「本義」論文のなかで、次のようなことを述べている。

> われわれは立憲国民としてまず快く世界の大勢に門戸を開放し、積極的に国家・社会の大進歩・大発展を計らねばならぬ。しかしてまた退いてこれに伴うあらゆる災害と大いに戦うの覚悟をきめねばならぬ。これ実に立憲国の先覚者をもって任ずる者の光栄なる責任である。この責任を辞せざるの覚悟ある以上、われわれは民本主義を採用しても、なんら国家の将来に憂惧(ゆうぐ)すべき必要はないと信ずるものである。

というのである。

民本主義は、各国と共通の問題、普遍的な問題であるという自覚を、吉野はもっていた。「世界の大勢」といったとき、その「世界」に、中国や朝鮮のことは含まれていたのであろうか。むろん、含まれていた。そのことを次のⅣでみていくことにするが、その前に、吉野は「民本主義」を自己の政治理論の字句をなす概念として使い続けたわけではないという点にふれておきたい。

民本主義から民主主義へ

吉野の「本義」論文は、普通選挙制度についても立ち入って論じている。

男子普通選挙法の獲得をめざす運動は一八九〇年代に始まっていたが、それが一九一〇年代に入って次第に活発化する。その流れに棹さしつつ、吉野の「本義」論文は、普通選挙制を民本主義という理論的根拠の上に打ち出すという側面をもっていた。

一九一八年の米騒動以後、次第に活発化した普選運動に対し、原敬内閣は、選挙資格の納税額引き下げをするという法案を可決した。ほぼ時を同じくして、吉野も『普通選挙論』（一九年四月）を刊行した。二〇年二月には、普選法案が国会に提出され、二月一一日には、東京で普選促進の諸団体が集会・デモを行った。運動はかなりの盛り上がりをみせた。

日比谷の白熱点に／渦巻いた大示威運動／上野芝両公園からもみ合いつつ／帝都の大道に雄叫びを揚げて／普選促進の民衆数万（『東朝』二・一二）

という見出しの写真入り記事が掲載されている。

だが、五月一〇日実施の総選挙では、立憲政友会二七八、憲政会一一〇、立憲国民党二九（議席総数四六四）という結果で、原敬率いる政友会が大勝し、普選運動はいっとき頓挫することになった。その後の経緯には立ち入らないが、やがて一九二五年の男子普通選挙法の成立に至る。

吉野の普通選挙に関する言説は、一方ではこうした政治状況を背景に、他方では普通選挙にまつわる諸論客の主張に対抗して展開される。

吉野は、『普通選挙論』刊行後も、「普通選挙主張の理論的根拠に関する一考察」（『国家学会雑誌』一九二〇年一一月・一二月）、「選挙理論の二三」（同、二三年五月）などで普通選挙について論じているが、前者のなかで「近代国家における政治的理想」は「民主主義的精神の実現にある」と主張するに至ったという点は注目に値する。というのは、ここでは「民本主義」ではなく「民主主義」といわれているからである。そして、この文に続けて、

> 政治的理想としての民主主義の何たるかは今ここに詳説するの限りでないが、ただ人格の自由活動に基づく協同経営ということが眼目であることを一言するにとどめておく。（②一六九）

と書いている[3]。デモクラシーを求める運動の高揚のなかで、吉野も民主主義ということばでその政治的主張をするようになったのである。

二　中国論の転換

以上、吉野の「本義」論文について考察した。その「本義」論文の発表のすぐあとに、吉野の中国観・朝鮮論の転換を告げる論文が発表された。それをみていこう。

「政客の昏迷」論文

その論文は、「対支外交根本策の決定に関する日本政客の昏迷（こんめい）」（『中央公論』一六年三月号）[4]。以下、「政客の昏迷」論文と略称）と、「満韓を視察して」（『中央公論』一六年六月号）の二本である。

「政客の昏迷」論文によれば、日本政府は、袁世凱の帝政を承認するかどうかで変調をきたしたという。当初は袁世凱の帝政実現に消極的であったのに、またその後、中国南方において帝政に反対する動乱（第三革命）が起こったのに、日本政府は袁世凱と提携しようとした。かと思うと、まもなくまた態度を変えた。「我が聡明なる当局者は何故に、短日月の間にかくも政策を輾転（てんてん）せねばならなかったか」。

輾転、つまりころがり移ることの理由はなにか。それは、「日本当今の最高政客」の間に、「支那問題に関して二つの全く異った思想の系統」があるからである。陸軍側は袁世凱を「支那を背負って立つべき唯一の中心人物」としているのに、外務省は袁世凱が日本側と提携できないとする判断に傾いている。このふたつの「思想」が、「ともに相当の勢力をもって日本の政界を支配しているということが禍因となって、帝国〔日本〕の対華政策を動揺せしめていることは疑いを容れない」というのである。

要するに、この両者の対立が、日本の中国観に「昏迷」をもたらしているというのである。

さらに中国情勢の混迷を深めているのは、日本以外の外国勢力が中国にはびこっていて、事態を複雑にしていることである。たとえば、袁世凱が日本を嫌う理由は、袁世凱が権力掌握に際し、イギリス（モリソン）の支援を受けたことも一因だとする。

中国は「日本の経済的発達の将来」にとって不可欠の市場だとする吉野は、中国との経済的連携は重要だとみる。しかし、「近頃の日支両国の疎遠」は、実に手のつけようがない。さらには、今日の中国で、「何者が中心的勢力であるか」と尋ねても、実はよくわからないというのである。

目を西アジアに転ずれば、オスマン帝国の専制政治に反対する勢力が「青年トルコ党」として勢力を拡大していた。吉野は、中国南部を拠点とする「南方派」を、しばしば「青年トルコ党」になぞらえて「青年支那党」とよぶ。そして、中国の将来は「青年支那党」のものかもしれないと考える。しかし、そうだとしても、「青年支那党」が「支那の主人公」になるのがいつなのかということになると、「今日のところ、茫漠として分らない」というのである。

このように、吉野の展望は時期という点では明確ではないのだが、中国の「青年支那党」＝革命勢力（いわゆる南方派）に将来の展望をみて、それを根拠に日本政府の対中政策に批判的立場を取りはじめたということができよう。

中国人亡命者・留学生との交流

先に、中国人留学生が日露戦争後の日本に多数留学していたことをみた。この流れは、一九一〇年代にも継続した。その中国人たちと吉野が接触するようになった。

松尾尊兊が「吉野作造と会った中国人」について書いているところによれば、

> 一九一五年はわずか二人の名前しかみえぬが一七年には一三人（のべ三一人）、一八年には一五人（のべ二九人）、一九年には一一人（のべ二四人）に会っている。吉野の中国に対する関心の深まりとともに、中国人からも吉野に対して接触を求めるものが増加したことを物語る。この間もっともよく会っているのは、殷汝耕（二三回）をはじめその兄の殷汝驪（六回）、戴天仇（六回）、〔中略〕といった革命派の活動家、〔中略〕革命派軍人だが、孫文、黄興の両巨頭〔中略〕にも接触している。(5)

一六年の日記は不在だからデータがないが、残存する日記のデータからも、一五年までと一七年以降は事情が異なることがうかがわれる。一七年以降の交流者数の増加は、「吉野の中国に対する関心の深まりとともに」生じたことである。それは、二一カ条を基本的に承認していた『日支交渉

戴天仇の色紙　吉野作造記念館所蔵

論』の立場から、『支那革命小史』の立場への変化とともに起こったともいえる。

宮崎滔天『三十三年の夢』

先にⅡで、中国における「第三革命」勃発に際し、頭山満・寺尾亨の両者が吉野に、「簡単なる支那革命史の編纂」を委託し、戴天仇と殷汝耕らを紹介したことにふれた。吉野は、「『三十三年の夢』解題」のなかで、このことに続けて、「支那革命初期の歴史を知るに最もいい参考書として、『三十三年の夢』の名を聞かされたのは、実にこの両君からであった」と回想している。

吉野は、一九二六年に滔天の『三十三年の夢』を復刊したとき、復刊の理由について、この自叙伝が「そのまま日支交渉史の第一章」をなすものだとし、滔天の活動に「無限の同情を寄せ」「多大の感激を覚えさせられ」「数々の教訓をさえ与えられる」として、次のように書いている。

なかんずく支那の革命に対する終始一貫の純精の同情に至っては、その心境の公明正大なる、その犠牲的精神の熱烈なる、ともに吾人をしてついに崇敬の情に堪(た)えざらしむる。私はここに隠す所なく告白する。私は本書によりてただに支那革命の初期の史実を識(し)ったばかりでなく、また実に支那革命の真精神を味わうを得たことを。

吉野が『三十三年の夢』を最初に読んだのは、一九一五年末あるいは一六年初め、吉野が先にふれた孫文との会食の列に連なった時期から半年ほどのちのことであろう。それは、「政客の昏迷」論文（三月号）口述の直前と推定できる。とすれば、『三十三年の夢』との出会いが、吉野の本格的な「支那革命の研究」の発端になったばかりでなく、吉野にも「支那革命の真精神」を伝え、吉野の中国論に変貌をもたらす重要な要因となったといえるだろう。

滔天と吉野

吉野は、同じ「解題」のなかで、滔天の経歴・思想にもふれ、次のように書いている。

著者〔滔天〕は明治初年に生まれた。したがって彼は自由民権の叫びを聞きつつ西洋文化心酔の雰囲気中にその青年時代を過ごした人である。〔中略〕支那とわが国とを結びつけた典型的志士の一人である。そこで彼の自叙伝はわが国の近代史と密接の関係をもつことになるのである。

滔天は日本国内の自由民権運動に加わるにはやや「遅れてきた青年」であったけれども、吉野は一種の民権家の型を示しているとみた。滔天にふかく傾倒した吉野もまた、「支那とわが国とを結びつけた典型的志士の一人」となったといって差し支えなかろう。

吉野は、日本の自由民権運動に学びつつ思想形成をした人だったとはいえないけれども、一九二〇年代になると、明治文化研究を開始し、明治の「自由民権」思想について理解を深めてゆく。この明治文化研究については、のちのⅧでふれる。

他方、ある種の「志士」、たとえば孫文に資金を提供した玄洋社の面々は、一九一〇年代半ばまではアジアとの連携を考えたにしても、やがて右傾化していくというばあいが多かった。しかし、吉野はちがった。どうちがったかは、一九一九年に起こった朝鮮の三・一独立運動、中国の五・四運動に際して明瞭にあらわれることになる。

ちがった理由はどこにあったのか。吉野の場合、おそらく、「民本主義」を単なる政治理論という以上に血肉化していたからであり、そこにはキリスト教信仰も関連しているであろう。

いずれにせよ、一九一六年の「政客の昏迷」論文、「満韓を視察して」論文以降、吉野は、二一カ条要求を支持していた中国観を転換させていく。中国で二一カ条に反発する五・四運動が起こると、それに触発されるかのように吉野の中国論はさらに新たな展開を示すようになる。

そこに話を進める前に、『支那革命小史』の内容について、少しみておこう。

『支那革命小史』

一六年に「政客の昏迷」論文、「満韓を視察して」論文で中国観・朝鮮観を転換させていた吉野は、一七年八月、『支那革命小史』を刊行した。この著作について、吉野はその「序」で次のように書いている（傍点は引用者）。

一、最近二十年にわたる支那の革命運動は、いわば**新支那誕生の生みの苦しみ**である。支那に将来ありや否やの問題は、思うに革命運動の前途如何（いかん）によりて決せらるるであろう。支那に関して我国には各種各様の意見がある。しかして著者は**多大の同情と敬意**とを支那民族に払わんとする立場をとる一人である。『支那革命小史』は実に、支那民族復興の努力を率直に語るものたると同時に、また何故に著者が支那民族に敬意を表するかの理由を説明するものである。

> 二、支那革命運動の裏面には、つねに日本志士の援助が潜んでいる。ゆえに正確なる支那革命史は、日支両方面より材料を集めて研究するの必要がある。〔中略〕この種の事業のいまだかつて何人にも試みられざるは、著者の多年遺憾とせる所であった。著者が支那革命史の研究に着手せしは、この種の緊急なる事業の端緒を作らんとするの微意に出でたのであった。

この後ろの「三」では、この『小史』が「一般の読者」を想定して、大部でない形で「支那革命運動の真相を伝える」ことをめざしたと書いている。

ここに「支那革命」というのは、清朝末期の一九世紀末における運動から始まり、中国革命同盟会（一九〇五年に東京で結成）を経て、辛亥革命、袁世凱政権を通って、袁世凱による帝政の動き、それに反対する「第三革命」と連なる歴史をいう。この動向が力を込めて読みやすく活写された吉野の『小史』は、ほぼ一〇〇年前の著作ではあるが、緊急の事業として、記述の対象に「同情と敬意」を払いつつ、一般の読者を想定して、今なお一気に読ませる迫力をもった著作だといえよう。

中国人たちとの交流

吉野の中国観の転換には、中国人、特に「支那革命」を推進しようとする人びととの交流が大きな役割を演じたことはすでに述べた。その交流は、一九一七年以降に活発化した。当時の吉野日記には中国人名が散見されるが、一例をあげる。

> 四ッ谷殷汝驪君の隠宅を訪う。新聞記者団中に紛れ込み来れる張群（ちょうぐん）君に紹介してもらうためなり。張君は四川の人。去春以来四川雲南貴州より両広〔広東・広西〕を歴遊しこの方面の形

勢に詳し。食事を共にして語る。尽きず。（一七・一二・八）
約あり朝の中、殷君を訪ねる。張君は参謀本部に赴きしとて未だ帰来せず。その間に殷君より第三革命当時の話を詳しく聞く。
そのうちに張君帰られ食事をともにしつついろいろ聞くところあり。益する所多し。（一二・一〇）

ここに張群（一八八九～一九九〇）というのは、「革命派」の軍人・政治家で、一九一〇年代には孫文に近かった。このときの会話は、「第三革命」に関することが中心だったのであろう。吉野が、おそらくは初対面の張群の話を聞いて尽きることがなく、「益する所」が多かったと書いているのは、張群も吉野に胸襟を開いたからであろう。

また、ここに参謀本部とあるのは、中華革命党が日本の支援に依存していたことに関連する。そのあたりは、孫文の「田中義一に袁世凱打倒への支援を求める書簡」（一九一六年五月二四日）[6]などを念頭に置けば理解できるであろう。のちに首相となる田中義一は、当時は陸軍参謀次長だった。

一八年に吉野が交流した中国人には、中華革命党の要人もいた。たとえば、唐紹儀（一八六〇～一九三八。中華民国初代国務総理）については、吉野日記に「一一時半帝国ホテルにゆく。唐紹儀氏を招待し会食せんがためなり。小山倉之助、今井嘉幸君も来合わす。殷君陪賓たり」（一八・九・八）とある。小山は実業家で、のちに衆議院議員（宮城二区）。

また、「夜頭山〔満〕翁宅に赴く。広東軍政府代表者章行厳君と同志相会して懇談せんがためなり。

一二時頃まで話す」（一八・一〇・一三）とある。広東軍政府というのは、革命政府であって、夜更けまで話がもりあがったことをうかがわせる。

これらの例からうかがえるように、吉野と中国人との交流は、教員と留学生との間に限られるものではなく、より広い関わりのなかでの交流であり、その交流を背景にもちつつ、吉野の中国論は展開されたのである。

三　朝鮮論の転換

朝鮮論の変貌

吉野の中国論の転換について、その内容と背景を考えたが、朝鮮論についてはどうか。こちらも、一九一六年にいたって大きな変貌をとげる。その変貌を告げる論文が、先にふれた「満韓を視察して」である。その冒頭の「はしがき」に次のようにいう。

　予はこの春三月の末から四月の末にかけて、約三週間余り朝鮮及び満州の各一部を視察した。朝鮮視察の主たる目的は、日本の統治に対する朝鮮人の批評を聞くにあった。予はある偶然の事から、相当の教養と見識とを有する二、三の朝鮮人を知っている。これらの人を通して予は、朝鮮におけるいわゆる識者、ことに一般朝鮮人民の上に大なる精神的感化力を有する階級の人々の中に、案外に日本の統治をありがたく思わないものがあり、しかも、これらの人々は容易にその意見を発表もせず、また決して日本人と接触することも欲しないということをしばしば聞いている。（⑨三）

もしそういう人びとがいるなら、そういう人びととの意見を聞き、それを確認し、その勢力がどれほどのものか、などを研究してみようと考えた、というのである。そして、朝鮮では、二、三の人の好意によって「十数名の朝鮮紳士」を訪問し、面会を謝絶されたこともあるが、「数名の人とは思う存分に談話を交換する」ことができたという。

では、「談話を交換」して、どのような結論を得たのか。

> 異民族に接触せる経験も浅く、ことに動もすれば他の民族を劣等視して徒に彼らの反抗心を挑発するのみを能とする狭量なる民族が、短日月の間に他の民族を同化するなどということは、ほとんどいうべくして行なうべからざることである。（⑨二八）

つまり、吉野がこの論文で提示した朝鮮論の核心は、日本による同化政策の否定であった。そして、吉野は日本の同化政策の問題点を多角的に論じたのである。

ただ、朝鮮の独立ということになると、即時独立を要求するという立場ではないことも確かである。たとえば、次のようにいう。

> 予一個の考えとしては、異民族統治の理想はその民族としての独立を尊重し、かつその独立の完成によりて結局は政治的の自治を与えるを方針とするにありと言いたい。しかしこれはただ一片の抽象的の議論である。具体的の問題としては、政治上就中対外関係上から政治的の自由を許すを得ざる場合もある。（⑨一五）

即時独立を基準に考える立場をとれば、まったくもって妥協的にみえるが、ともかくも「民族としての独立」を主張していると読める。この吉野論文「満韓を視察して」に対し、二カ月後の『中央公論』（一九一六年八月号）に、小松緑「朝鮮統治の真相（吉野博士の批評に答う）」が掲載された。小松は当時、朝鮮総督府の中枢院書記官長兼官房外事課長で、このような地位にある役人がわざわざ反論文を寄せ、吉野論文を同化の妨害になるものだと批判したのは、吉野論文が寺内正毅総督（初代総督・陸軍大将）を礼賛するようなものではなく、総督府の同化政策を真正面から攻撃するものと受けとめられたことを裏書きする。

吉野の朝鮮旅行と朝鮮人との接点

この「満韓を視察して」で、吉野は親しくなった「二、三の朝鮮人」や「識者」について言及していた。なぜ固有名詞が記されていないかといえば、一九一〇年の韓国併合後のこの時期、朝鮮人は官憲による取締を受ける立場にあり、吉野としてはここで固有名詞をあげることが当事者に迷惑を及ぼす可能性をおもんばかったからである。

だが、歴史上の史実の確認のためには、この固有名詞の特定が必要になる。松尾尊兊によれば、この「二、三の朝鮮人」のひとりは、金雨英（キムウヨン）である。松尾年譜に、吉野の欧米留学からの帰国後まもない一九一三年九月二〇日、「東大ＹＭＣＡの新入会員および吉野歓迎会に出席、文科大学に入った朝鮮人金雨英に会う」という記載がある。また、金は東大の法科大学（法学部）志望で、翌一四年にも法科大学の入試を受けたが、失敗。吉野の勧めもあって、京大法学部に転学したという。[7]

松尾は、「二、三の朝鮮人」は金雨英以外に、張徳秀（チャンドクス）（早稲田学生。一九二〇年創刊時『東亜日報』編集局長となる）、白南薫（ベクナムフン）（朝鮮ＹＭＣＡ幹事）であるとし、朝鮮における「識者」のなかに、金性洙（キムソンス）（『東亜日報』創始参加者・高麗大学創設者）、宋鎮禹（ソンジンウ）（明治大学卒・『東亜日報』第三代社長）が含まれていると推定している。[8]

吉野の中国論のばあいと同様、朝鮮論も、満韓旅行（一六年三月二七日〜四月一九日）の際におこなった「二、三の朝鮮人」や「識者」との談話を通じてまとめられたものであって、これが、吉野の朝鮮論に転換を告げるものとなったのである。

朝鮮人たちとの交流

吉野は、この満韓旅行以降も留学生との交流を続けていく。一七年の吉野日記から例示してみよう。

一月五日に、金雨英が金栄洙（キムヨンス）を伴って遊びに来て、「日鮮人合同の懇談会を開かんなどの話」をした。この懇親会は、その月末に具体化する。

一月三〇日夜、朝鮮留学生金栄洙、玄相允（ヒョンサンユン）、崔斗善（チェドゥソ）の三人に「古市星島山本三君と藤田君を交え懇親会」を開いたというのである。そして、今後、「これに支那人を加え東洋平和の懇親会を催すはず」だとある。この懇親会が二月一五日夜、東大ＹＭＣＡの会館で「日鮮支三国学生懇親会」となり、吉野はこの会に臨んだ。

さらには、四月一八日夜、「朝鮮人の会」があって、出席したという具合である。

ここに出ている人物名はいろいろな意味で興味深い。

金雨英（のちに朝鮮総督府中枢院参議）は京大学生だったが、金栄洙、玄相允（三・一運動で懲役二年、戦後は高麗大総長）、崔斗善（『東亜日報』社長）は早稲田の学生で、留学生たちのリーダー格であった。

日本側の懇談会出席者は、古市春彦（京大生、本郷教会員、鈴木文治と親交があり、友愛会に参加）、星島二郎（のち弁護士、犬養毅門下の代議士）、藤田逸男（東大ＹＭＣＡ主事）などであり、いわば吉野門下の面々である。

いずれにせよ、吉野は朝鮮人留学生たちとの交流を、このような形で深めていた。吉野日記（一八・一一・一九）に、「六時半より朝鮮青年会にて「戦後欧州の形勢」について演説をする」とみえるが、朝鮮人留学生にとって吉野の名前は、隠れもないものとなっていたといえよう。それが吉野の三・一運動論や関東大震災に際しての活動に連なっていくことになる。

柏木義円

吉野の朝鮮論の転換をもたらしたのは、朝鮮人との交流という要因だけではなかった。日本のプロテスタント各派は、日米開戦の年、一九四一年に「合同」して日本基督教団を設立するが、それ以前は、いくつかの教派が並び立っていた。そのひとつが日本組合基督教会であり、同志社の神学部もこの流れにあったし、吉野が属した海老名弾正の牧した本郷教会もそこに属した。その組合教会は、朝鮮伝道に積極的で、そのリーダーであった渡瀬常吉は、朝鮮総督府の資金援助を受けながら、組合教会の勢力拡張をはかっていた。

これに対し、少し論じる時期が前にもどることになるが、群馬県の安中教会の柏木義円（一八六〇～一九三八）は、一九一四年四月、『上毛教界月報』誌上で、組合教会の同化主義的な伝道方針を批判した。吉野日記によれば、一五年二月三日、吉野は湯浅治郎[9]から安中での講演依頼を受け、二

安中教会　安中教会教会堂。1919年竣工。安中教会Websiteより

四日に安中を訪問、柏木牧師の出迎えを受け、教会で「聴衆堂に満ち」というなかで「時局論」の講演をしたという。

このときのあわただしい日程のなかで、吉野と柏木がどのようなことを話し合ったのかはよくわからないけれども、思想的に共鳴するところがなければ、柏木や湯浅も吉野を招かなかったであろうし、吉野も応じなかったであろう。とはいえ、この時期に、吉野が朝鮮における同化主義を明確に否定する立場に立っていたとはいいにくいであろう。

そのほかの要因

吉野の中国観・朝鮮観の転換には、中国人・朝鮮人との交流以外の要因として、キリスト教信仰に由来するところがあるように思われる。これを実証的に示すことは難しいけれども、私の推定を述べたい。

吉野の「本義」論文に関して、吉野日記（一五・一二・六）に、吉野が中央公論社の滝田樗陰にその口述を終えた記事があることにふれた。同じ日にいう。

午後海老名〔弾正〕先生を訪い謹んで『現代之政治』一本を呈す。けだし先生にdédicaté〔献ずる〕したるを以てなり。けだし専門の研究に交(まじ)うるに多少信仰上の見識を加

> 味したる著書はこれをもって始めとすればなり。

吉野の『現代の政治』（実業之日本社、一九一五年一一月）は、一四年・一五年に吉野が『中央公論』『新人』『新女界』などに掲載した論文をまとめたものであり、「海老名弾正先生に捧ぐ」という献辞がつけられている。問題は、この「信仰上の見識」ということの意味である。この『現代之政治』冒頭に、「民衆的示威運動を論ず」（『中央公論』一四年四月号）が収録されている。この論文のなかに、次のような箇所がある。

> 要するに民衆政治というものは、一部の人の憂うるがごとき厭うべきものでなく、かえって大いに歓迎すべきものである。〔中略〕民衆政治というものはこれ一つの勢いである、世界の大勢である。（③二九）

ここにみられる「世界の大勢」ということばは、吉野の「本義」論文にも散見されるものであり、「近代文明の大潮流」という表現もみえる。

この「世界の大勢」が「民族自決」を含意するとすれば、中国や朝鮮も、今すぐにではないとしても、その方向に進む。このように吉野は信じていたのではなかろうか。

吉野の論文「デモクラシーと基督教」（『新人』一九年三月号）には、次のような箇所がある。

> われわれはデモクラシーと基督教との密接なる実質的関係に鑑み、ますますデモクラチックならんとするの現代において、ますます基督教精神の拡張に努力しなければならない。（①一六五）

つまりは、「基督教精神の拡張」が「世界の大勢」だということになるだろう。キリスト教信仰に由来するところがあるとは、このような文脈においてであった。

（1）民本主義ということばを最初に使用したのは自分ではなく、これを多用していたのは、茅原華山だったと記憶すると吉野は述べている（「回顧」論文、⑫七五）。茅原は、吉野の「先行者」ともいうべき人物である。また、「本義」論文以前に発表された吉野の「欧米における憲政の発達及び現状（2）――民本主義（上）」（『国民講壇』一九一五年七月）では、「民本主義」ということばを論文の副題に用いているのであるから、吉野自身が「本義」論文ではじめて「民本主義」ということばを使用したわけではない。しかし、民本主義ということばが広く知られるようになったのは「本義」論文によってであろう。
（2）『吉野作造選集2』所収「〈解説〉吉野作造と政治改革」（松沢弘陽）三一五頁。
（3）吉野が民本主義という概念をすてて民主主義という概念を使用するに至ったこの経緯については、前掲の「〈解説〉吉野作造と政治改革」が行き届いた論を展開している。
（4）吉野作造『中国・朝鮮論』平凡社・東洋文庫、所収。
（5）松尾尊兊『民本主義と帝国主義』一二五頁。
（6）『孫文革命文集』岩波文庫、所収。
（7）松尾、同前、一七五頁。
（8）同、一七七頁以下。
（9）湯浅治郎は群馬県安中の生まれで、新島襄の感化でキリスト教徒となり、新島の没後には同志社の経営にも参加した人物。徳富蘇峰の姉婿でもある。柏木義円も同志社で新島襄の影響を受けた。日露非戦論、組合教会の朝鮮伝道批判、ファシズム批判などでするどい時論を展開した人物として知られる。

Ⅳ 政治と社会の大変動

一　国際政治の大転換と日本

大正デモクラシーの時期は、日比谷焼打ち事件から満州事変までと書いたが、この間に「デモクラシー」の動きが高揚し続けていたわけではないことも先にふれた。「大正政変」のあと、一九一八年あたりから政治的・社会的変動が顕著になるにつれ、「デモクラシー」の動きも活発化する。このⅣでは、その様相を、そして吉野の論じたところをみていくこととする。

世界的にみるなら、一七年のロシア革命後、一八年に入ると、一月にはアメリカのウィルソン大統領が平和に関する「一四カ条」を発表し、三月にはソビエトの革命政権とドイツがブレスト＝リトフスク講和条約を締結して、世界大戦も大きな転換点を迎えていた。日本は第一次世界大戦に参戦したけれども、戦争の主戦場はヨーロッパであったので、この戦争と日本の関連が深いとは必ずしも思われていない。しかし、大戦末期、日本社会も大きな変動の時期を迎えた。一八年夏には、ロシア革命干渉戦争というべきシベリア出兵が、そして、米騒動が起こった。まさしく世界と日本の情勢が激変した時期だった。

政論家・社会運動家として

吉野作造は基本的に「政論家」であったから、政治情勢が大きく変動すれば、論ずべき対象はいちだんと広くなる。以下に、その論の展開をみてゆきたい。

だが、吉野には、「政論家」としての面の他に、社会活動家としての面もあったので、先にその面をみておきたい。

賛育会と家庭購買組合

キリスト教と社会運動という観点から吉野について考えると、一九一七年三月に、吉野が東大YMCA理事長に就任した点はみのがせない。このYMCA（Young Men's Christian Association）の端緒は、一九世紀半ばのイギリスにあり、産業革命の蔭で進行した貧困に対応しようという性格をもっていた。日本でも、一八八八年に大西祝らによって東大YMCAが結成されていた。

吉野日記（一九一八・三・二四）に、「賛育会の評議員会に臨む。木下五島両博士も来会。評議終わりて本所太平町〔現在の墨田区〕の貧民窟と新設の妊婦相談所との検分にゆく」という記事がある。この賛育会は、東大YMCAから派生したものであり、防貧の観点から、「キリスト教の趣旨に基づき、婦人と小児の保護保健及び救療をなす目的をもって」この年の三月に設立されたものである。

東大YMCAから派生したという点では、家庭購買組合も同じで、吉野は一九年一二月にこの組合の理事長に就任している。この時期の「市民型組合の代表格[1]」であった。消費組合運動は大正期に台頭するが、家庭購買組合はその一翼を担ったものであり、同年の六月に賀川豊彦（一八八八〜

一九六〇）や今井嘉幸らが大阪に消費組合共益社を設立したのも、同じ社会的動向の一翼であった。この動きは、戦時中には抑圧されたけれども、第二次世界大戦後には生活協同組合運動に連なっていく。

より広い文脈から

Ⅰでふれたトニー＝ジャットは、イングランドにおいて「二〇世紀初頭に高名な計画家、社会政策の専門家、さらには労働党や自由党の大臣となる人たちが、貧困を緩和することをめざした新キリスト教的な隣保事業や慈善組織から出発したというのは、興味深い事実です[2]」と語っている。吉野がイギリス留学中にセツルメントなどに接したことはすでにみた。ジャットのこの指摘を参考にすれば、賛育会や家庭購買組合への吉野の取り組みも、同時代のイギリスなどとの同時代現象だと位置づけることができる。

ジャットは、「二〇世紀初頭」のイングランドについて述べているけれども、日本のばあいも、類似のことがいえるであろう。日清戦争（一八九四～九五）頃から、産業革命が進展し、日本の資本主義も急速に発達し、「社会問題」が顕在化する。足尾銅山鉱毒事件はその一例であり、貧民の問題、労働争議なども浮上した。

当時刊行された著作としては、下層社会を描いた松原岩五郎『最暗黒の東京』（民友社、一八九三年）、横山源之助『日本之下層社会』（教文館、一八九九年）、農商務省『職工事情』（一九〇三年）などがあり、問題の所在にふれていた。

ほぼ同時代の一八九七年には、普通選挙期成同盟会、労働組合期成会ができ、そういう動きの延長線上に、一九〇一年、先にふれた社会民主党が結成されたとみることができる。

その社会民主党の重要な構成員が、安部磯雄、木下尚江であり、かれらのキリスト教的社会主義に吉野作造は共鳴し、晩年に至って、「自分は社会民主党の精神的継承者である」と自ら述べたのだった。

河上肇が東京帝国大学の院生時代に吉野と接点があったことは、Ⅰでふれた。河上は、一九一六年に『大阪朝日新聞』に「貧乏物語」を連載した。この記事は、翌年に単行本『貧乏物語』として出版され、ベストセラーになった。学生時代に足尾銅山鉱毒事件に関する演説会で感激した河上は、着ていた外套などを寄付した。これが新聞記事になったという話が知られているが、のちにマルクス主義経済学に転じた彼の思想的な歩みの最初に、足尾鉱毒事件があり、「貧乏」の問題があった点に注目すれば、河上も「貧困」の問題を自分自身の痛みと受けとめ、それについて思索を深めた人であったといえよう。

吉野の歩みも、このような河上の歩みと無関係ではなかった。吉野が社会主義に関心をいだいたときに接触したのが安部磯雄や木下尚江だったが、そのときの問題関心が、ヨーロッパ留学中の社会主義あるいは社会民主党への関心と共感につながった。それは、吉野のばあい、理論的な関心というにとどまらず、賛育会や家庭購買組合の活動への取り組みとなってあらわれたとみることができる。

購買組合などの取り組みはあったが、世間的には当時も吉野は「民本主義」という名前とともに著名であった。

問題視された民本主義

吉野日記（一八・三・八）に、「宮本〔貞三郎〕君の話に予の民本主義唱道が大部警視庁の問題になっているそうなり」とある。吉野の「民本主義」は妥協的な考え方にすぎないという見方は、吉野の時代にすでにあり、その後もあったけれども、警視庁は必ずしもそうはみていなかったことになる。

一八年三月という時期から考えるとすれば、たとえばこの年の一月に吉野は在東京朝鮮基督教青年会（以下、朝鮮ＹＭＣＡと略称）で講演をしていた。当時の朝鮮人留学生たちが当局の監視下にあったことを考えれば、そのような場所で「講演」をしてはばからない吉野が「警視庁の問題」になっていてもふしぎではない。吉野にあっては、民本主義と朝鮮における同化主義の否定は不可分の関係にあったわけで、民本主義を批判した「思想家」やのちの「歴史家」たちよりも、警視庁の方が、吉野の思想の特色を的確に把握していたというべきである。

ちなみに、吉野はこの話題が出た同じ三月、また朝鮮ＹＭＣＡで講演をしたと、吉野日記（三・三〇）にみえる。「警視庁の問題」になったからといって講演を控えようなどという発想は、吉野にはなかったようである。

吉野が「警視庁の問題になっている」と日記に記したときからほぼ半年後の一一月、内務省警保局『我国に於けるデモクラシーの思潮』という一六〇頁あまりの本が警保局事務官の「私稿」とい

う形（おそらくは内部文書）で出ている。そこには、

大戦開始により欧米諸国においてデモクラシー論いよいよ隆（さか）んとなりし影響を受け、我国においても、次第にこれらの論議多く、ことに大正五（一九一六）年一月吉野博士が「中央公論」誌上民本主義に関する大論文（「本義」論文）を発表してより後は、いやしくも記者、思想家にして民本主義を論ぜざるものはその存在を疑わるるかの観あるに至れり。

とあり、警保局（全国の警察事務を管轄する内務省の内局）による吉野の位置づけがうかがえる（国会図書館デジタルコレクションによる）。

吉野にとって問題なのは、国内政治の仕組みが「民本主義」的であるかどうかという議論にとどまらず、時局を民主主義の観点から把握し、批判することであった。

シベリア出兵と米騒動

一七年一一月のロシア革命以降、ロシア革命に干渉する「シベリア出兵」問題が浮上した。そして、一八年七月、シベリア出兵に関して元老会議が開催され、外交調査会が開催された。この出兵問題では、各新聞での関連記事が激増、「外務、陸海軍、内務省等においていちいちこれが検閲を行なうは不便少なからざるのみならず統一を欠く」おそれがあるからと、政府は内務大臣の監督下に「臨時新聞局」設置を決めたと報道（『東朝』一八・七・二六）されている。以降、八月にかけ、関係記事の差し止めや、各地の新聞発禁などが相次いだ。

で下さつた宏量な讀者諸君に感謝の意を表すると同時に諸君が自ら親しく津田君の書に接して其中に新しい幻像と象徵の世界を發見され、其處から盡きざる興味の源泉を汲まれん事を祈る。一方には又津田君の自愛と奮勵とを切望する。若し自分の述べた事で或は津田ぬ爲であるから其處は單に同君の寬容を祈らなければならない。最後に此の一篇の爲に貴重な紙面を割いて下さつた瀧田君の好意に對して厚く感謝の意を表して置き度いと思ふのである。（大正七年七月十七日）

浦鹽出兵の斷行と米國提議の眞意

法學博士　吉野作造

（一）

去年の秋以來帝國政界の懸案たりし西伯利出兵問題は七月央に至り一先づ解決を告げた。唯光榮ある解決か否かについては各方面にいろ〳〵の議論がある。

シベリア出兵に関する『中央公論』論文（1918年8月号）の伏せ字

シベリア出兵が間近になった時期の吉野の論説「浦塩（ウラジオ）出兵の断行と米国提議の真意」（『中央公論』一八年八月号）には、じつにおびただしい「伏せ字」が見られる。つまり、ここでは論説の一部の語句や文言が○○で示される状態となった。

こうした言論抑圧のなか、日本政府（寺内正毅内閣）は、八月二日、「シベリア出兵」を宣言した。

翌三日、米騒動が始まり、またたく間に二二府県一一六市町村に及んだ。その背景には、第一次世界大戦に伴うインフレの進行、労働者の実質賃金の低下などがあり、米を投機の対象とする大米商や地主による買占め、売惜しみが問題を増幅させた。米騒動に最初に動き出したのは富山県の漁民たちの妻女だったが、これが「越中女一揆」などと報道されると、運動は急速に全国的に波及した。それが「地方」の「女性」によって開始され、短期間に拡大したという点に、問題の深刻さ、根深さがうかがえる。

警官隊だけでは米騒動を鎮圧できなかったため、軍隊が二六府県で出動、その延べ人員は九万名以上と、空前絶後の規模となった。検挙者は少なくとも二万五千人に達し、このため、軍隊に対する民衆の不信感が強まり、そのことが一九二〇年代には軍縮を歓迎する雰囲気を醸成したといえよう。

この米騒動について吉野は、「米騒動に対する一考察」（『中央公論』一九一八年九月号）を書いている。「暴動その事を弁護するの意は毛頭ない」けれども、「生活の圧迫に反抗して民衆運動の起こるのは世界普通の現象である」。「二〇世紀における民衆運動の普通の標目は政治問題よりはむしろ経済問題となった」というのである。傍点を付したところをみれば、吉野は第一に、米騒動を「民衆運動」として把握し、「世界普通の現象」とみた。ヨーロッパ留学時代にみた「民衆運動」と重なるところがあると判断したのである。第二に、経済問題が政治の問題になってくる時代状況を、デモクラシーの観点から把握しようとしているといえよう。

二　新人会と黎明会

白虹事件

その「民衆運動」の高揚を背景に、「白虹事件」（大阪朝日新聞筆禍事件）が起こった。ときの寺内内閣を攻撃した「関西記者大会」についての記事（『大朝』一八・八・二六夕刊）に、「白虹日を貫けり」という一句が含まれていた。『史記』などの中国古典にみえるこの語句は、君主に対する反乱の予兆として使用されていた。白虹は兵器の象、日は君主の象である。[3] そこで、官憲はこの一句をとらえて、大阪朝日新聞社を新聞紙法違反に問うた。

浪人会などの民間右翼にも朝日を攻撃する者が現れ、一〇月に入って村山龍平社長が辞任し、続いて編集局長の鳥居素川、社会部長の長谷川如是閑、さらには丸山幹治・大山郁夫らも退職するに至った。

吉野の論文「言論自由の社会的圧迫を排す」はこの言論弾圧事件を論じている。題名の「社会的」圧迫というのは、「国家的」圧迫とは別で、民間から来る圧迫のことをいう。その観点から吉野は、「浪人会と称する一団」を批判し、朝日の村山社長に暴力をふるったのは「もってのほかの曲事」だと批難している。そして、「何事にも神経過敏なるわが警察官憲が、かくのごとき不穏の言動の取締につき、余りに寛大なるを遺憾とする旨を一言して置く」と付言した。

吉野に名指しで批判をされた「浪人会」は、吉野を攻撃する姿勢をみせた。ちなみに、浪人会といえば、その創設者のひとりが頭山満であるが、頭山や寺尾亨と

浪人会と吉野

浪人会は、当時中国の「第三革命」をめぐって、相容れない立場になっていた。

吉野日記（一八・一一・一二）に、「浪人会本夜集会し決議の上、予を詰問に来るべし」という「注意」を、今井嘉幸から受けたという記事がある。

吉野日記には、この問題に関する記事が続く。「昼浪人会の代表者として田中舎身、佐々木安五郎、伊藤松雄、小川運平の四氏来る。不得要領を極め甚だ平凡にして帰る」（一一・一六）。この田中、佐々木、伊藤、小川の名前がこのあとにも登場する。

これに続いて、演説会当日（一一・二三）の記事は、当日の雰囲気を伝えている――

　午後よりいろいろ友人来る。四時過ぎ鈴木文治君、麻生久君、古市春彦君等と共に会館にゆき食事し、五時半頃星島〔二郎〕君の好意により自動車を南明倶楽部にかる。定刻前一杯になり屋外すでに人の山を築く。辛うじて入場。

　六時より立会演説始まる。伊藤、小川、佐々木、田中の四君起ち、その都度予も起ちて質問に答う。十分論駁し尽くして相手をして完膚なからしめしつもりなり。一〇時過ぎ凱旋す。

　屋外同情者千数百。歩行自由ならず、警吏の助けにより辛うじて電車に飛び乗り帰る。外套と帽子とをなくす。

麻生久（一八九一～一九四〇）は東大を卒業して東京日日新聞社（現・毎日新聞社）に入っていたし、

友愛会にも入っていた。浪人会の四名が吉野を訪問してから立会演説会までほぼ一週間だが、会場には「屋外同情者千数百」という。浪人会側も「動員」をかけたのではあろうが、吉野支持者もあわせてこれだけの人が短期間のうちに集まったのは、人びとの関心が大いに高まっていたからこそ生じた事態であったといえよう。

この吉野と浪人会との立会に、吉野を応援すべくかけつけた東大生のひとりに野尻清彦がいた。のちの作家・大佛（おさらぎ）次郎（一八九七～一九七三）である。彼は、「明るい時代」というエッセイで、当時を次のように回想する。

その時分の大学は明るくて希望に燃えていた。何といっても一番僕らを興奮させたのは、某の右翼団体の圧迫が吉野博士に加わった時だろう。僕らは他の講義には出なくても、博士の教室へは必ず早くから出ていた。講義を聞くことよりも僕らは先生の身辺に不安を感じたせいである。煉瓦造りの窓の外には冬の日が射している。教室はぎっしりと生徒で詰まり、研究室から情報を聞き込んで来た学生を囲んで、皆が目を光らして集まった。〔中略〕三時間の講義の間も教室は水を打ったように静かで、教授の細く低い声を迎えていた。（『改造』一九三八年四月号）

大佛の回想は、浪人会との演説会に続いていき、演説会後の「博士の凱旋」を迎えたとき、「何かの形で親愛の情を示したかった」からか、大佛は吉野の後ろから吉野の頭髪をつかんで引っ張ったと続く。その若き日は、ちょうど雑誌『改造』を熱中して読んだ時代でもあったという。

のちに大佛次郎は『改造』に「ドレフュス事件」、「ブウランジェ将軍」を連載（ともに一九三〇年）

した――これらの作品は、一九世紀末のフランスに素材をとりつつ、同時代の日本に対する批判を含めたものであった――が、『改造』に書くときに必ずよいものを書きたいと思ったのは、吉野作造の髪をつかんだりした思い出があるからだと書いた。

新人会

吉野と浪人会との演説会（一八年一一月）を機に、同年一二月七日、東大生の赤松克麿・宮崎竜介らを中心に、社会運動団体・思想団体である「新人会」が結成された。宮崎竜介（一八九二～一九七一）は、宮崎滔天の息子で、一九一六年に東大法科大学に入学した。竜介の妻となった柳原白蓮（燁子）も著名な人物であった。

吉野自身、「新人会の成立に対しては、私はかなり深い関係」をもつが、それは、浪人会との立会演説が新人会の「設立の直接の動機をなした」からだと書いている。もう少し広い意味では、「欧州大戦の影響を受けてか、その頃民主主義ないし社会主義の議論に対し、青年学生の多数は、異常の興奮を見せてきた」。けれども吉野は「私が直接にその組織を慫慂」つまり、すすめたのではない（「青年学生の実際運動」）とも述べ、「形式上新人会とは何の関係もない」とまで書いている。

直接に「慫慂」したのではなかったとしても、あるいは「形式上」は無関係だったとしても、「内容上」では吉野が新人会成立に大きな影響を与えたことは否定できない。

この新人会は、判明している会員数が三六〇名ほどという規模であって、東京だけでなく、各地に地方支部（一〇カ所ほど）をもった。そして、機関誌として、一九年三月に『デモクラシイ』を創刊し、二〇年二月に『先駆』、一〇月に『同胞』、二一年七月に『ナロオド』と改題して、二二年四月まで刊行を続けた。

　赤松克麿が起草した綱領には、「吾徒は世界の文化的大勢たる人類解放の新気運に協調し、これが促進に努む」「吾徒は現代日本の合理的改造運動に従う」とあった。ヘンリー＝スミスは、『新人会の研究』でこの綱領を黎明会や早稲田の民人同盟会の宣言と比較し、「内容は漠然、言葉は高邁」という傾向をもち、当時の知識人、学生団体に共通のものだったと指摘している。と同時に、「はっきりした計画のもとにというよりはムードから、イデオロギー的教条からというよりは形をなさない美辞麗句から生まれた」（四七頁）とする。

　その活動は、講演会・地方遊説・社会主義思想の紹介など、啓蒙的なものが軸となり、普通選挙権運動への参加、労働組合運動との接触もこころみられた。このような「実践」への挺身を好まない会員もいて、「学究派」と「実践派」への分岐がみられた。

　明治時代中期には、自由民権運動の潮流と関連して「政治青年」が生まれたとすれば、明治末期から大正初期は、政治的な「閉塞」状況と関連して「文学青年」「哲学青年」が目についた時代であった。それが、新人会の創設のころは「社会青年」の台頭という状況が生じていたといえよう。

　その状況を生み出したひとつの要因に、高等教育の拡大を指摘できる。一九一八年に大学令が公布され、大学数の増加、学部の新設があり、官立高等学校にも新設があった。それまでの四帝大に加え、北海道帝国大学の創設（一八年）があり、また、二〇年には、東京高等商業学校（東京高商）

が東京商科大学（現・一橋大学）に昇格した。早稲田大学や慶應義塾大学の私立大学としての設立認可を皮切りに、私立大学の新設（昇格）が相次いだ。学生数も、当然のことながら増加した。

『我等』の創刊

一八年八月末の『大朝』記事に端を発した白虹事件に関連して、吉野日記には、次のように書かれている。

午後、鳥居素川君来る。誘われて燕楽軒（えんらくけん）に夕食をたべる。長谷川〔如是閑〕、井口〔孝親〕等大朝〔大阪朝日〕の残党が主人なり。（一二・一三）

本郷にあった燕楽軒――有島武郎や芥川龍之介などの作家たちも利用していたレストラン――に食事をともにした井口は、吉野の弟子筋にあたる人（『ローザ・ルクセンブルグの手紙』を翻訳・出版し、吉野はそれに「序」を寄せた）。このとき、鳥居素川、長谷川如是閑とともに、白虹事件後の対応・展望について話し合ったと想像される。

その六日のち、「一時頃燕楽軒に赴き、大山〔郁夫〕君、長谷川君の招宴に陪す。同君等は今度現代批判という雑誌を出す由なり」（一二・一九）とある。

明けて一九年、「帰りに大山君を東片町の『我等』社に訪う」（一九・一・八）とある。東片町は、現在の文京区西片の一部で、大学のすぐそばである。「現代批判」という誌名を予定していた雑誌だったが、会社名が我等社となり、誌名も『我等』として出発することになった。『我等』への吉野の寄稿数はさほど多いとはいえないけれども、吉野は二月に創刊号が出た『我等』に稿を寄せることで、連帯の意を公表したのであった。長谷川如是閑は、「『我等』を創刊するに当たって、多くの人々の好意ある援助をうけたが、吉野氏はそのうちでも我々の仕事をまるで自分の仕事のように考えていたかと思われるほど熱心に後援してくれた」（『語る』）と書き、この好意は、吉野が病気で引きこもるまで変わらなかったと回想している。

吉野が長谷川如是閑や鳥居素川と相談をした一二月二三日、黎明会の相談も進んでいた。

黎明会の設立

> 六時より学士会にゆき黎明会の相談をする。来会者福田〔徳三〕、僕の主人側の外、左右田〔喜一郎〕、渡辺〔鉄蔵〕、森戸〔辰男〕、木村〔久一〕の四君なり。新渡戸〔稲造〕、姉崎〔正治〕等は不参なれども賛成なり。（吉野日記、一二・二三）

ここに、吉野と福田徳三が「主人側」とあるのは、この両者が呼びかけ人になったということであろう。左右田喜一郎は福田徳三の弟子筋。九年ほどの留学生活（主にはドイツ、そしてフランス）で経済学や哲学を研究して帰国し、東京高商で教鞭をとり、左右田銀行の頭取でもあった。渡辺鉄蔵と森戸辰男は東大の教員。渡辺はアジア・太平洋戦争後の一九四八年、東宝社長として東宝争議を抑え込む役割を演じたが、それはのちの物語である。

黎明会は、翌一九年一月一八日夜、東京・神田の青年会館で第一回の講演会を開催した。

> 第一席に僕開会の辞を述ぶ。第二席左右田君、第三席木村君、第四席今井君、第五席福田君そ

れぞれやる。聴衆一千五百、満場立錐（りっすい）の余地なき程の盛会なりしも、〔中略〕一〇時散会。（一九・一一・一八）

黎明会の結成、雑誌『我等』創刊は、白虹事件に示された反動攻勢に対抗しようという意思を示すものであった。

黎明会第一回講演会にも、吉野と浪人会との立会演説会のときと同様、聴衆がつめかけた。「民本主義」の、あるいは「デモクラシー」のうねりというべきであろう。

福田徳三

当時「生存権」を保障する社会政策を唱えていた福田徳三（一八七四～一九三〇）は、少年期に植村正久からキリスト教の洗礼を受けた。ミュンヘン大学で経済学者のルヨ＝ブレンターノ（一八四四～一九三二）に学び、東京高商などで講じていた経済学者。ブレンターノは社会改革派的発想をもち、一九〇〇年には『労働経済論』を福田との共著（表紙扉には「合著」とある）として出版した。また、その『労働者問題』を森戸辰男が翻訳・出版（一九一九年）しており、ドイツ社会民主党的な流れのなかにいたといえる。福田のドイツ滞在時期は吉野の滞在より一〇年あまり前であるが、吉野もドイツで同様の流れにふれ、共感を覚えていたから、その点でも吉野の立場と共鳴するところがあったはずである。

ちなみに、吉野日記（一七・一二・二三）に、「朝早く本所区〔現・墨田区〕太平町の警察に集まる。社会政策学会の連中と川村署長の案内を乞いて貧民窟を見物せんとてなり。見て始めてその悲惨なる生活に驚く」という記述がみえる。社会政策学会は左派的立場のものではないが、貧民救済を政治課題のひとつと考えていたことが読みとれる。

黎明会に結集した人びと

この黎明会は、学者を中心とする知識人四〇名ほどの集まりであり、大学としては、東大、東京高商、慶應、早稲田に、京都大学からの参加があり、一部には大学所属でない人びと（たとえば与謝野晶子）も名を連ねていた。

黎明会の活動内容は、講演会の開催と「講演集」の発刊であり、普通選挙の実行、治安警察法第一七条撤廃、武断的な対中国・朝鮮政策の廃棄などを主張点としていた。吉野日記にいう。

　夜黎明会講演会の第三回なり。予、開会の辞を述ぶ。森戸〔辰男〕君、穂積〔重遠〕君、大島〔正徳〕君の演説皆上出来。中にも福田氏この夜の演説は内容において形式において近頃出色の大雄弁なりき。（一九・三・二二）

　夜黎明会第四回講演会あり。聴衆二千に垂んとし、空前の盛会なり。福田、桑木〔厳翼〕、三宅〔雪嶺〕、僕の順序にてやる。（四・三〇）

穂積重遠（一八八三〜一九五一）は、学界に著名なる穂積一族のひとりで、東大法科大学（法学部）教授。大島正徳（一八八〇〜一九四七）は、当時は東大哲学科の助教授。四月三〇日の弁士・桑木厳翼（一八七四〜一九四六）は東大哲学科教授。桑木の専門はカント哲学で、彼の『カントと現代の哲学』（一九一七年）は広く読まれた。左右田喜一郎とともに提唱した「文化主義」は、大正期の文化・思想の面で一潮流を形成したことでも知られる。

吉野がのちに書いた回想文「日本学生運動史」（一九三二年）のなかに、黎明会結成までには、大庭柯公（かこう）（景秋、一八七二〜一九二四？）のただならぬ尽力があったとしながらも、「大庭君の尽力の蔭にはいわゆる社会主義団体の糸を引くものがなかったかとの疑い」があると指摘したところがある。大庭は東京朝日新聞の記者だったが、白虹事件で辞職、一九年に読売新聞社に入社し、編集局長となった。一九二一年に特派員としてソ連に入ったが、消息不明となった人物である。

黎明会と社会主義者

吉野は、おそらく諸般の事情を考慮して、大庭の名前以外には固有名詞をだしていないが、大庭の「蔭」で糸を引いていた「隠れたる創意者」は、堺利彦（一八七〇〜一九三三）であると推定されている(4)。福田は、大庭を通じて「某々数氏の熱心な入会申込もある。しかし彼等を迎うるはまだその時期ではない、いたずらに官憲に不当弾圧の口実を与えるは愚だ」として、黎明会への「札付きの社会主義者の入会は断乎拒否する」ことを吉野と申し合わせたという。

堺利彦は、『万朝報』記者だった一九〇三年、『万朝報』が日露開戦論に転ずるや、幸徳秋水とともに退社して平民社をおこし、週刊『平民新聞』を発行して、平民主義・社会主義・平和主義を鼓吹したことで知られる。一九〇八年の赤旗事件で二年の入獄となっていたため、堺は大杉栄らとともに、大逆事件に連坐することを免れた。

その後の「冬の時代」に、「暗黒裡に呻吟」していた堺だったが、『へちまの花』を創刊したり、一九一七年の総選挙に立候補したりと、孤塁を守った。

このばあい、吉野のいう主たる社会主義者が堺だったとして、その堺の側が政治協力を求めたのに、吉野と福田が相談のうえ、これを拒んだということになる(5)。

黎明会の設立に関わるこの問題は、一般化して考えれば、思想的立場を異にする者・グループ・党派の政治的な協力のあり方の問題にも関わると考えることができる。

吉野の講演　松尾年譜には、各年の末尾に、「この年の講演」として、吉野が行った講演の件数・回数が記載されている。ただし、この数は基本的に吉野日記に依拠しているので、日記が欠落している年の記載は欠けているが、吉野の活動の性格・特色を考えるうえでは興味深いところなので、その数字を並べてみよう。

一九一五年　三八件三九回／一七年　七〇件一〇〇回／一八年　四九件六〇回／一九年　八一件八八回／二二年　三八件四一回／二三年　二五件三二回／二四年　三四件三五回

件数・回数の多い一七年から一九年の三年分について、やや立ち入ってみてみよう。

まず一七年の講演について。この年の七月から九月にかけ、佐賀・京都・石川・長野・広島などに講演旅行をしている。また、この年の四月二〇日、寺内正毅内閣の下で総選挙（第一三回）があり、吉野は小山東助（宮城県）と今井嘉幸（大阪府）の応援に駆けつけ、演説した。両者とも当選を果たした。また、大阪での選挙応援演説（四月一五日）は相撲場が会場で、「雨なれども聴衆千を算す」とか、広島での講演（八月二一日）は「学校教員の外有志家も多く六、七百の聴衆もありし様なり」などとあって、吉野の「集客力」が大きかったことがうかがえる。

一八年の講演を日記の記載をもとに、題目別に分類してみよう。話題が多岐にわたることもあるので、やや便宜的な分類だが、中国関係が六回、欧州関係・国際関係が二〇回、民本主義関係が五回、その他七回で、あとは不明である。第一次世界大戦関係では、アメリカの参戦、ロシア革命とロシア・ドイツの講和などがあり、人びとの関心はその方面に向けられたということであろう。講演題目にみる限り、吉野は、「民本主義の旗手」というより、国際政治の論客として扱われたといえよう。

一九年の講演では、中国・朝鮮関係が六回、国際関係・平和に関わる題目が一六回、民本主義関係が一二回、その他が一七回、残るは題目不明である。中国・朝鮮六回と書いたが、朝鮮を題名にしている講演は二回のみ。三・一独立運動があった年であるにもかかわらず、朝鮮問題を題目とする講演を吉野に依頼したところはごく限定的だったといえよう。しかもそのうちの一回は黎明会講演会であった。

そこで、次節では国際関係のうち、中国・朝鮮問題に眼を転じたいが、その前に、ある女性の回想にふれておきたい。

ある女性の回想

一九〇二年に岐阜県揖斐郡に「炭焼き」の二女として生まれた堀としをは、一九一九年に名古屋に出て、女工募集の案内を見て、繊維工場の女工になった。翌年、その工場でストライキがあり、渡された宣伝ビラを夜になって読み返したという。彼女はのちにこのときのことを回想している。

二段目いっぱいに書いてあった吉野作造博士の論文「個性の発見」。その内容は今でもおぼえております。

「だれでも人間は全部平等で、個性と人格、人権があることを、各個人が気づかず、知らずにいる。一人ひとりが自分の個性にあった仕事や学問をして、社会のためにも自己のためにも今より幸せな生活をする。自分を大切にする。そして他人を尊重する。労働者は話しあい、学びあい、団結することによって生活の向上ができる。学者も医者も政治家も個性の発見に努力せよ。労働者よ、団結せよ。自己の尊さに目ざめよ」。

だいたいこんな内容だったと思いますが、なにしろ六十年も前のことですからまちがいもあると思いますが、私に魂を入れてくださった吉野博士の論文は、私の生きるための、一生の神さまだったのです。私は貧乏だった。差別された。考えてみると一つもいいことがなかった。そして、いつでもどこでも苦しい時、悲しい時、もうだめだと思った時に、私の心の中に吉野博士のよびかけの文章があったのです[6]。

高井（旧姓堀）としをは、「私の学歴は小学校三カ月だけ」と書いているが、名古屋から東京へ出て、東京モスリン亀戸工場に入り、そこで細井和喜蔵（一八九七〜一九二五）と出会った。そして、細井の『女工哀史』（改造社、一九二五年。のちに岩波文庫所収）の執筆を助けた。

六〇年前の記憶が文字通りに正確ということはもちろんないだろうが、堀が吉野から強い刺激を受けたことは確かであろう。吉野の影響力が知識人・学生たちのみならず、より広範に及んでいたことを示すものといえよう。

三　世界大戦の終結と民族自決

吉野の政論の転換

世界情勢についての吉野の政論に大きな転換をもたらしたのは、一九一八年一一月である。一七年のロシア一一月革命のあとの一二月、ソビエト政府はドイツ・オーストリア側と休戦交渉に入るとともに、帝政ロシア政府の秘密条約を公表し、休戦成立後、講和交渉を開始し、「無併合・無償金・民族自決」の講和原則を提案した。それから半月後の一八年一月八日、アメリカ大統領ウィルソンは「一四カ条の原則」を発表した。一九一八年一一月にはドイツ革命が起こり、世界大戦の終結に至った。翌一九年一月、パリで講和会議（ヴェルサイユ講和会議）が開始され、それに刺激を受けて民族自決を求める朝鮮の三・一独立運動、中国での五・四運動が起こった。これらの諸変動は、国内にも巨大な波紋を広げていくことになる。

これらの問題で、吉野が論じなかったものはなく、それらの論説は、政論家としての吉野が真骨頂を発揮したものでもあった。

ソビエト政府の講和原則とウィルソンの一四カ条　吉野の論文「帝国主義より国際民主主義へ」（『六合雑誌』一九一九年六月、七月）には、当時の世界に対する広い眼配りが明瞭に示されている。吉野は、ソビエト（労兵会）の掲げた非併合主義、無賠償主義、民族自決主義に言及し、その後のソビエトとドイツ・オーストリアの交渉、英仏政府との関わりを述べ、さらに、ロシアの右の三大主義に刺激されて、ウィルソンの一四カ条が提示されたことを説明している。そのうえで、吉野は、世界大戦末期から大戦後の趨勢を次のように位置づける。

従来の国際関係はつまり帝国主義、強い者勝ち、弱い者は強い者の餌食になるのでありましたけれども、その関係を今度は整えてこれを押さえて、そうして国と国との間には自由平等の関係で行くから、軍艦が多いからというて余計な発言権を与えない、人口が多いからというて必ずしも余計に発言権を与えない、皆四民平等の原則を国際間に応用して相和し相信じてごく新しい国際関係を立てなければならぬということに、これからの世界はだんだんと改造されていくものと思うのであります。（⑥六九）

ちょうど一八世紀においてまったくなかったところの「デモクラシー」が一九世紀において発現したるがごとく、一九世紀においてまったく認められなかったこの国際的民主主義というものがこの二〇世紀からいよいよ発展し、即ち今日の講和会議は国際的民主主義を根底とする新しい世界の第一頁――初めのものであるということができるだろうと思うのであります。（⑥七〇）

吉野の論文「国際競争場裡における最後の勝利」（『新人』一四年一二月号）では、「道徳律」とか「理想的の状態」が強調されていたが、そういういささか「哲学的」な把握が、ここでは「国際民主主義」として、そしてその内容はウィルソンの一四カ条やロシアの三大主義に具体化されたものとして把握されている。そして、その「国際民主主義」が国内における「デモクラシー」に連動していることも容易にみてとることができる（ここでは、「民本主義」ではなく、「デモクラシー」「民主主義」ということばが使用されている点に注意したい）。

キリスト教との関連

ここで吉野が述べている「国際民主主義」論は、次にみる朝鮮の三・一独立運動や中国の五・四運動に際して吉野が展開した議論と、実質的には重なっている。重なっているというより、相互にその主張を強めるものになっているとみた方がよいだろう。三・一運動、五・四運動についてはすぐ次にふれるが、その前に、こうした主張をキリスト教との関連でみておこう。

吉野は、「恒久平和の実現と基督教の使命」（『新人』一九一八年一〇月号）において、世界大戦後の形勢とキリスト教との関係はいかなるものかと問うている。

戦後の新形勢の〔中略〕精神的基礎とでもいうべきものはすなわち四海同胞の感情にほかならぬ。〔中略〕われわれの希望し、またその希望が酬いられて戦後出現すべしとせらるる平和的新形勢はまさに基督教の理想の実現とみるべきものではないか。

吉野からみれば、戦後の「平和」のなかで「四海同胞の大義」が実現されるのだが、それはキリスト教の「理想の実現」でもあると把握されていたことがうかがえる。続いて吉野は、「偏狭なる国家主義的教育の下に養われたるものにとりてはよほど努力しても、時々従来の永き教育の力に累せられて四海同胞の大義に徹底することができぬ」とも述べているのである。

四　三・一独立運動論

二・八独立宣言

米騒動についての吉野の論説に、「生活の圧迫に反抗して民衆運動の起こるのは世界普通の現象」だという把握があったことはすでにみた。

その立場は、日本の国内問題だけに限らず、国際問題についても貫かれることになる。それがもっとも光彩を放つのは、朝鮮の三・一独立運動、中国の五・四運動に関する論説においてであった。以下に、そのことをみていこう。

吉野日記（一八・一二・一四）に、「朝鮮青年会の演説会に臨む」という記載がある。その演説会から約一カ月後の一九一九年一月一八日、黎明会第一回講演会開催とまさに同日、パリでヴェルサイユ講和会議がはじまった。そこでは、「民族自決」が提唱されていた。

パリ講和会議では、朝鮮問題は取りあげられなかったが、海外に住む独立運動家たちの間では、独立をめざす運動が展開されるようになった。

二月八日、朝鮮人留学生たちが集会を開いた。『大朝』（二・九朝刊）に、「朝鮮学生の不穏」という記事が出ている。ちなみに、その記事の下段に、「東京は三〇年ぶりの大雪」という報道があった。

在京朝鮮学生の一団五百八十余名は八日午後一時より神田西小河町（ママ）朝鮮基督教青年会館に会合

二・八独立宣言を主導した留学生たち　二・八独立宣言記念資料室所蔵

せしが、次第に不穏の形勢あり。警視庁より長谷(ながたに)外事課長、正力(しょうりき)監察官多数の警官を率いて臨検し解散を命じたるも聴かざりしより、司会者たる東大政治部三年生崔八□他六十余名を西神田署に引致し徹宵取調べの結果、多数は帰宅を許されしも、崔ほか二十九名を留置し、引き続き取調中なり。なお、引致の際抵抗を試みしものありしため、青年会館の表口玄関窓硝子は無残に破壊せられ、鮮人側より十数名の負傷者を出せり。〔□は解読不能〕

この日、李光洙(イグアンス)が起草した独立宣言文が、集会の場で白(ペク)寛洙(グァンス)によって読み上げられ、独立宣言文、決議文、民族大会召集請願書の日本語訳が日本の貴族院、衆議院の議員たち、政府要人、各国駐日大使、内外言論機関宛に郵送された。この「二・八独立宣言」は朝鮮の三・一独立宣言に大きな影響を与えたといわれている(7)。

吉野日記によれば、二月八日の大雪の日に吉野は横浜で講演をしていた。翌九日の日記に、「晴　朝内へ帰る。朝鮮の学生の訪問を受く」とある。九日の吉野と学生たちの間の会

二・八宣言記念碑　在日本韓国YMCA（東京都千代田区）前に立つ記念碑。著者撮影

話の内容は、日記からはうかがえないが、前日の独立宣言のこと、留学生逮捕のことが話題になったはずだし、朝鮮人留学生も、それらをまずは吉野に伝えなければと考えたに相違ない。

朝鮮三・一独立運動

三・一独立運動が起こった条件・前提は多元的である。韓国併合以降における日本の統治のあり方が最も問題である。土地をはじめとする生活の根拠を奪われた朝鮮人の反日感情は高まっていた。それに加えて、国外的な条件・契機としては、第一次世界大戦の終結とパリ講和会議の開催があり、アメリカのウィルソン大統領が提唱した「一四カ条」があった。この「一四カ条」には、オーストリア＝ハンガリー帝国統治下の諸民族の自治とか、バルカン諸国、オスマン帝国内の民族の「自決」・自治などについての言及はあるものの、朝鮮民族の自治が明示的に記されているわけではなかった。しかし、一九一〇年の韓国併合以降、植民地化された朝鮮では、民族自決への期待がたかまった。日本でも、ポーランドやチェコの独立への動向は新聞報道されていたから、朝鮮人留学生がそれをみて、朝鮮の独立への願いを強めたことは疑いない。

加えて、二・八独立宣言であり、この宣言文が、日本側官憲の目をかいくぐって朝鮮に伝えられた。

朝鮮の国内的なきっかけをつくったのは、高宗の急死である。一八九七年に朝鮮では国号が大韓と改められ、皇帝即位式が挙行された。その後一九〇七年まで帝位にあった高宗は、一九年一月二一日に急死した。その葬儀が三月三日に行われることになった。その葬儀に全国から人びとが上京する機会をとらえて、独立宣言を発すべく準備が進められた。

そして、三月一日、朝鮮で三・一独立運動が起こった。ソウルなど六カ所でデモ行進が行われ、運動は朝鮮全土に広がり、運動は五月に入ってようやく沈静化した。当初は非暴力・平和的な運動がめざされていたが、暴動に転化して行くこともあった。日本側は軍隊を動員してこれを鎮圧。村民を教会堂に集合させて放火するという提巌里（ジェアムリ）教会事件（後述）なども起こった。この間の四月には、上海に大韓臨時政府が樹立された。

当時の新聞は、事件の報道はしているけれども、その論調は、三・一運動を「不良鮮人」あるいは外国人キリスト教宣教師の煽動による「盲目的暴動」とみなすものであった。

「対外的良心の発揮」

三・一運動について吉野がまず書いたものは、「対外的良心の発揮」「朝鮮暴動善後策」（ともに『中央公論』一九年四月号）である。吉野はいう。

> 朝鮮の暴動は言うまでもなく昭代の大不祥事である。これが真因如何（いかん）、また根本的解決の方

策如何については別に多少の意見はある。ただこれらの点を明らかにするの前提として予輩のここに絶叫せざるを得ざる点は、国民の対外的良心の著しく麻痺している事である。今度の暴動が起こってからいわゆる識者階級のこれに関する評論はいろいろの新聞雑誌等に現れた。しかれどもそのほとんどすべてが他を責むるに急にして自ら反省するの余裕がない。あれだけの暴動があってもなお少しも覚醒の色を示さないのは、いかに良心の麻痺の深甚なるかを想像すべきである。かくては帝国の将来にとって至重至要なるこの問題の解決も到底期せらるる見込みはない。

ここで吉野は良心の「麻痺」について書いているが、次のようにも述べる。――「我々は朝鮮の問題を論ずる時に、かつて朝鮮人の利益幸福を真実に考えた事があるか」。またいう。――日本の朝鮮統治がよかったか悪かったかではなく、ただ「朝鮮統治」を「朝鮮人がどう観たかを検するのが必要である」。

専制時代の歴史哲学

吉野はまた、三・一運動が特定の人物・勢力の「陰謀」、あるいは「黒幕」の「煽動」によって生じたとする見方を否定する。吉野はこの見方を、「専制時代の歴史哲学」であるとする。つまり、専制時代には「一人の英雄が天下を率」いることで外交が決まり、「歴史的進化」も「個人的なる陰謀譎詐(きっさ)、誤解瞞着」の結果だととらえられていた。けれども、今や事情は異なる。

> 〔歴史的事象の〕その局に当たる者は少数の識者であるに相違ないが、しかし、彼等を動かすものは大体において国民の間に流るる犯し難い一大潮流である。したがっていわゆる裏面に活躍する個人的陰謀はもとより小波乱を誘起するの効なきにあらざるも、汪洋（おうよう）として流るる一大底潮をいかんともすることができない。

というのである。

　このような「哲学的」な議論が一方にあるが、他方では、具体的な事件についての言及もある。たとえば、先にふれた提巌里教会事件について「水原虐殺事件」（『中央公論』一九年七月号）を書いている。「外字新聞の猛烈な攻撃によって初めて我々に知られた水原における驚くべき虐殺事件は、過般憲政会有志の〔原敬〕首相訪問の際の会談においても政府自ら認むる所の事実なることが明らかになった。果たしてしからばこれ実に許すべからざる人道上の大問題たるは言うを俟（ま）たない」(8)。

　ここに「外字新聞の猛烈な攻撃によって初めて」とあるが、つまりこれは、外国の新聞には報道されたが、日本の報道では取りあげられなかったということであり、日本では、独立運動の報道は、禁止には至らなかったものの、限定的にしか報道されなかったことに注意しなければならない。

黎明会と朝鮮人学生

　吉野日記に、「夜黎明会例会あり。牧野〔英一〕君の同盟罷業（ひぎょう）権に関する有益なる講演と朝鮮人学生の談話とをきく」（一九・三・一九）とある。欧州留学以来懇意にしていた同僚の牧野の講演は同盟罷業権、つまりストライキ権に関するものだが、朝鮮人学生の談話というのは、三・一運動に関するものだった。

三・一運動に関する話題は、その後も継続した。六月一九日夜、学士会で黎明会の例会があった。宋秉畯（ソンビョンジュン）を招いて話をきいた。「会員大いに感激し本月の例会は全部朝鮮問題の論議に捧ぐる事に決す」とある。

ここにいう「本月の例会」が六月二五日の講演会で、当日の吉野日記に、「五時半より黎明会講演会にゆく。全部朝鮮問題についてなり。予第一席をやる」とある。このときの吉野の講演題目は「朝鮮統治の改革に関する最小限度の要求」であり、『黎明会講演集』（第六輯、一九年八月）に収録・出版された。四百字詰め原稿用紙なら八〇枚ほど、二時間近い講演であろう。

その「最小限度の要求」とは、吉野の述べるところによれば、

（一）朝鮮人に対する差別的待遇の撤廃
（二）武人政治の撤廃
（三）同化政策の放棄
（四）言論の自由の付与

である。これらの要求の説明に際し、吉野は朝鮮への旅行経験、朝鮮人からの聞き取りなどによる具体的で生々しい話を豊富に織り交ぜて、支配・被支配の関係ゆえに生じる諸問題を語る。

宮崎滔天は、『上海日日新聞』に、「東京だより」を寄せた。そのなかで、黎明会講演会に言及している。

朝鮮問題は、支那の排日問題とともに、我が国刻下の大問題なり。この大問題について、雑誌『デモクラシー』が論議を試みて、発売禁止の厄（やく）に逢いし以外、何ら論議を試みるものなかりしは、その筋の注意によることもちろんなるが、一昨日に至りて、黎明会の諸君が、お上のお眼玉を冒し、わざわざ朝鮮問題を標榜して、青年会館に演説会を開けるはサスガなりというべし。

来聴者に朝鮮学生多く、殊に大阪くんだりより来聴せるものありとは、同情に値す。しかして吉野、福田両博士以下の学者連が、交々（こもごも）起って当局の秕政（ひせい）〔悪政〕を論難攻撃するや、彼等が狂せんばかりに拍手喝采せるも、誠にもっともの次第なり。さらに一般聴衆が、彼等とともに拍手喝采せる、もって時代思潮を察するに足る[9]。

黎明会演説会の雰囲気が伝わってくるではないか。

この吉野講演について今ひとつ特筆すべきことがある。それは、この吉野講演の筆記されたものが、朝鮮語に翻訳され、上海に置かれた朝鮮の亡命政権の機関紙『独立新聞』に掲載されたことである。吉野の発言が朝鮮の独立運動家たちに歓迎されたということを示すものといえよう[10]。

玄相允のこと

吉野日記に「朝鮮留学生金栄洙、玄相允、崔斗善」と日本人三名を含む懇談会を開いたという記事（一七・一・三〇）があることはすでにふれた。この玄相允の名前は、朴殷植（パクウンシク）『朝鮮独立運動の血史・1』（平凡社東洋文庫所収）にみえる。この本によれば、朴殷植たちの独立運動の本部は、三・一運動の前年一八年一〇月にソウルに生まれたという。次の箇所は注目に値する。

　思うに、われわれの五千年の歴史精神が世界の正義と人道に順応したのであり、民族自決主義に合唱したのである。しかしその主動の機運は、小生の学友崔南善、玄相允、宋鎮禹、崔麟らの諸君が中心となって秘密に研究し、かもしだしたものである。（一三二頁）

この箇所が注目に値するのは、第一に、ここに玄相允の名前が登場しているからであり、この玄相允が、吉野日記に記された人物と同一であるとすれば、吉野と接触のあった朝鮮人留学生が三・一運動の重要なにない手になっていたことになるからである。第二に、「世界の正義と人道に順応した」という箇所である。この発想は、極端なナショナリズムとは異なるものであろうし、社会主義的な発想でもなく、むしろ吉野の発想とほとんど同じだからである。吉野の朝鮮論が「即時独立」を唱えるものではなかったと批判するひとは、ここに名前を連ねた運動家たちの表現（ことに傍点の部分）に注目していただきたい。

この本の著者朴殷植は、大韓民国臨時政府（在上海）の第二代大統領になった。それは、一九二五年のことだが、それ以前の時期、この臨時政府の人物で、吉野と接点のあった人物がいた。呂運（ロウン）亨（ヒョン）である。

呂運亨事件

呂運亨（一八八六〜一九四七）は、朝鮮の民族運動の指導者で、日本の韓国併合のあと、上海を中心に独立運動を展開した人物である。ヴェルサイユ講和会議に代表を派遣し、朝鮮の独立を訴えた。三・一運動後、上海に成立した大韓民国臨時政府の外務次長となっていた。呂は、一九年一一月に原敬内閣の招請で来日し、政府要人と会談の機会をもったが、そこで朝鮮独立の正当性を主張した。これが一部の勢力によって問題視され、「朝憲を紊乱(びんらん)するの行為」だとして政府を糾弾する決議などがなされるに至った。

この事件について吉野は、「所謂(いわゆる)呂運亨事件について」（『中央公論』二〇年一月号）を発表した。そのなかで吉野は、「呂運亨氏を招いたという政府の態度そのものは断じて何ら糾弾に値しない」と述べ、さらに続ける――

朝鮮問題がかくの如く紛糾し、日鮮両国の将来の平和と幸福とのために上下心を悩ますこと今日のごとく甚だしきの秋(とき)に当たり、紛糾の原因たる問題の有力な一人を、礼をもって招致し、これと将来の平和幸福を相談するのが何で悪いか。

吉野によれば、「呂氏の説くところの中には確かに一個侵し難き正義の閃(ひらめ)きが見える」。そのようにいう理由は、吉野自身が呂と会談する機会があったからだという。

先にみた「朝鮮統治の改革に関する最小限度の要求」では、吉野は朝鮮の独立ということを明確には主張していなかった。しかし、この「所謂呂運亨事件について」では、呂運亨事件にふれる仕方で朝鮮の独立を当然視しているように読める。

すなわち、吉野の三・一運動論は、一方に「歴史哲学」的考察を、他方に運動家たちとの接触を含みつつ、両者を織り交ぜて展開されたのである。

五　五・四運動論

五・四運動

第一次世界大戦中に、ドイツが潜水艦による無差別攻撃を行なうに及んで、一七年四月にアメリカがドイツに宣戦を布告した。中国では、借款の問題や国権回収の問題ともからみ、一時的な帝政復活（清朝復辟）の動きのあと、一七年八月、北京政府（段祺瑞政権）は、ドイツ、オーストリアに宣戦を布告した。

世界戦争が終結すると、日本も中国も「戦勝国」となった。そのため、日本も北京政府も講和会議への参加権を得ることになった。一九一九年一月に開始されたパリ講和会議に、中国は全権代表団を送ったが、中国に割り振られた全権席数は二であり、日本などの「五大国」のそれは五であった。中国側は二一カ条の無効を要求したけれども、英仏が日本側に肩入れしたこともあり、中国側の要求は受け入れられなかった。四月末、山東問題の解決は困難だという報が中国に伝えられると、五月一日、各大学の代表たちが北京大学に集まり、四日に天安門前に集結することが決められた。これが、五・四運動となる。

北京大学は、一八九八年の戊戌変法（Ⅱの三節参照）の残した遺産というべき京師大学堂を前身とし、一九一二年に北京大学となっていた。当初の学長は厳復で、蔡元培があとを襲い、文科部長

（明治二十五年三月十七日第三種郵便物認可）

大阪朝日新聞 號外

大正八年五月五日

北京燒打起る（北京特派員四日午後八時十分發）

排日學生の暴動

章公使重傷を負ひ 曹汝霖氏邸に放火す

四日正午より北京大學學生を始め千餘の學生安定門に集り國賊曹汝霖賣國奴陸宗輿章宗祥山東を還へせ等大書したる旗を押立て示威運動を爲し其一部は巡警等と衝突し既に東單牌樓在大人胡同なる曹汝霖邸を襲ひ今や同邸を燒打しつゝあり曹氏邸は巡警消防の努力により半燒となりて治まり襲撃せる學生も多數の負傷者を出せるが曹汝霖氏は歸國中の駐日公使章宗祥氏と共に總統府の園遊會より歸り談話中に襲擊を受け早くも家族と共にグランド。ホテルに逃げたるも章公使は後頭部に重傷を負ひ佛蘭西病院に入院せり陸宗輿氏邸は三百の巡警を以て警戒しつゝあるを以て無事なり尚彼等學生の押樹てたる旗には「倭奴を逐拂ふべし其他日本に對する非常なる侮辱的言辭を書連ねありたり

發行兼編輯人 鈴木 [illegible]　印刷人 北島 [illegible]

發行所 大阪市北區中之島三丁目三番地 朝日新聞合資會社

五・四運動を告げる新聞号外　『大阪朝日新聞』1919年5月5日付

を陳独秀が務めていた（ちなみに、東京帝国大学のばあい、一九二〇年に聴講生に関する規定を制定し、女子の聴講を許可した。同じ年、北京大学では女子学生の入学を認めた。北京大学の雰囲気の一端がうかがえる）。

五月四日、北京大学に集結した学生たちは、数千人。かれらは各国公使館に向かったが、日曜日であったため、請願書を提出するという目的を果たせず、二一カ条要求の際に折衝を重ねた曹汝霖宅を襲撃して火を放ち、そこに居合わせた章宗祥を殴打する事態となった。翌五日、『大朝』は号外を発行、事件の概要を報道した。

曹汝霖は早稲田大学に学び、中江兆民未亡人宅に下宿していた関係で、兆民の息子で北京に暮らしていた中江丑吉に救出されるということになった。章宗祥は東大に学び、西原借款（寺内内閣が中国の段祺瑞内閣と調印した借款）のときには駐日公使だった。

吉野の論評　北京での学生の動きを受け、吉野はいくつかの論文を発表した。そのうち、『吉野作造選集』9に収録された、五・四運動に直接に関連する論文を列挙すると、次のようである。

a.「北京大学学生騒擾事件について」（『新人』社説、六月号）
b.「北京学生団の行動を漫罵（まんば）するなかれ」（『中央公論』「巻頭言」無署名、六月号）
c.「支那の排日的騒擾と根本的解決策」（『東方時論』七月号）
d.「狂乱せる支那膺懲論」（『中央公論』「巻頭言」無署名、七月号）
e.「日支国民的親善確立の曙光――両国青年の理解と提携の新運動」（『解放』八月）

『東方時論』は当時中野正剛（せいごう）（一九二〇年から衆議院議員）が経営者をしていた雑誌。『解放』の創刊号は一九一九年六月号であるから、eは、その初期の号の掲載である。

また、『東朝』（五・二二）には、「支那から日本軍閥の手を退（ひ）け　支那学生の動揺　対支政策を根本から改めぬ限り解決せぬ　吉野博士の談」という記事がある。

過般北京で暴行に遭った章〔宗祥〕、曹〔汝霖〕両氏の如きも日本官僚の友人ではあるかも知れぬが、決して国民の友ではない。何にしても政府の外交方針を改め、対支政策を根本から更改しない限り、今度のような問題はしばしば繰り返されることであろう。すなわち、支那から日本軍閥の手を退くか、また内地でもみだりに警察権を振り回して学生を圧迫する態度を改めざる限り、円満には解決が着かないと思う。一部論者は米国の煽動だなどというが、全く彼ら自身の発動である。

この記事は、吉野の執筆したものではなく、記者が簡略にまとめたものではあるが、吉野の五・四運動観が、よくあらわれている。なお、「内地でも」と言っているのは、日本への中国人留学生が北京の運動に同調して運動し、逮捕者を出していたことを指している。さらに、中国からの日本軍の撤兵を求めているようにも読める指摘がある点にも注意したい。

『新人』と『中央公論』

五・四運動に関するaの論文では、五・四運動の担い手になった人びとの思想への言及が目立つ。

一体両三年来の北京大学における新思想の勃興は実に著しいものがあった、総長の蔡元培君の采配の下に欧米の新空気が極めて濃厚に漂うていた。しかして最近は、『新潮』あるいは、『新青年』というような雑誌を発行して盛んに新思想新文学を鼓吹している。しかして彼らはこれを「文学革命」と言っている、〔中略〕これを要するに、北京大学教授学生を通じて一つには世界的思想の影響にもよるが、最近著しき進歩を示しているのはわれわれの見逃すことのできない現象である。

北京大学の学生がこのごとく飛躍的開発を示していることはある意味において、日本における思想上の開明が民間からだんだんに官立の大学の中にはいったのと対比することができる、〔中略〕開明思想は常に民間に勃興し官立の大学はこれと戦って官僚階級を保護するのが役目であったのに、その官立の大学がついに最も進歩的な自由思想の鼓吹者となるのはまた時世当然の結果であってやむを得ない、この当然の時世はわが日本においてすでに十年来これを見ている。（⑨二四〇～一）

この記述で興味深いところは、第一に、五・四運動に参加した人びとの思想が「欧米の新空気」を色濃く漂わせている「開明思想」だという指摘である。それは、ウィルソンの一四カ条にみられるような「軍備縮小」「民族自決」といったことであろう。吉野はここで、五・四運動にみられる思想を、中国だけにみられる特殊なものと把握するのではなく、より普遍的な観点から把握し、中国における「自由思想」の担い手たちの名前、大学の変貌などを紹介している。第二に、今ここには引用しなかったが、「開明的自由思想」は、従来の中国ではいわゆる南方派（孫文を中心とする勢力）の独占するところであったけれども、今や中央政府所在地・北京の官立大学の学生が最も熱烈な自由思想の鼓吹者となっているとする指摘である。

中国における運動の担い手

また、五・四運動が至って自発的なものだと吉野が把握した点は重要である。つまり、従来しばしば起こった「日本人に対する反感運動、殊に日貨抵排〔排斥〕」は、「官界、商界の一、二有力者の煽動に出たものである」が、「今回はもはや時勢が違う」（c論文、⑨二四六）と吉野は把握したのである。

深町英夫『孫文』によると、第二革命以来の中国では、議会は度重なる解散・回復・分裂・流転のため、定期的な選挙による民意の制度的な表出が困難になり、議員は「軍閥」諸派と結びつくようになった。こうして、議会制民主主義が空洞化すると、「商人・学生・教員・記者・労働者などの職能団体や、それらによる大衆運動という非制度的な民意の表出がその代替機能を果たし始める」（一六四頁）ことになったという。この論を、吉野の論とつなげて、五・四運動がまさしく「非制度的な民意の表出」だったとするなら、かりに一部人士による反日的「煽動」があったとしても、それを主因とする運動だったのではないということになる。つまり、吉野が五・四運動を「自発性」に基づくものと把握したのは、中国社会の変動をしかと認識していたからだと考えるべきである。吉野の『支那革命小史』執筆、戴天仇などとの接触を前提に、民族自決の世界的な動向にも触発され、吉野の中国情勢認識は時流を抜くものになっていたといえよう。

非暴力

吉野は、五・四運動を担った勢力・人びとに同情的だったが、全面的に肯定していたわけではない。それは、「一言すべきは、吾人はどこまでも北京大学学生の取った方法に一種の反感を抱かざるを得ないことを告白する」（⑨二四四）ということばから明瞭である。では、吉野はどういう点に「反感」を抱いたのか。一方では、「北京大学学生の運動」は、「旧式外交を否認して、よく公明に、よく合理的に国家政策を指導せんとするその熱心なる意図において、まさにわれわれとその立場を同じくするものと見なければならない」。中国で、曹汝霖、章宗祥、陸宗輿（りくそうよ）を弾劾する声と、日本で軍閥的対支外交を弾劾する声とは大いに共鳴するものがあるとする。

しかし他方では、「大いに共鳴するものがあるだけそれだけ彼らのとった凶暴なる手段を、呉々も遺憾とする」（⑨二四三）というものであった。

つまり、曹章陸の三者を弾劾する声には「共鳴」するけれども、とった「凶暴なる手段」にはとうてい賛成できない。この「凶暴なる手段」には、「反感」を抱かざるを得ない、というのである。吉野は、運動の進め方は非暴力的でなければならないという信念をもっていたというべきであろう。それは、暴力革命を前面に出したマルクス主義に対する吉野の反発にもつながるであろう。五・四運動のなかでみられた「凶暴なる手段」は、その後の中国でもいろいろな局面でみられることになる。

「日支国民的親善運動」

五・四運動の担い手たちがめざしたところが官僚軍閥の撲滅にあるとすれば、また、彼らが日本のなかに「帝国主義の日本」と「平和主義の日本」があると知るなら、彼らは「平和主義の日本」と提携しようとするだろう。そう考えれば、「隣邦青年の暴動の影に潜む精神の内に、本当の日支親善を生み来たるべき種子を認めざるを得なかった」（⑨二五八）ということになる。そこで吉野は、日中学生の親善・交流が必要だと考えた。

具体的には、北京の諸大学の教授学生を東京へ招聘し、懇談をして、結果がよければ、日本側から北京に出かけて行こうというのであった。交渉・連絡の窓口は、北京大学教授の李大釗であった。李は、吉野が北洋法政専門学堂の教員だった時代の教え子のひとり。吉野は李に手紙を書き、その際に、吉野の論文の切り抜きを送った。李からは返信があり、吉野論文を翻訳して北京の新聞に載せたこと、吉野を中国に招聘したい旨が伝えられた。

吉野の中国行きは、短期間では済まない話となったということもあり、一九一九年には実現をみなかった。しかし、中国人学生の日本訪問は、翌年になって実現した。[11]

エスペラント　吉野日記（一九・六・二）に、「この日より改めて露西亜（ロシア）語とエスペラント語との復習を始む」とある。吉野が学生時代に少しエスペラントを学んだ経験があったことにはすでにふれた。一九一九年にその「復習」を始めたのは、朝鮮・中国人の留学生グループと対等に話しあうためだったという。[12]

それにしても、エスペラントとロシア語と一緒にというところからすれば、吉野には、語学の抜きんでた才もあったのであろう。エスペラントの復習を始めた目的がここに記したようなものだったとすれば、それが三・一独立運動、五・四運動のあとの六月だったというのは、吉野の三・一運動論や五・四運動論に照らして、まことに整合的である。

ザメンホフ（一八五九～一九一七）によって世界共通語として創案されたエスペラントは、一九〇八年に世界エスペラント協会が創立されて以降、大戦間時代にドイツやソ連などの国々、日本や中国にも広がった。エスペランティストとして知られているのは、二葉亭四迷・宮沢賢治・大杉栄・北一輝・柳田国男・新渡戸稲造・二葉亭四迷・山田耕筰などであり、トルストイ、魯迅や周作人、エロシェンコ(13)などもそうであった。

(1)日生協創立50周年記念歴史編纂委員会編『現代日本生協運動史・上巻』日本生活協同組合連合会、二〇〇二年、三九頁。なお、大学生協の第一号は同志社購買組合(一八九八年)で、安部磯雄の設立。
(2)トニー＝ジャット『20世紀を考える』四八八頁。
(3)ちなみに、「白虹日を貫く」ということばは、『源氏物語』賢木巻にもみえる。光源氏が須磨に流謫(るたく)の身となる少し前、弘徽殿(こきでん)太后の甥にあたる頭弁が、源氏に対し、当てこするようにこのことばを吟ずる場面である。また、『平家物語』(咸陽宮)にもみえる。長きにわたり広く知られたことばだったといえよう。
(4)この推定は、松尾尊兊『大正デモクラシー』(岩波書店、一九七四年)による。
(5)新人会の会員でもあった作家の中野重治(一九〇二～七九)は、黎明会におけるこの協力問題について、一方の吉野と福田、他方の社会主義者・山川均の双方を「どっちもどっちだ」と批判し、「言論の自由」で統一すべきだったと戦後に語ったという(松尾尊兊『中野重治訪問記』一〇二頁)。
(6)高井としを『わたしの『女工哀史』』草土文化、一九八〇年、三八頁以下。のち、岩波文庫所収。
(7)『現代史資料・朝鮮(二)』みすず書房。
(8)私は最晩年の松尾尊兊氏から、小説家の立原正秋(一九二六～八〇)と吉野作造との関わりについての話をじかにうかがったことがある。立原は「父母ともに日韓混血」と自筆年譜に記したが、武田勝彦氏らの調べを通じて、じつは両親ともに朝鮮人で、本人も朝鮮で誕生、一〇歳の頃に来日し、成長したことが明らかになった。その立原の「夏の光」(一九七〇年、『立原正秋全集』第一五巻、角川書店、所収)という、日本の敗戦間際の時代を背景とする小説に、立原本人とおぼしき人物が、吉野作造の朝鮮論を読むくだりがあるとの話だった。

この作品を読むと、朝鮮論を発表した時期が吉野の「際立って光っている時代」だったと描かれている。

　立原は、松尾氏が編んだ吉野作造『中国・朝鮮論』とは独立に、おそらくは早稲田大学の図書館で吉野の朝鮮論を探し出して読み、その朝鮮論に惹きつけられていた。そのことに松尾氏は感慨があったとのこと。しかし、松尾氏は、立原と吉野についてはおそらく何も書き残されなかったと思われるので、ここに学恩を受けた松尾氏を偲びつつ注記しておきたい。
（9）『宮崎滔天全集』第二巻、平凡社、一七〇頁。
（10）この吉野の講演筆記が『独立新聞』に翻訳・掲載されたこと及びその意義については、松尾尊兊「吉野作造から東アジアを見る」上田正昭編著『アジアと日本のルネサンス』所収、文英堂、一九九九年、所収、一一四頁、参照。
（11）一九一九年に、吉野のこの計画は一旦頓挫した。吉野の意図をくみ取りつつ、二〇年に中国人学生の訪日実現に尽力したのは、北京に住んでいた組合教会の宣教師・清水安三（戦後に桜美林大学学長）であった。太田『清水安三と中国』（花伝社、二〇一一年）参照。
（12）松尾尊兊「吉野作造の朝鮮論」選集9「解説」。また、松尾『民本主義と帝国主義』二一六頁。
（13）エロシェンコなど、エスペランティストについては、高杉一郎『あたたかい人』太田哲男編、みすず書房、二〇〇九年、参照。

V 労働問題と平和主義の模索

一　国内の動向

デモクラシー運動の高揚と雑誌　前章では、吉野の三・一運動論、五・四運動論をみたが、ふたたび眼を国内に転じよう。

世界大戦の終結（一八年）に伴い、一九一九年にはさまざまな雑誌の創刊が相次いだ。

一月、河上肇の個人雑誌『社会問題研究』（三〇年一〇月まで）
二月、長谷川如是閑・大山郁夫ら『我等』（三〇年二月まで）
三月、新人会機関誌『デモクラシイ』（二〇年二月以降二二年四月、『先駆』『同胞』『ナロオド』と改題）
四月、山本実彦、雑誌『改造』
　　堺利彦・山川均ら『社会主義研究』、高畠素之ら『国家社会主義』
六月、黎明会同人『解放』

雑誌名ともなった「改造」「解放」「黎明」ということばは、ロシア革命から第一次世界大戦の終結があり、民族独立の叫びが広がったこの時代の雰囲気を象徴している。

『改造』についていえば、「労働組合同盟罷工研究号」（九月。発禁）とか「階級闘争号」（一二月）

などの特集が組まれた。改造社の山本実彦社長自身が社会主義的な発想をもっていたからというより、こういう特集が売れるという商売人的な感覚によるものであった。山本が、「時代の空気」をそのように感じていたということであろう。

ちなみに、堰を切ったような多数の雑誌の刊行ということの状況は、第二次世界大戦終結後の、一九四五～四六年あたりと類似の現象かもしれない。戦時下であるがゆえにと抑圧されていたものが、「戦後」に噴出するという面があるからであろう。

『解放』は、黎明会の吉野、福田徳三、大山郁夫が顧問となり、新人会の赤松克麿、佐野学らが編集協力者となった。創刊号巻頭には「解放宣言」が無署名で掲載されている。

現代の人類をして軍国主義とオートクラシー〔専制政治〕の圧迫より解放せしめよ。世界の民族をして侵略主義と専制主義とより解放せしめよ。文明国民の生活をして黄金と鉄火の鎖より解放せしめよ。労働者をして貧乏と過労とより解放せしめよ。婦人をして男子の蹂躪（じゅうりん）より解放せしめよ。青年をして頑冥（がんめい）なる老人より解放せしめよ。一切の国民階級をして悪政より解放せしめよ。〔以下略〕

というのであった。吉野の発想と共通する論調である。

友愛会の運動も高揚していた。次に、友愛会と労働運動に関わる問題をみてみよう。

先にふれた吉野の「日本学生運動史」によれば、黎明会は「国際労働会議の労働代表問題に関して会員中に先鋭なる対立」（⑩三一六）を生じて二〇年夏に解散に至ったという。では、この「対立」とはどのようなものだったか。

国際労働会議労働代表問題

一九世紀から二〇世紀初頭にかけての資本主義の発達は、一方に労働者の貧困を生み出し、それが大きく社会問題化していた。社会主義運動や社会民主主義の運動もそうした状況を背景に展開され、やがてロシアの社会主義革命（一九一七年）をみるに至っていた。そのような動向への対応もあり、国際労働機構（ＩＬＯ）が誕生したといえる。

一九一九年六月二八日に調印されたヴェルサイユ条約には、国際連盟の一常設機関として国際労働機構を設置することが含まれていた。この機構は、政府代表のほか、労働代表・使用者代表を加えた三部構成をとった点に類例のない特色があった。ロシア革命への対応ともいえる、「協調主義」的な性格である。

このＩＬＯの労働総会（国際労働会議）は各加盟国四人の代表（政府二・労働者一・使用者一）で構成されることになっていた。そして、その第一回総会が一九年一〇月にワシントンで開催されることとなり、日本でもその労働代表が選出されることとなったわけである。

日本政府（原敬内閣）は、この会議に労働者団体の代表が出席することを忌避し、その代表を外す仕方で代表候補三名を決定した。そのなかのひとりが、東大教授の高野岩三郎（一八七一～一九四九）であった。高野は数年にわたる留学経験をもち、社会政策学会創設者のひとりでもあり、日本最初の組織的な家計調査・社会調査の実施者でもあり、一九一二年から友愛会の評議員に就任していた。

友愛会の反発

高野岩三郎を労働代表とすることに友愛会は反対した。友愛会は、一九一二年八月、吉野の親友である鈴木文治によって設立された労働団体である。大逆事件後の困難な社会情勢のもと、当初の会員数はわずか一五名にすぎなかった。それが、第一次世界大戦にともなう労働力需要の増大などを背景に、機関紙『友愛新報』などを通じて会員増加をはかり、一八年の六周年大会時には、支部数一二〇、会員数三万を数える唯一の全国的労働団体に発展していた。国際労働会議に大いに関心をもち、代表選出に関わろうとしたのも当然である。

鈴木は、自分とキリスト教との関わりを、彼の『労働運動二十年』（一九三一年）において説明している。「私は幼年時代より基督教の雰囲気の中に育って来た」。労働運動も「根本の動機において、基督教的人道主義の立場から出発している」というのである（四六～四七頁）。

一九一九年八月三〇日から九月一日にかけて開催された友愛会七周年大会では、「大日本労働総同盟友愛会」と名称を変更（翌年に「大」を削除）した。この大会に先立つ四月、友愛会関西労働同盟会が結成され、日本の労働運動史上はじめて明確に、団結権・団体交渉権・争議権を要求するに至っていた。吉野は、この七周年大会で、引き続き評議員となった。吉野日記（九・一）に、「友愛会七周年紀念大会に臨み、一席の演説をする」とある。

一三日、「朝麻生久君鈴木文治君来る。来たる十五日の協議会に出席しての策戦（ママ）について相談を受く」（九・一三）とあるので、吉野には友愛会の動向についての情報はあった。

福田徳三や森戸辰男は、高野を代表とすることは認めないとする友愛会に賛同し、高野を代表とすることに強硬に反対していた。

代表選考の難航　一五日、「労働代表選定協議員会」が農商務省で開催された後、二二日夜に農商務省の四条隆英工務局長から「高野博士の勧説」のために動いてほしいという電話が吉野にあり、吉野は農商務省に出向いた。四条隆英は吉野と同じく一九〇四年七月に法科大学政治学科を卒業している。吉野は日記に「四条君の依頼にて動くは本意に非（あら）ざれども、友愛会のいゝゝのために重大の場合なれば」と、記していた。つまり、吉野は高野を代表のひとりとしようと動いた。

しかし、友愛会はあくまで高野代表を認めようとせず、吉野からすれば、事態は暗転した。二九日夜一〇時、高野、吉野らは農商務大臣官邸に犬塚勝太郎農商務次官を訪問、高野が辞意を述べる次第となった（労働代表になったのは、桝本（ますもと）卯平）。

吉野の「日本学生運動史」が言及している「会員中に先鋭なる対立」とは、高野代表をめぐることの対立を指している。事態は吉野の意図した方向には進まなかったけれども、当時はすでに労働組合の力が無視できないものとなっていたことがうかがえる(1)。

のちの話だが、高野は、一九二〇年に創設された大原社会問題研究所の所長となり、第二次世界大戦後には、憲法研究会を創設してその「憲法草案」作成に助力したほか、個人として「日本共和国憲法私案要綱」を発表したことでも知られる。

森戸事件

東大助教授森戸辰男も黎明会に参加していたひとりであるが、時期的にいえば、吉野がＩＬＯの労働代表問題で奔走していたのが、一九年九月。そこから約三ヶ月後の二〇年一月、森戸事件が起こった。東京帝大法科大学から経済学部が分離成立したのが、一九年四月であり、その経済学部の『経済学研究』に森戸の「クロポトキンの社会思想の研究」という論文が掲載された。クロポトキン（一八四二〜一九二一）は、ロシアのアナーキストである。[2]この論文が「無政府主義の宣伝」をするものだと問題視され、森戸は新聞紙法四二条（朝憲紊乱）によって起訴され、『経済学研究』の編集担当者であった大内兵衛助教授も起訴された。吉野日記に、「森戸君問題につき朝日に投書すべく「クロポトキンの思想の研究」をかき始む」（二〇・一・一二）とあり、同名の論文が『東朝』（一六日〜一九日）に連載された。その後の吉野日記には、この森戸事件に関連する記述が散見される。

一月三〇日午前中に講義を終え、裁判所に駆けつけている。吉野は「第一回公判廷に特別弁護人として出席」したのだった。

二月一日夜、「黎明会の例会ありて学士会に会す。森戸問題にて議論す」。

公判廷の次の回が二月七日であるが、この日の日記――

朝、佐々木〔惣一〕君より電話あり。〔中略〕一〇時裁判所に行く。

一一時頃開廷。〔中略〕午後二時過ぎ再開。佐々木君の弁論あり。

このように、吉野は森戸問題に関し、一方では『朝日新聞』に寄稿し、他方では特別弁護人として森戸の擁護に当たった。それに際しては、ヨーロッパ留学中に吉野と親交を結んでいた佐々木惣一京都大学法学部教授と足並みをそろえたのだった。このように、吉野が森戸問題に力を尽くして奔走しているさまが、日記からうかがえる。

吉野は「言論の自由」で森戸を弁護した。吉野には「言論の自由」の見地から、異なる思想的立場でも擁護しようとする発想があったことはいうまでもない。

日本社会主義同盟

日本の労働運動史上、一九一九年は「労働組合簇生(そうせい)の年」といわれている。簇生は、群がり生えるの意。一九年一年間に設立された労働団体は二〇〇を超えるとされる。その背景としては、ロシア革命や米騒動の影響、第一次世界大戦を機とする工業の発展などをあげることができよう。労働組合が発展し、一八年・一九年には、「同盟罷業」つまりストライキ参加者数は、六万人を超えるに至っていた。

社会主義者からは、吉野の民本主義を批判する論文も現れるようになった。山川均の『社会主義の立場から――デモクラシーの煩悶』（三田書房、一九一九年）がそれであり、より早い段階では、大杉栄「盲の手引きをする盲――吉野作造の民主主義堕落論」（『文明批評』一九一八年二月）が吉野批判を行っていた。

そうした状況のなかで、一九二〇年一二月、日本社会主義同盟が結成された。その当事者のひとりであった赤松克麿が、その著書『日本社会運動史』（一九五二年）でこの組織の成立事情について述べている。

> 社会主義の思潮が滔々として進歩的知識階級や労働組合を風靡するにつれて、大正九年（一九二〇年）の始め頃から、一部有志の間に、社会主義者の大同団結をはかろうという計画が進められた。ようやく機運が熟して、十二月十日、神田青年会館において、日本社会主義同盟の大会が挙行された。全国からの申込者は三千名に達した。発起人は次の通りである。

として、三〇名の名前が列挙されている。そこに吉野の名前はなく、また、黎明会解散時メンバー四二名とも、大庭柯公以外には重なる名前はない。学者中心の黎明会と、労働運動関係者中心の社会主義同盟との距離を物語っているといえよう。

この問題では、吉野の「日本社会主義者同盟」（『中央公論』「時論」二〇年九月号）という論文での発言も注目に値する。

> 社会主義者同盟の計画があるという噂を聞いた時、予は自分もある意味においては社会主義者だ、もし誘われたらこれに参加すべきであるかどうかをひそかに考えて見た。（⑩五八）

このように、吉野は自分が「社会主義者」であることを、『中央公論』誌上で公言していたのである。しかし、吉野は日本社会主義同盟には参加しなかった。理由は、「我々と根本的に人生の観方を異にしている人」がいるからだとする。この差異を、吉野は、「社会改造」の意味をどうみるか、「改造実現のためにいかなる手段をとるか」というところにみた。そこに、「無神論」「唯物的」と「理想主義」との対立があり、この両者が「軽率に結束しても、その結果は決して永く続くことはできないだろう」と論じたのである[3]。

さらにいえば、吉野論文「日本社会主義者同盟」では述べられていないが、ロシア革命の「成功」に伴う「暴力革命」の是認、それとつながる「熱狂」に対する嫌悪感も、吉野が左派を忌避する大きな要因であったことも動かせないことである。マルクスの経済分析――その意味におけるマルクス主義――の是非ということではなく、「熱狂主義」への反発、議会重視の発想が、吉野には強かった。

この吉野論文であげられている固有名詞は、幸徳秋水をはじめ、日露戦争前後に活動していた社会主義者たちであるが、社会主義同盟設立が日程にのぼった一九二〇年前後には、日本でも、マルクス主義やアナーキズムがその勢力を伸ばしつつあった。

ここにみたように、吉野は「社会主義者」を自認していたけれども、吉野の時代から近年に至るまで、「社会主義」といえばマルクス主義を意味するという解釈が日本では支配的であり、「唯物的」な理解が優勢であったから、吉野が「社会主義者」であるという認識は、吉野の死後には忘れられていた、あるいは無視されていたというべきであろう。

なお、二〇年一一月に、日本・朝鮮・中国の社会主義者により組織されたコスモ倶楽部には、吉野も入会した。コスモとはコスモポリタンの省略形である。

共産主義の勢力

吉野作造がその政治的見解を積極的に展開しはじめたのは、一九一七年のロシア革命の時期とも重なる。

レーニンの指導のもとに成立したロシアの革命政権は、共産主義政党の国際的な組織として一九一九年三月に第三インターナショナル（コミンテルン）を結成した。その動きは、第二インターナショナルへの批判とも重なっていた。第二インターナショナルに結集していた各国の社会主義政党・社会民主主義政党は、第一次世界大戦勃発に際して、それぞれ自国の戦争を支持する方向に動いた。それが第二インターナショナルの崩壊につながったばかりか、戦争の進展を防ぐ有効な手立てを打てなかったと、コミンテルンは批判したのである（ドイツ社民党内にも参戦に反対する勢力はあった。たとえばローザ＝ルクセンブルクやF・メーリングは、反戦・平和活動を推進しようとした）。

とはいえ、西欧の例で考えれば、左翼政党がすべてコミンテルン傘下に入ったわけではなく、ドイツには社会民主党が共産党とは独立に存在していたし、イタリアやフランスでは社会党と共産党が分化する形になった。コミンテルンは、一九二〇年代はじめには「労働者統一戦線」戦術を提起したこともあったけれども、二八年には社会民主主義勢力を「社会ファシスト」として敵視する方向に転じた。おおまかな見取り図を描くなら、一九一七年一一月のロシア革命の「成功」とコミンテルンの創設を背景に、革命的な左派勢力が各国で影響力をもちはじめ、その勢力は二〇年代半ばから社会民主主義勢力に批判的であった。

日本のばあいは、左派勢力も社会民主主義的勢力も、国会に一定の議席を確保するという地点には至っていなかったが、社会民主党がともかくも結成（一九〇一年）され、日露戦争時には社会主義の立場からする非戦論が叫ばれ、キリスト教社会主義的な立場もなかったわけではない。ロシア革命前後までの吉野が位置していたのは、そういう状況であった。

文化生活研究会

一九二〇年五月、当時北海道帝国大学教授であった森本厚吉（一八七七〜一九五〇）は、文化生活研究会を創設、有島武郎（一八七八〜一九二三）と吉野が顧問となり、『文化生活研究』を創刊した。有島と森本は、若き日にともに札幌農学校に学んだ仲であった。

有島は、一九〇三年に渡米し、ハヴァフォード大学などに学び、その後に渡欧、ロンドンでは、クロポトキンに会いに行っている。社会主義文献を読み、アナーキズムに共鳴し、キリスト教からも離れるようになった。その後、一六年に妻と父を相次いで失い、本格的に作家生活に入り、人気作家になっていた。

吉野は、この『文化生活研究』創刊号からほぼ毎号、「政治に及ぼす婦人の力」を一一回にわたり連載した。その後、雑誌は二一年六月号から『文化生活』となったが、ここにも吉野はエッセイを書き続けた。二一年三月には、この三者の共著『私どもの主張』（文化生活研究会）が出版された。それだけでなく、吉野は『社会改造運動に於ける新人の使命』（一九二〇年）の刊行以降、文化生活研究会（出版部）から一〇冊の著作（発行者はいずれも福永重勝）を出版しているから、浅い関係ではない。

森本は、その著作『生存より生活へ』（文化生活研究会出版部、一九二一年）で、人は「盛んに生活して活動する必要がある」とし、これを単なる「生存権」ではなく、「生活権」としてとらえようとした。そして、この生活権が保障されるような社会の改造が必要になるとし、そのためには漸進的な「社会の改造」が必要とされると主張した。

社会主義やアナーキズムへの有島の親近性と、森本の「生活権」保障の考え方は、吉野作造の思想に通底するところがあり、それがこの三者の密接な関係になったと思われる。ここにアナーキズムと書いたが、それは必ずしも政治的・革命的・暴力的なものではなかった。有島はロンドンでクロポトキンを訪ねたが、そのクロポトキンの著作『相互扶助論』（一九〇二年）は、ダーウィニズムの「優勝劣敗」中心の見方を排し、「相互扶助」を人間関係の軸として考えようというものであって、暴力的な色彩をもっていない。

第一次世界大戦後の深刻な階級対立や労働運動・社会運動の展開という状況のなか、二二年七月、有島は北海道にあった有島農場の小作人への無償提供を行った。そしてその後、二三年六月に波多野秋子（中央公論社の『婦人公論』記者）と情死をとげたことはよく知られている。

有島の死の直後、吉野は『新人』『中央公論』などに、少なくとも五本の有島を偲ぶ記事を書いたが、それは有島の死が吉野に与えた衝撃の大きさを物語っているといえよう。

それとは別に、生存権、生活権という考え方——日本国憲法にも連なる考え方——は、吉野自身が明示的に展開した思想だとはいえないけれども、吉野の交流圏では、すでに明瞭に出ていたという点も確認しておきたい。

二　軍縮問題

軍備縮小同志会

二一年九月一七日、「軍備縮小同志会」の懇談会が、東京・神田の如水会館で開催された。吉野はその発起人のひとりで、『東朝』は、これを次のように伝えている。

尾崎行雄、島田三郎、吉野作造、杉森孝次郎、堀江帰一諸氏発起となり、華府（かふ）〔ワシントン〕会議に対し国民の世論を喚起して軍備縮小を期すべく昨〔一七日〕夜六時から神田如水会館で懇談会が催された。発起人の他、小野塚〔喜平次〕、山田〔三良〕諸博士、田川大吉郎、鈴木文治、河合栄治郎、水野広徳諸氏、学者思想家政治家等五五名集合、緊張した会であった。〔中略〕近日中に大会を開く事とし、座長指名にて、〔中略〕石橋湛山、〔中略〕の十氏世話人となって十時散会した。（二一年九月一八日付）

九月一七日の軍備縮小同志会の発起人会開催は、ワシントン会議開催を控え、「シベリア出兵」もなお撤兵に至らないという情勢に対応するものであったと思われる。

九月二七日、ワシントン会議全権に、加藤友三郎・徳川家達（いえさと）・幣原（しではら）喜重郎が任命されたが、その翌二八日には、それに対応するかのように軍備縮小同志会の発会式が催されたのだった。『東朝』（九・二八）

には、この発会式が同じく如水会館で催され、衆議院議員、諸学者のほか、実業家、軍人、労働者、新聞雑誌記者など一五〇余名が参加したとあり、むろん吉野の名もみえる。

一八日付の記事に名前が出ている人物について簡略にみておこう。水野広徳（一八七五～一九四五）は海軍軍人で、海軍兵学校で野村吉三郎（のちに、近衛文麿内閣時駐米大使）と同期だった。水野は第一次世界大戦後のヨーロッパに私費留学し、戦争による惨状に接して、平和主義者に転じた。『中央公論』（一九二一年三月号）に、「軍備撤廃又は制限　縮小論」を掲載している。吉野は『中央公論』の同号に「二重政府より二重日本へ」などを掲載しているから、水野の論をみていたのはもちろん、その経歴も承知していたに相違ない。

田川大吉郎（一八六九～一九四七）は衆議院議員。桂太郎弾劾演説で知られる尾崎行雄（一八五八～一九五四）が東京市長の時代に、その助役をつとめた経歴の社会運動家でジャーナリスト、二〇世紀初頭に海老名弾正とキリスト論論争を展開した植村正久の影響を受けたキリスト者でもあった。軍備縮小同志会を代表してワシントンに赴いた。

尾崎行雄も第一次世界大戦後のヨーロッパを視察し、その悲惨さをみて軍縮論者になったという。議会に提出していた「軍縮に関する決議案」を、二一年二月に衆議院が否決すると、尾崎は軍備制限の遊説を開始した。

その否決から数カ月後、二一年七月、アメリカ（大統領は、ウィルソンの次代のウォレン＝ハーディング）が、日・英・仏・伊に、軍備制限と太平洋・極東問題を討議するワシントン会議の開催を提案した。石橋湛山の手になる『東洋経済新報』（二一年七月二三日号）の「一切を棄つるの覚悟」は、その提案が報じられてすぐに書かれた社説である。

石　橋　湛　山　軍備縮小同志会大会の世話人のひとりとして、石橋湛山（一八八四～一九七三）の名前があがっていた。石橋は、週刊雑誌『東洋経済新報』に拠った自由主義的論説で知られる。一九五六年の自由民主党大会で岸信介を破って総裁となり、首相の指名を得て一二月二三日に石橋内閣を組織した。しかし、病に倒れたため、翌五七年二月二三日に辞職した。著作が、『石橋湛山全集』全一五巻としてまとめられている。

「一切を棄つるの覚悟」　石橋による社説「一切を棄つるの覚悟」は、次のように始まる。

　昨日までも、今日までも、実際政治問題にあらずとかいうて、尾崎氏等一部少数の識者を除き、在朝在野の我が政治家に振り向きもせられなんだ軍備縮小会議が、ついに公然米国から提議せられた。おまけに、太平洋および極東問題もこの会議において討議せらるべしという。政府も国民も愕然色を失い、なす処を知らざるの観がある。

そして湛山は、「一切を棄つる」という提案をする。「一切」というのは、「朝鮮・台湾・満州を棄てる、支那から手を引く、樺太も、シベリアもいらない」という意味で、これが「小日本主義」の主張である。

日本政府が、七月二六日、希望条件付きでこの会議に参加の方向を回答したまさにその時期、石橋が執筆した社説が「大日本主義の幻想」(七月三〇日・八月六日・一三日号)であった。「大日本主義」とは、湛山によれば「日本本土以外に、領土もしくは勢力範囲を拡張せんとする政策」であるが、これに湛山が対置したのが「小日本主義」であって、経済的な交流を重視する立場であった。

湛山はこの社説「大日本主義の幻想」のなかで、「大日本主義」の誤りを説明しようとこころみた[4]。このように石橋湛山は、軍縮をめざす運動で吉野と同じ政治的圏内にいたのだった。ただし、吉野は石橋ほど徹底して「一切を棄つる」と述べるには至らなかった。また、石橋は、論文「軍備制限案と軍閥の勢力」において「陸海軍大臣の資格を軍人に限るの制を撤廃する」ことを求めた。ワシントン会議後のことになるが、尾崎行雄も軍部大臣武官制の改正を主張するに至った。

このような政治的雰囲気のなかで、軍備縮小同志会の活動がおこなわれたわけである。

この会の規約には、その一項に「目的」として次のようなものが含まれていた(『東朝』九・二八)。

陸海軍備の縮小、太平洋及極東に於ける争因の排除、軍国主義の打破、平和政策の確立

平和的機運の高揚

ワシントン会議開催を間近に控えた一一月四日、原敬首相が東京駅頭で中岡艮一(こんいち)に刺殺された。一週間後、元老の西園寺公望は、後継首相として高橋是清を推薦、一三日、高橋に組閣命令が下った(海軍大臣加藤友三郎(ともさぶろう)、外務大臣内田康哉など全閣僚が留任)。

そのような政権交代劇が演じられているなかの一一月一二日、ワシントン会議が開始されたのだ

った（二二年二月六日まで）。

その開催直前、『東朝』（一一・一二）に、「平和の大運動」という記事が出ていて、次のように書かれている。

ワシントン会議へ徳川〔家達〕総裁を日本代表の一人としてまた渋沢〔栄一〕会長を実業団長として米国に送った国際連盟協会は同会議開催の一一日、大いに平和の促進に努むべく午後五時から中央亭に平和運動連合大会を開き、日本平和協会、軍備縮小同志会その他婦人、宗教、教育各方面の平和団体有志を会同してワシントンに平和決議の電報を発し、一方市内二箇所に講演会を開き大いに気勢を揚げるはず。

この「市内二箇所」の講演会の講演者として吉野の名前はあげられていないが、同じ記事に、一三日を「平和デーとし上野公園に大演説会を開催し、軍備縮小同志会の尾崎咢堂（がくどう）〔行雄〕氏、吉野博士等が登壇、平和のモットーを記した宣伝ビラ一〇万枚を市民に配り」という予定を伝えている。

この時期の『朝日新聞』をながめると、「軍縮」という文字が数多く目につく。戦前の日本においては、平和的機運がもっとも高まった時期だったといえよう（この機運は、関東大震災によって暗転することになる）。

ただ、大正期の「デモクラシー」を肯定的に報じる『朝日新聞』に、「軍縮」という文字が躍っているからといって、日本の国内世論がどこまでその雰囲気を受けとめていたのか、日本国民に軍縮の「覚悟」があるのかとなると、話は単純ではない。この時点で吉野と歩調をそろえていた尾崎行雄は、その問題にふれているので、それを次にみてみよう。

平和主義を阻むもの

アメリカでワシントン会議がなお継続していた二二年一月二七日、大阪市中央公会堂では、大阪毎日新聞社・大阪朝日新聞社後援、軍備縮小同志会主催の「緊急時局問題演説会」が開催された。吉野日記は二七日から三〇日の記事を欠き、このとき吉野は大阪の演説会には出ていないようだが、翌日の『大朝』は、「聴衆満員の盛況にて階上階下ほとんど立錐の余地なく」という状況であったと報じ、この演説会での尾崎行雄の演説内容を伝えている。題名は「ワシントン会議の批判と陸軍縮小」で、次のように始まる。

昨年二月以来日本全国を巡回し、百有余回の演説をなし、かつ各方面の質問を受けたが、それによって予の受けたる感じは、日本国民はまだ自身が上御一人(かみごいちにん)を戴いている国家の独立した主人であるとの覚悟のないことである。すなわち軍備縮小も可なるが、政府が肯(うなづ)かなかったらどうするかという。政府が肯かなければ国民自身が断行するのであることの理を知らないのである。ワシントン会議において全権は、「米国は国民一致の後援あるも日本にはこれなし」と慨しているが、これはあたりまえである。米国はまず国民の意見が一致して、しかる上、政府を推しているのであるが、日本は最近まで、政府といえども軍備縮小の決意がなかったのである。いずくんぞ、国論の一致する理があろうか。

この演説は、ほぼ一年間に「百有余回の演説」をしたという精力的な尾崎の発言だけに、説得性がある。もともと尾崎の演説を聞こうとする人の多くは、尾崎の意見に共鳴するような人びとであろうが、その人たちでさえこのような状況だと尾崎は感じた。尾崎は、大阪市中央公会堂に「立錐の余地なく」結集した人びとの熱気を感じ、彼らに語りかけつつ、軍縮の方向に必ずしも肯定的でない国民の、厚い岩盤にぶつかっていたといえよう。

二重政府とは

少し前に水野広徳に言及したところで、吉野の「二重政府より二重日本へ」という論文の題名にふれたが、次にこの論文についてみておこう。

吉野によれば、日本は諸外国から「徹頭徹尾侵略的軍国主義の国」とみられていた。国民全体が「侵略的行動を後援しているもの」と外国人が考えるのも無理はなかった。日本国内で、日本の誤った行動（たとえばシベリア出兵など）を批難する声を聞かないのは、「日本人の良心の鈍きによるにあらず」、「不当なる言論自由の抑圧によって、全然事実の報道を与えられていないからである」。しかし、最近はそうでもなくなってきた、と吉野はいう。外国から、断片的ではあれ、情報が入ってくるからである。そこで、外国でも、「日本がいかにも侵略的に見えるのは、一部の軍閥が外交に干渉するがためである」とみるようになっている。つまり、日本を「二重政府」とみているということになる。

つまり、「国権発動の実際の中心点」を、一方では政府に、他方では「防務会議といったような純粋の軍人のみの諮問機関」に置くといったことが起きている。このうち「軍閥系統のもの」は、「文官系統の政府の力」をもって動かすことはできない。ここに「帝国外交混乱の一つの理由」がある。これでは「二重政府」だ。一方に内閣あるいは政府、他方に軍閥、ということであり、「文官系統の政府の力」では軍閥を抑えることができず、政治権力者が強力なリーダーシップを発揮できていない。

閣議決定の政務範囲を外に置いた制度、すなわち「統率権の範囲を不当に拡張して、これも大権の作用だ、あれも大権の作用だと、内閣のあずかり知らぬ行動をほしいままにするという制度」は、「許すべからざる、かつ、怖るべき悪制であると思う」（③三二八）と吉野は論じる。

では、軍閥（陸軍の最長老にして元老でもあった山県有朋を実際上の頂点とする勢力）を内閣が抑えることができれば、すなわち、「非立憲的」な軍部を「立憲的」な内閣が抑えるという民本主義の原理を貫くことができれば、問題は解消するのか。

三　ザインとゾルレン

民本主義と現実の政治

外国人がこの「二重政府」に対して発する論評だとして、吉野は次のように書く。

> 彼らはいう、なるほど日本の政府は軍閥外交の露骨なる侵略的態度に苦しめられている。けれども、政府それ自身がそれほど平和的、協同的かというに必ずしもそうではない。詮じ詰めると、彼らもやはり侵略的思想に汚染み切っている。〔中略〕畢竟日本のいわゆる二重政府は、ともに侵略的軍国主義の思想をも主流とするものであって、ただその間に軽重の別はあるが、畢竟するに五十歩百歩の差にすぎない。ゆえにわれわれは軍閥外交を他日抑えるの日がありとしても、まだ日本の政府を信頼することができない。ただ今日われわれの最も欣幸にたえざるは民間青年の間に本当の平和思想なり国際的精神なりが燃えあがっていることである。〔中略〕ここにわれわれは光明ある希望を日本の前途にかけ得ると思うと。かくて彼らは今や日本は旧い日本と新しい日本と、〔中略〕二つに分けて考えるの必要ありとする。ここにおいて彼らはもはや二重政府の言葉はあまり使わない。転じてしきりに二重日本の文字を用いるようになった。（③二二九～二三〇）

これが、吉野のいう「二重政府から二重日本へ」の意味するところである。論自体は明快である。また、吉野はこの論を外国人の見解としていて、吉野自身の論としているわけではない。けれども、この論文の最後のところで、「われわれは更にこれから努力して二重日本を単純な平和的協同的日本に築き直さなければならない」（③三三二）と述べているから、吉野もこの外国人の論に同調しているとみることができる。

となると、この「二重日本」の論を、吉野の民本主義論に照らすとどうなるか。いいかえると、立憲的な、つまり憲法に規定されている統治機構（たとえば衆議院あるいは内閣）が、非立憲的な機構（たとえば軍部）を抑制することができれば民本主義が貫徹されるとする吉野の論はどうなるのか。

立憲的な機構自体が侵略思想にとりつかれていた例としてシベリア出兵宣言（一九一八年八月二日）を考えると、これは、軍部による宣言ではなく政府（寺内正毅内閣）の宣言である。「二重政府」が、戦争という方向で一元化してしまった、といえるだろう（寺内は長州出身・陸軍大将である）。

この事態に、「民本主義」理論は立ち向かえるのか。

この問題は、やや一般的にいうなら、「政府の行為によつて」「戦争の惨禍が起る」ことがあったらどうするのか。「再び戦争の惨禍が起ることのないやうにすることを決意」するなら、どこに希望をみいだすのか、ということになる。

吉野はこの論文で、「民間青年の間に本当の平和思想なり国際的精神なりが燃えあがっている」ことに希望をみようとした。つまり、「二重日本」という把握であり、一方に非立憲的・侵略的日本があり、他方に「民間青年」の間に広がりつつある平和主義の日本があるとするものである。それは、吉野の五・四運動論にもみられた観点ではあるし、日本国内でも、新人会の展開などをみれば、理解できる論ではあるにせよ、政治理論として考えれば、政治を立憲的な統治機構中心のものにしていこうとする民本主義の修正というべきであろう。

実際、吉野論文「普通選挙主張の理論的根拠に関する一考察」（前出、Ⅲの一節）では、「民主主義」という概念を用いて、普通選挙権を国民の権利として位置づけた。つまり、普通選挙を、政治状況を大きく変化させるものととらえたのである。

そして、普通選挙とともに「社会政策」あるいは「社会問題」を「近代政治の一大要目」だと主張しているが、この主張には「福祉国家」論的な発想が現れている点にも注目したい。

ここに「修正」と書いたが、「修正」して出てくる点として、一九二一年・二二年の吉野論文で二点を指摘しておこう。

過激社会運動取締法案

第一の点は世論の重視である。その例を吉野の論文「過激社会運動取締法案を難ず」（『中央公論』二二年四月号）にみてみよう。吉野はこの法案をみて、「その余りに馬鹿馬鹿しきに唖然」としたといい、福田徳三、牧野英一、末弘厳太郎などが「口に筆にその不当を難じて政府案を完膚なからしめた」ので、つけ加えることはないと考えていたという。しかし、これが二二年三月に貴族院を通過してしまった。政府（高橋是清内閣）がこの法案成立に固執しているとみた吉野は、「政府の態度がこうである以上、僕らとてもこのまま黙ってしまうわけにはいかない」としてすぐに筆をとり、「要するに、本法案はそれ自身において無類の悪法である」と断じた。そして、ここではその内容には立ち入らないが、この論文の最後に、吉野は「これでも政府は横車を押し通して国家を不測の深淵に陥れるを辞せないか」と書き、怒りをこめて糾弾した。この法案は、衆議院（この時点での議会多数派は政友会）で審議未了となった。とはいえ、「立憲的」機関たるべき政府側にはこの「無類の悪法」を成立させようとする意思があったのである。

この例で考えれば、衆議院には過激社会運動取締法案＝「悪法」成立を阻止しようという議員はいる。そこで、それに加えて必要なのは、「無類の悪法」に対抗する世論や識者の訴えということになる。

だが、この法案の実質的な内容は、のちに治安維持法となって姿を現した。

吉野は、狭義の政治の世界だけをみてデモクラシーを考えていたのではなかった。それが第二点であり、平和主義の問題である。

『賢者ナータン』

軍備縮小同志会の発起人会が開催された二一年九月に、吉野は「賢者ナータン」（『文化生活』二一年九月）という一文を発表した。吉野は、第一次世界大戦前に留学したヨーロッパで、「好んで沢山の芝居を観た」という。このエッセイは、一八世紀のドイツの啓蒙思想家・詩人であるレッシングの戯曲『賢者ナータン』が翻訳・出版されたのを機に、それを読み、「今さらながら深い感激に浸された」ことで書かれたとする。それによれば、観劇は旅愁のなぐさめという意味もあったけれども、ベルリンのある小劇場で観た『賢者ナータン』は、「実に僕の思想の上に非常な影響を与えたもの」であり、「僕の一生のうち、あれほど敬虔な気分になったことはない」。「僕自身にとって『賢者ナータン』はまさに僕の魂の嚮導者であり、僕の生涯における最大の教師であるといわねばならぬ」とまで激賞している。

この戯曲に出てくる「三つの指輪の話」は、「けだしこの戯曲の山であろう」と吉野も書いているが、要するに、イスラム教、ユダヤ教、キリスト教の間の相互の寛容を主題にし、レッシングは「最も痛切にキリスト教界の偏見を誡めている」のである。

「愛と聡明とによって理想世界を建設せんとする」ことが、「けだしレッシングの大本願であろう」。宗派に捉えられず、民族に捉えられない「本来の人格に向上するように我々を覚醒することがレッシングの『賢者ナータン』を書いた目的の一つであり、しかしてこれ実にまた世界平和の理想に燃えているすべての人の不断の努力であった。この精神は現代の日本に必要がないだろうか」というのである。

このナータン論からすれば、世界大戦の終結とともに吉野が希求していた平和主義は、民族相互の「寛容」と結びついていたし、近代ヨーロッパにおける寛容思想の系譜（J・ロックやヴォルテール）に照らせば明らかなように、デモクラシーともつながっていたとみるべきであろう。「世界平和の理想」を描いたとする『賢者ナータン』こそが、「僕の魂の嚮導者」であり、「僕の生涯における最大の教師」だとする吉野の告白は、吉野が強固な平和主義者であったことを明瞭に示すものと受け取るべきである。

ザインとゾルレン

吉野は海老名弾正の教えを受けつつ海老名の教えから距離を置いたキリスト者であった。これに対し、政治学者の南原繁（一八八九～一九七四。一九四五～五一に東大総長）は、内村鑑三の系譜の無教会キリスト者であった。南原は、吉野に親近感を感じつつも、年少ということもあって、やや距離のある関係にあった。南原は、「吉野作造先生の思い出」というスピーチ（一九五五年）で、「吉野先生の本質」はどこにあるかと問い、次のように述べている。自分たちはゾルレンとザインの間で苦悶しているけれども、

吉野先生の場合には、もちろん、この〔ゾルレンとザインという〕二者があるにはちがいないが、それ〔苦悶〕は外にはあらわれない。ゾルレンとザインが一つになっている。そこに一つの調和がある。(5)

南原がゾルレン（当為）とザイン（存在）が一つになっていると語ったとき、南原が具体的にどのようなことを念頭に置いていたのかは判然としない。だが、軍備縮小同志会やワシントン体制に即していえば、次のように解釈したい。

吉野は「ワシントン体制」を肯定的にとらえた。しかし、それは、ワシントン会議における海軍

力の協定それ自体（これは「ザイン」のひとつ）や、中国などに関する英米日などの合意それ自体を是としたということを必ずしも意味しない。

海軍力の増強競争に歯止めをかけるという理想（ゾルレン）がどこまで達成されるかが問題であり、現実の協定（ザイン）での削減がたとえ限定的なものであったとしても、その方向性、あるいはその理念は是とすべきだ。南原発言は、このように理解したい。そして、本書「まえがき」で、吉野の思想を平和主義との関係で把握したいと書いたが、それはこのような文脈においてである。それは、大正デモクラシーの特色ともいうべき「内に立憲主義、外に帝国主義」というありようの「外に帝国主義」の側面を、平和主義という方向からのりこえようとしたものとみることができるだろう。

軍備縮小同志会についてもおそらくは同様で、平和という理想（ゾルレン）に、少しでも現実（ザイン）を近づけていきたい、つまり、吉野のレッシング評にも出てくることばを借りれば、「不断の努力」が要請されるという認識だったと思われる。ちなみに、「国民の不断の努力」という文言が日本国憲法第一二条にもみえることは周知のところである。

「世界平和の理想に燃えているすべての人の不断の努力」ということばだけにとどまらず、ここまでみてきた「平和」への志向性こそ、まさしく日本国憲法につながるものと位置づけられるべきであろう。

私はこのVで、吉野の活動の諸断面を描いてきた。賛育会と家庭購買組合の設立への協力、浪人

筆墨之外有主張　古川学人の署名。論文だけでなく行動で主張を表明するという意味。吉野作造記念館所蔵

会との論争、『我等』の創刊への協力、黎明会の設立、呂運亨支持の言動、日中国民的親善運動、国際労働会議労働代表問題、森戸事件での出廷、軍備縮小同志会、過激社会運動取締法案反対の主張などである。

吉野はデモクラットとして、「今これが問題だ」と考えたところに出向き、必要と考える組織の立ち上げに尽力し、捨て置けない事態をみては雑誌などを通じて発言し続け、求められれば積極的に講演をし、言論の自由を守るためには裁判所にも出廷して、政府が日本を「不測の深淵に陥れる」おそれありとみれば怒りを隠さず糾弾する。じつに多方面にわたる発言と活動をくり広げたのである。

（1）国際労働会議は一九一九年に第一回が開催され、その後も毎年開催され、外務省は年次的に「報告書」を出している。その第六回国際労働会議の代表になったのは鈴木文治で、二四年四月に選出された。吉野日記（二四・四・二）に「鈴木文治君社に来訪」とあり、この件について相談したのであろうが、日記には来訪時の話題についての記述はない。

なお、現在の日本は、ＩＬＯの諸条約の批准をしてはいるが、その数は多くなく、ヨーロッパ諸国のほぼ半数程度である。

（2）大杉栄によるクロポトキンの著作の翻訳・出版年を例示すると、『相互扶助論』（一九二〇年）、『革命家の思〔い〕出』（二〇年）、『青年に訴う』（二二年）など。また、『無政府主義者の見たロシア革命』（二二年）は、大杉のロシア革命批判の書であるが、「付録」としてクロポトキンの「革命

の研究」が収められている。

(3) 吉野日記(一八・二・二七)に、「夜青年会にて社会主義についての公開講演第一回をやる」とある。青年会とは、東大YMCAを意味していて、このあと、三月六日、一三日に、第二回、第三回の講演をしたことが書かれている。

(4) 石橋は、ケインズの著作では、最初に『平和の経済的帰結』(一九二〇年)を読んだと回想している。石橋湛山『湛山座談』(岩波同時代ライブラリー、一九九四年)一四頁。

(5) 丸山眞男・福田歓一編『聞き書　南原繁回顧録』東京大学出版会、一九八九年、一二三四頁。

Ⅵ　迫害と抵抗

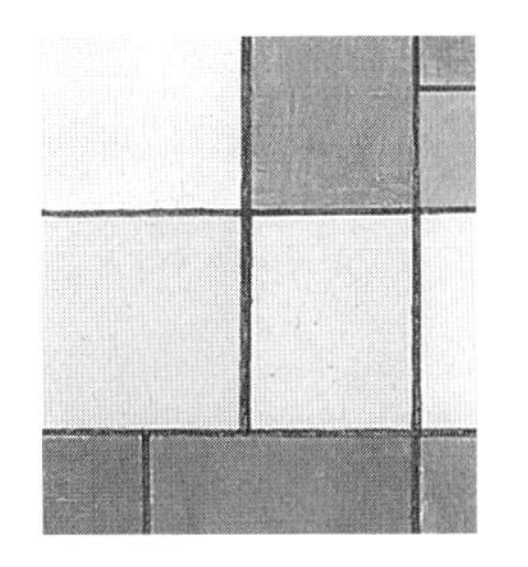

一　関東大震災に際して

一九二三年九月一日、関東大震災が起こった。

吉野日記は、当日のことを詳しく記述している。東大地震学講座助教授の今村明恒(あきつね)は、一九〇五年に、東京には五〇年以内に大地震が起こると警告していた地震学者であるが、吉野日記には、「今村博士の説によるに、地震計も同時に壊れて適確なる断定は出来ぬも震源地は伊豆の大島の付近らし」とし、地震被害が東京よりも横浜がひどいことなどに照らし、今村の「断定は正に事実と符合せるを見る。今村博士の明識に服せざるを得ず」（九・一）と書かれている。今村説は、当時は広く受けとめられてはいなかったというが、さすがに吉野は、今村の「明識」を評価している。

「悪者扱い」された吉野

京浜地区に戒厳令が公布された二日の日記——「きのうの火は夜を徹して未だ消えず」、「火はこの夜をもってひとまずとまる。東京全市の三分の一は正に焦土に帰せるなり」。

三日の日記——「この日より朝鮮人に対する迫害始まる。不逞鮮人のこの機に乗じて放火、投毒などを試むるものあり、大いに警戒を要すとなり。予の信ずるところによれば、宣伝のもとは警察官憲らし。無辜(むこ)の鮮人の難に斃(たお)るる者少なからずという」。

地震発生から二週間あまり後の九月一六日、アナーキストの大杉栄、妻の伊藤野枝、大杉の甥でアメリカ生まれの橘宗一（七歳）が殺害された。数日後の吉野日記（九・二二）に、

> 九月二〇日の新聞に突如戒厳司令官福田〔雅太郎〕大将の罷免、山梨〔半造〕前陸相の新任に続いて〔中略〕田中〔義一〕陸相も進退伺いを出す。これについては重大なる不法行為ありと喧伝す。僕の聞く所左の如し。
>
> 大杉栄夫妻尾行の手より憲兵の手に渡され、一六日夜東京憲兵隊内において絞殺さる。下手人は甘粕〔正彦憲兵〕大尉、〔中略〕後藤〔新平〕内相大いに憤慨し山本〔権兵衛〕首相とともに田中陸相に迫りて遂に事件の真相を吐露せしめ、さては前記の罷免沙汰に至りしものという。

日記の書きぶりからみて、吉野が大杉事件に強い関心を持っていたことはうかがえるものの、自身が軍の標的になっていたという気配を感じていたようにはみえない。

しかし、それから一年ほどのちのこと。吉野の「悪者扱さるる私」（一九二四年一一月）によれば、吉野が友人から送られた『軍事警察雑誌』をみたところ、そこに「甘粕大尉」という「琵琶歌」が掲載されていた。その「歌」には、「甘粕」が「社会主義また共産主義や、無政府主義にデモクラシー」の勃興を嘆じて、その「頭目の大過境（おおすぎさかえ）」を手にかけた。そこで「甘粕」は割腹をはかろうとするが、「同腹」の曹長の忠告を受ける。「早まり給うな大尉殿」、大過夫妻だけでは「主義者の根絶」は思いもよらぬ、「博士阿久森（あくもり）」などの「残党どもの根を絶やし」といさめたというのである。

大杉を大過ともじったように、「吉野を博士悪森ともじったことに微苦笑を禁じ得ない」という。吉野は、自分を大杉なみに「根絶」の対象視している者の存在を認識していたといえる。また、ここでは、「デモクラシー」が共産主義や無政府主義と同様、嘆ずべきものとされている点に着目したい。

大杉事件について、吉野は事件後まもなく、「甘粕事件の論点」(『改造』二三年一一月号)をはじめ、いくつかの見解を発表している。

関東大震災と朝鮮人

作家永井荷風の日記『断腸亭日乗』(一九二三・五・一九)によれば、荷風はこの日江東区の猿江方面に散歩に出かけた。そして、「たまたま路人の大声に語り行くを聞けば、支那語にあらざれば朝鮮語なり。このあたりの工場には支那朝鮮の移民多く使役せらるるものと見ゆ」と書かれている。関東大震災のころ、「支那朝鮮の移民」の姿があちこちにみられる時代となっていた。

関東大震災が起こった日の翌二日になると、横浜方面から東京西部へ、やがて東京全市に、朝鮮人が「襲撃してくる」とか「放火している」とか「井戸に毒を入れている」という流言が広がった。そのこともあって、二日には戒厳令が公布された。朝鮮人暴動のうわさが広がり、朝鮮人迫害がはじまった。東京などで組織されていた「自警団」のなかには、積極的に迫害を行なうところもあった。

この迫害によって殺害された朝鮮人がどれだけいたのかは判然としない。政府は事件後も真相解明の調査をしなかったからである。これに対し、吉野作造は、殺害された朝鮮人に関して、「朝鮮人虐殺事件について」（『中央公論』一二三年一一月号）を発表した。そして、これについての調査を行ない、『大正大震災誌』（改造社、一九二四年）に、「朝鮮人虐殺事件」を執筆した。そして、朝鮮人の虐殺地点とその人数などを記したけれども、これは全文削除された。(1)

前者の「朝鮮人虐殺事件について」から少し引用しておこう。

責任ある××〔官憲〕が、この流言を伝播し、かつこれを信ぜしむるに与(あずか)って力あったことは疑いないようだ。〔中略〕とにかく民衆は、自警団などと称して鮮人虐殺を敢行したものと否とを問わず、×××〔警察官〕のいう事だから嘘ではあるまいと、少なくとも一時鮮人の組織的暴行を信じた事は明白の事実だ。（伏せ字の後ろの文字は、選集版編者による推定）

この際における内地人の昂奮は余りに常軌を逸しておった。泥棒が東へ走ったから東へ行く奴は皆泥棒だというような態度だった。ことに鮮人の暴行に対する国民的復讐として、手当たり次第、老若男女の別なく、鮮人を鏖殺(おうさつ)するに至っては、世界の舞台に顔向けのできぬほどの大恥辱ではないか。(9)一九九以下)

関西で活動していた牧師で社会運動家の賀川豊彦は、関東大震災救援のため東京・本所方面に事業と運動の本拠を移した。吉野は賀川から話を聞き、江東方面を案内してもらったというような記事が一〇月・一一月の吉野日記に散見される。

二　朝日新聞社入社と退社

吉野の東大辞職と朝日入社　吉野が朝日新聞社入社後に「舌禍事件」に巻き込まれたことは、本書「まえがき」に少しふれたが、その事件についてもう少し立ち入ってみよう。吉野日記（二三・一二・二五）によれば、吉野は東大総長に辞職の申し出をした。そして、翌年一月二四日、承認を受けた。このとき吉野は満四六歳。吉野の欧米留学からの帰国が一三年七月で、翌一四年七月に教授に昇任し政治史の講義を担当しはじめてから辞職まで、ほぼ一〇年であった。

『東朝』二月七日付、「社告　柳田吉野両氏の入社」という見出しの二段抜き記事に、「我国の代表委員として国際連盟会議に列席し」昨年末に帰国した「柳田国男並に東京帝国大学教授の職を辞したる法学博士吉野作造の両氏は、今回我が社に入り、専ら東京大阪両朝日新聞紙上に執筆する事となった」と、両人の入社が公表された。

なぜ吉野は東京帝大教授を辞することを決心したのか。それは、吉野が中国人・朝鮮人留学生に多額の経済援助を続けていたことと関係して、ふたつの要因があった。

第一に、その援助資金は、吉野の収入からだけでなく、黎明会の同志であり、東京高商教授にして銀行頭取でもあった左右田喜一郎からの出費によっていた。しかし、左右田の有していた資産が関東大震災で大打撃を受け、それまでのような援助ができなくなったことである。第二は、「吉野の肝煎で建設された横浜の中国人留学生寮の管理人が、借金を残したまま多額の寄付金を持逃げし、名義上の管理人として借金の連帯保証人となっていた吉野が、その尻拭いをせねばならなくなった」(2)ことである。

関東大震災以前の吉野日記（二二・五・二六）に、「支那人寄宿舎朝鮮人苦学生のためにも莫大の金を作る必要に迫られて」とあり、そのためには、東大教授よりも朝日新聞社に入社する方がよいというのが、吉野の判断であったらしい。

だが、その判断は、世俗的に考えれば、裏目に出ることになる。それは、朝日新聞社入社後数カ月して顕在化する。

時局問題大演説会と当時の政治状況　一九二四年二月、時を同じくして入社した吉野と柳田国男の両名を弁士とする「時局問題大演説会」が、京都・大阪・神戸で開催され、吉野の講演題目は次のようであった。

護憲運動批判　二月二二日　大阪中央公会堂
最近の政論に現れた二、三の謬想　二月二三日　京都市岡崎公会堂
現代政局の史的背景　二月二五日　神戸青年会館

このときの神戸での講演会は、「聴衆千三百余名でなお場外に溢れたる会衆は入口に殺到」（『大朝』

二月二六日付）と報じられており、非常な人気があったというべきである。

　吉野とともに演壇に立った柳田国男（一八七五～一九六二）は、むろん民俗学者。一九一四年に貴族院書記官長となり、二〇年に東京朝日新聞社客員、二一年には国際連盟常設委任統治委員会委員に就任した経歴があった。このときの柳田の講演題目も、「政治生活更新の期」「特権階級の名」「普通選挙の準備作業」という「時局問題」に関わるものであった。

　この講演会開催時の「時局」はどういうものだったか。

端的には、二二日の演説会で、大阪朝日新聞社の高原操編集局長が「政界廓清の前提として普選即行の必要を力説して開会の辞に」（『東朝』二・二三）代えたとあり、普通選挙制度確立が「時局」の重要問題であったにはちがいない。だが、今少し広くみれば、次のようにいえよう。

　関東大震災直前の八月二四日、加藤友三郎首相（元帥海軍大将）が病没。二八日に山本権兵衛に組閣命令が出され、震災翌日に山本内閣が成立した。その後の一二月二七日、難波大助が摂政（のちの昭和天皇）を狙撃するという虎の門事件が起こった。山本内閣は即日辞表を提出、二四年一月一日、枢密院議長清浦奎吾に組閣命令が出された。貴族院の研究会幹部は「組閣援助」を決定し、七日に貴族院議員優勢の清浦内閣が成立した。これに対し、政友会・憲政会・革新倶楽部の三派の有志が、清浦特権内閣の打倒運動を開始した。いわゆる第二次護憲運動である。そして、二四年五月一〇日の第一五回総選挙となるのであるが、吉野や柳田による二月下旬の時局講演会は、こうした情勢のもとで開催されたのだった。

吉野の神戸講演

吉野が神戸で行なった講演「現代政局の史的背景」には、次のような箇所があった。

> 五箇条の御誓文の発布を促した政治的動機を考うるに、私はあの当時の四分五裂しておった民心をば明治新政府になんとかして帰嚮せしめよう〔親しみを抱かせよう〕と苦心した結果であったろうと思うのである。〔中略〕明治政府には自ら守るだけの武備がない。いわんや財政上の根拠をや。〔中略〕つまり兵もなく金もなく、しかも東北には会津を中心とする佐幕主義の列藩がある。であるから、西郷〔隆盛〕と勝〔海舟〕との談判で官軍が江戸城を占領した後でも、当時の識者階級は未だ結局天下がどこに定まるのかの判断に迷っておったのだ。こういう次第だから、明治政府の当路者は、金にも困り兵力にも困り、窮余の結果悲鳴を揚げるに到った。その際陛下の出されたのが五箇条の御誓文である。御誓文の内容は規模雄大にして事実人心を惹き付けるだけのものであった。

そして、次のように続く。

> 五箇条の御誓文を拝読して吾人は〔中略〕直接その起草に当たった福岡孝弟、由利公正等の勝れた見識にも敬服せざるを得ない。がまたこれとともにこれを人心収攬策に利用した政治家の苦心をも決して見のがしてはいけないと思う。しかして吾人はさらに進んでそういう民本主義的政綱の紹述が直ちに人心収攬になるという事情、すなわち当時すでにデモクラシーの考えが識者間に一種の世論となっておった事実をも認めておかなければならぬ。（傍点は引用者）

吉野は、「五箇条の御誓文」のなかにすでに「民本主義的政綱」、「デモクラシーの考え」が出ていると評価しており、吉野の考える日本における「デモクラシー」の史的起原がここにあると位置づけていたことに着目したい。とすれば、大正期のデモクラシー運動も、その延長線上にあるというのが吉野の認識であったことになるだろう。

吉野の論調は、「広く会議を興し、万機公論に決すべし」といった御誓文が日本における立憲政治の出発点になったとするものであり、歴史解釈のひとつだと考えれば、なんら問題になる発言とは思えないけれども、一部右翼的勢力は、この講演を問題視し、吉野を不敬罪として告発した。「悲鳴」を揚げたというあたりがカンにさわったのであろう。

論説「枢府と内閣」

吉野が四月上旬の『東京朝日新聞』に五回にわたって連載（『大朝』には三月下旬から連載）した「枢府と内閣」は、題名の通り枢府（枢密院）を問題にしていた。枢密院は大日本帝国憲法第五六条に規定されているといえばいえるけれども、実質的には藩閥勢力・官僚の占めるところとなった機関である。その後、政党と提携した内閣になると、さらには、一九二二年に枢密院議長の山県有朋が死ぬと、内閣と枢密院の利害対立が表面化するという現象がしばしば起きるようになった。吉野の「枢府と内閣」論文が登場したのは、そういう時代であった。

この論文において吉野は、枢密院について、憲法や伊藤博文『憲法義解』におけるその位置づけを論じたのち、「純理上枢密院を以て無用有害の制度なり」と判断することをためらわなかった（四月五日付)。

この当時の政権は貴族院閣僚の多い清浦奎吾(けいご)内閣であったこともあり、吉野の枢密院「無用有害」論は、検察当局の問題視するところとなった。

吉野日記(二四・五・二六)には、次のように書かれている。

例の五箇条御誓文一件と枢府と内閣の一件大坂(ママ)裁判所にて問題となっているという。厄介なことなり。

旧枢密院庁舎　現・皇宮警察本部。東京都千代田区。著者撮影

吉野は、「枢府と内閣」論文を権力側から問題視されたにもかかわらず、その後も枢密院批判をくり返した。

軍令と帷幄上奏

吉野の「枢府と内閣」は、枢密院のあり方を問題にしただけでなく、軍令をも次のように問題にしていた。

今日陸海軍大臣は、総理大臣その他の閣僚に無相談で、直接君主の裁可を乞い軍令と称する特殊の勅令を発布している。軍事以外の政務については実際の必要上すべて皆内閣の会議を経るのに軍令だけはそうではない。(四月五日付)

軍令とは、ここに述べられている通り、内閣の閣議を経ない「特殊の勅令」であり、吉野は、閣議を経ないという意味で一種の「治外法権区域」を形成しているとする。この軍令の問題は、統帥(とうすい)権の問題でもあり、軍部の政治的地位の拡張と密接に結びつくとし、吉野はこれを問題視していた。

これに関連する吉野存命中の出来事を一例あげるなら、やや先の出来事だが、一九三〇年のロンドン海軍軍縮条約問題があった。浜口民政党内閣がこの条約の批准にこぎ着けたことに対し、一部勢力はこれを大日本帝国憲法第一一条「天皇ハ陸海軍ヲ統帥ス」に違反する「統帥権干犯」であるとして、浜口内閣を攻撃した。この「統帥権干犯」という主張は、一九三〇年代に入ると、軍部の勢力増大を強める方向に作用していく。

吉野はこの問題を、二四年の「枢府と内閣」論文では軍令の問題として論じているが、別の論文では「帷幄上奏」論として問題にしている。帷幄上奏というのは、第一次護憲運動の際にも問題化していたことはすでにみた（Ⅱの冒頭）が、統帥機関の長（陸軍は参謀総長・海軍は軍令部長）が、内閣にはかることなく、大元帥である天皇に直接上奏することを意味する。これまた一種の「治外法権区域」を形成することはいうまでもなく、吉野もこの仕組みを立ち入って批判した。

吉野講演の問題化と朝日退社　『朝日新聞』自体が守旧的勢力・官僚勢力から敵視されていたことは、すでにみたように、白虹事件に如実にあらわれていた。白虹事件によって、大阪朝日新聞社内のデモクラシー推進派は排除され、保守派がいっとき勢力を強めたけれども、その保守派支配は長くは続かなかった。だからこそ吉野の朝日入社は、権力側にとって決して無視できないものであった。

そこで、「五箇条の御誓文」に関する右翼の告発を機として、吉野に攻撃をしかけることになったとみることができよう。これに対し、吉野は、「「現代政局の史的背景」と題する予の講演に就いて」という論説を『大朝』（五・六）に発表する。

その論説で吉野は、吉野の神戸講演の際、五箇条御誓文に関する部分が世間一部の「誤解」を招き、「多数の愛読者諸君にとんでもない心配をかけた」ことは恐縮であったと述べる。しかし、講演の筆記に現れた思想を怪しからぬとする意見とか、吉野の思想そのものが「不都合」だとする批判に対しては、断じて従うことができないと主張した。

『東朝』（六・三）に、「吉野氏退社」というベタ記事があり、「本社編輯顧問吉野作造氏は近来健康を害し今回社を退き静養することとなった」とだけ書かれている。晩年の吉野は、「甚だしき窮迫」に苦しみ、また、病気で苦しむことになるけれども、一九二四年夏までの吉野日記をみる限りでは、「健康を害し」などという兆候もみえない。

六月二六日、吉野は朝日新聞社を退社した。それから一カ月以上前の五月一〇日には総選挙があり、いわゆる護憲三派が大勝し、六月七日には清浦内閣が総辞職し、一一日には第一次加藤高明内閣（護憲三派内閣）が成立したけれども、吉野の退社は動かなかった。

話がもどるが、吉野の東大辞職が閣議了解された二月五日時点では、首相は清浦奎吾、司法大臣は鈴木喜三郎（一八六七〜一九四〇）であった。清浦は、元老の山県有朋の内閣時代に司法大臣をつとめるなど、山県系官僚として重きをなした人物である。鈴木は、第一次世界大戦後の社会運動の高まりを「思想の悪化」とみて、これに厳しい態度を取り、のちのことだが、特別高等警察（特高）を拡充して治安維持法体制強化をはかった人物であった。

吉野の朝日退社をめぐって　当時の朝日新聞社社長は村山龍平であった。『村山龍平伝』（朝日新聞社、一九五三年）に「吉野作造博士の舌禍」という項目があり、そこには、この時期「吉野は前後の情勢を深く洞察し、また取調べ検事の意図の存するところも慎重に推量して、ついに六月に至って「朝日」に退社を申し出た」（五七七頁）と書かれている。

しかし、吉野の認識はこれとは違っていた。事件から六年ほどのちの記録だが、吉野日記に、朝日新聞社退社の顛末（てんまつ）について次のように書かれている。

米田実君〔中略〕、村山社長の命を受けて予にしきりに朝日入社をすすめる。大学の教職に恋々として容易に応じなかったのを、ついに大正一二年〔一九二三年〕の夏に至りて口説き落とさる。十三年二月〔東京〕帝大を辞して直に朝日の人となる。たちまち筆禍事件なるものを引起こし、五月末下村宏、村山長挙（ながたか）二君に招かれて日本倶楽部の一室に会見し、ねんごろに退社を求めらる。社員たること僅に四ヶ月、予に何の過失なくしてたちまち失業の群に入る。〔中略〕倏忽（しゅくこつ）〔たちまち〕にして朝日を退きしは予に取って財政的の大打撃たり。爾後（じご）の甚だしき窮

迫は専らこれに帰するも、しかし予の学問に取てこれが幸であったか不幸であったかは容易に断定するを得ず。（三〇・三・二一）

というのであるから、吉野は自ら退社を申し出たのではなく、退社を求められたのである。

朝日新聞社側は、二四年当時どういう認識だったのか。吉野日記に、

朝上野精一君来る。大坂（ママ）朝日に対する官憲の圧迫の来歴を語らる。察する所官僚の考えは大坂朝日のように財力の基礎が強固になり、独立不羈で行けるようになると、このままますます強大になって始末におえぬようになってはと恐れをいだき、理非に拘わらず今のうちに抑えつけておけという考えになるものらし。〔中略〕今度の事件は僕に対する過当の誤解もあるが、朝日に対する右の関係も見逃すことができぬ。要するに、僕と朝日との連繋が官僚残党の気に充たぬのである。（二四・七・一四）

とある。上野精一（一八八二〜一九七〇）は、一九一〇年代に村山龍平と一年交替で朝日新聞の社長を務めた上野理一の息子で、精一自身も一九三三年に朝日新聞の社長となった人物であるから、朝日新聞社上層部の見方が吉野に伝えられたということであろう。

『村山龍平伝』は「吉野博士舌禍事件」としているけれども、要するに、「官僚残党」は、吉野が『朝日新聞』に健筆をふるうこと自体を忌避していたのである。

この事件の結果として生じた吉野の朝日退社は、政治権力による弾圧という外観になっていないため、通常の理解では「言論弾圧」事件とされてはいない。けれども、隠微なる弾圧によって、吉野は朝日退社を余儀なくされたといわなければならない。

言論の社会的圧迫

吉野は先に引いた「言論自由の社会的圧迫を排す」(『中央公論』一九一八年一一月号)という短文で、言論に対する圧迫にも国家的圧迫と社会的圧迫があるとし、世の人の多くは「政府を通して来る」国家的圧迫のみを問題だとして、「民間の頑迷なる階級より来る」社会的圧迫をみすごしてしまうのは自分の「常に遺憾とするところであった」と書いていた。その「遺憾とするところ」が、吉野自身の身に降りかかったのである。

いずれにせよ、守旧派勢力は、吉野を朝日退社に追い込むことに成功した。直接的な弾圧、つまり国家的圧迫という形ではないにせよ、隠微なる言論弾圧事件というべきであろう。

この「舌禍事件」は、吉野個人の問題にとどまらず、吉野と時代との接点がどれだけ深かったかを物語るものであり、日本の「デモクラシー」のあり方の断面を象徴的に示す事件でもあった。この事件に示されたように、吉野の「臨床的」「時局的」な諸論文は、同時代の諸事件と密接に関連していたのだった。

長谷川如是閑の回想

白虹事件で朝日を辞していた長谷川如是閑は、吉野が朝日新聞社に入社したころのことを、次のように回想している。

吉野君が私のところにきて、新聞記者になるというから、私は「気をつけなさい」といった。吉野君は以前から懇意にしていて、私たちの仕事〔雑誌『我等』の刊行〕に同情して手伝ってくれていたが、その時分吉野君は私によく、「僕は大学という背景があるが、君は何も背景がないから言論を気をつけなさい」といってくれていたが、大学をやめたので、こんどは私の方が、「気をつけなさい」といったわけだった。間もなく舌禍で朝日をやめなければならなくなった。〔中略〕

吉野氏の事件は非常に気の毒だった。吉野氏は中国の学生たちの学資の面倒をみていた。〔中略〕退社された後で〔中国の〕学生を世話をするのに困ったと私に話しておられた(3)。

古川学人吉野作造之碑　吉野作造記念館前の碑。長谷川如是閑筆。著者撮影

先に、東大教授よりも朝日新聞社に入社する方が収入確保という点で実りがあると吉野は判断したと述べ、この判断は、世俗的に考えれば、裏目に出たと書いた。

つまり、吉野は朝日新聞社に入社したけれども、四カ月余りで定職を失った。もしも東大を辞職していなければ、仮に

「枢府と内閣」という論文を朝日新聞に寄稿しても、右翼勢力は東大に迫って吉野を東大辞職に追い込むなどということはできなかっただろう。朝日退社は、収入面では大きな打撃になったし、数年後に病に倒れた吉野は無収入の状態におちいることもあった。「裏目に出た」というのはそういう意味である。[4]

東大講師・吉野

吉野は、東大辞職後、東大講師となったが、異例なことに、東大退職後にも大学に研究室をもっていた。このことについて、先にふれた「吉野作造先生の思い出」（一九五五年）で、南原はこう述べている。[5]

私が法学部教授の末席をけがしていたとき、吉野先生は牧野（英一）先生とともに進歩的であられたのに、その吉野先生に好意をもっておられたのは、私の見るところでは、上杉（慎吉）、中田（薫）の両先生であった。これは、珍しい現象だったが、ここにこそ吉野先生の自由な人格が偲ばれると思う。〔中略〕

単なる講師に過ぎぬ吉野先生が、研究室に一つの部屋を持っておられたというのは、大したことであって、先生のほかには、後にもさきにもないことなのである。そして、吉野先生に一つの部屋をやろうと言い出されたのは、上杉、中田の両先生だった。（一三三頁以下）

私が教授のはしくれになったときには、先生は明治文化全集の仕事に没頭しておられ、大正デモクラシーのはなやかな活動からは退いておられた。当時、先生は東大で講師をしておられた。その頃から私も先生に接するようになったが、大変おだやかで、この先生にして、あれだけの闘志がどうして湧いたのだろうと驚いたほどだった。（二三二頁）

ここに出ている牧野英一や中田薫は、吉野がヨーロッパ留学中に親しく接した同僚であったこともあり、中田（や牧野）が吉野の研究室について配慮したというのは理解できる。だが、上杉慎吉（一八七八〜一九二九）がそのために尽力したというのは、やや意外の感を与える。というのは、上杉は、吉野たちに先立ってヨーロッパに留学、イェリネックらに学んだが、帰国後は天皇主権説を強調し、美濃部達吉らの天皇機関説をとる学者と鋭く対立した人物だったからである。また、東大では新人会に対抗する七生社を育成していて、政治的立場は吉野とは大きく異なる。しかし、人柄は清廉だったということで、「珍しい現象」だが、吉野に好意をもっていたという。双方ともに、イデオロギーだけで人を判断するということから遠かったということであろう。

いずれにせよ、吉野が東大内に研究室をもてたことは、吉野の明治文化研究にとっても意義あることだった。この研究については、Ⅷで述べる。

民本主義者という位置づけ

吉野作造といえば、「民本主義者」という位置づけが一般的である。つまり、主権の所在を問うことなくデモクラシーを考えた、というわけである。また、吉野は「民本主義者」として精力的に活動し、一九二〇年代初頭まで東大・新人会に結集したような若者たちを惹きつけていたけれども、ほどなく、マルクス主義的な潮流の台頭の前にややその影を薄くしたとみられている。

そのことに関連して、中野重治の自伝的小説『むらぎも』（一九五四年）の一節をみてみよう。中野は、一九二四年に東大独文科に入学、翌二五年に新人会に入り、プロレタリア文学運動の担い手のひとりとなった文学者である。東大卒業は二七年。『むらぎも』には、吉野作造が（辞職後に当たるはずだが）「東京帝国大学の河原田教授」として登場し、「ひところ民本主義で鳴らした主人」と描かれている。また、この作品に、二六年頃の新人会の内部を描いているところがある。新人会の新入生歓迎会のとき、明らかに共産党系と思われる新入生たちが、「冗談半分のように、自分らは東京帝国大学に入学しに来たんじゃなくって新人会へ入学してきたんだというようなことをいった」という場面である。このような、高等学校ですでに左翼の「活動家」だったとおぼしき学生たちからみれば、吉野はすでに時代にとり残された人物とみえたであろう。

吉野の主張の影は薄くなったのか。先の「枢府と内閣」論文を考えれば、ここで吉野は、貴族院改革の必要性を自明の前提とした上で、枢密院や軍令の問題に切り込んでいた。少なくとも建前上は「民意」を反映する衆議院と、その多数派に立脚する内閣が一方にあり、その外側に「治外法権区域」を占める、つまり、仕組みとして民意を反映することができない枢密院や軍部があるという配置。天皇制国家の枢軸といえる枢密院や軍部のあり方を果敢に、具体的に、あるいは「臨床的」に批判したからこそ、吉野は守旧派勢力の逆鱗にふれ、標的となって朝日退社に追い込まれたのではなかったか。

むろん、貴族院や枢密院のあり方を批判し、軍部大臣武官制という制度を批判したのは吉野だけではない。しかし、機会をとらえて適確に、ことあるごとにこれらを問題視し、また、中国論・朝鮮論においても権力批判をくり返し、その意見を『中央公論』や『朝日新聞』という媒体で表明し続け、デモクラシーを求める世論の幅広い支持を得ていた吉野という存在。これが問題視されていて、吉野の朝日退社を引き起こしたということであろう。

一九二〇年代において台頭した左派勢力からみれば、吉野の思想がやや影を薄くしたようにみえたことは確かであろう。そして、その後のマルクス主義的な潮流も、吉野の思想を時代から取り残されたもの、不徹底なもののようにみなしてきた。しかし、権力側は吉野の思想や行動を取り残されたなどとはまったくみていなかったといわなければならない。

三　病気と迫害

病気と迫害

吉野は、先にふれたように、朝日新聞社退社以降、「甚だしき窮迫」に陥ったとしつつも、彼の学問にとって退社が「幸であったか不幸であったかは容易に断定する」ことができないと書いた。

不幸であったというのは、まずは朝日退社によって収入が大きく減少したことであろう。東大を辞職し、朝日新聞社を退職したため、定期収入がなくなった。加えて、病気のために仕事ができなくなって、収入が大幅に減少する時期が生じた。中国人・朝鮮人留学生への経済的援助も、以前のようには行うことができなくなった。

さらに、吉野が朝日新聞社を退社した二四年の一一月下旬、肋膜炎を発病。二五年一月一〇日、東大病院に入院、約半年を病院ですごすことになった。そればかりか、二六年五月九日には、自宅が放火されることまで起きた。松尾年譜には、「右翼のしわざか」とある。

病気ではなく迫害に関することでは、吉野に「『海外新話』と『漂荒紀事』」（一九二六年四月）という一文がある。このなかで吉野は、「結構善人であるつもりの私が、危険人物だの売国奴だのと罵られてから、もうかれこれ一〇年あまりになる。悪口には相当慣れたが」と書いている。この一文が書かれた一九二六年から「一〇年あまり」前というのを、文字通り一九一六年からだとすると、民本主義の「本義」論文発表以降ということになる。吉野の民本主義論が世の注目を集め、民衆の支持を幅広く受けていたことは、吉野が全国津々浦々に講演旅行に出かけ、多くの聴衆を集めていたことから歴然としている。しかし、他方では、吉野の論自体が貴族院や枢密院のあり方などに根本的な疑義を呈するものであったから、「危険人物だの売国奴だの」といった罵りが投げつけられもしたのである。それが、朝日新聞社退社に吉野を追い込んだこともすでにみたところである。

吉野とともに明治文化研究会に属した木村毅（一八九四～一九七九）は、吉野は「軍や警察から一番目の敵にされていたらしい」と回想している。なぜそうなったかと聞いてみたら、吉野の帷幄上奏に関する論文が機になって、軍の機密費が半分に削られたらしいからというのである[6]。

木村毅のこの回想は、「らしい」とあるため、ややあいまいな部分があるとしても、吉野から直接聞いたということではある。軍や警察は、吉野を「一番目の敵」にしていたらしいとか、「実質的影響があるというので吉野さんが一ばん憎まれた」とか、さらに、「軍でも警察でも実質的に恐れていたのは河上（肇）さんの比じゃないと思います」とまで語っているが、木村はそういう「実感」をもっていたのであろう。

話を病気にもどす。二九年九月には結核菌が検出される事態となり、一二月初めからほぼ一カ月寝込んだ。これ以降、体調はすぐれず、発熱があり、咳がやまないことが多かった。

以上のような体調・境遇を考えれば、不幸であったとしかいいようがないだろう。

それにもかかわらず、〈幸〉であったとはなにゆえであったか。推測するに、明治文化研究に打ちこんだという点が、その中心であった。

明治文化研究への打ちこみ

吉野が明治文化研究に打ちこみはじめたのは、一九二一年夏からである。また、二四年一一月以降は、時折病魔に襲われるのだが、定職を失ったことでかえって仕事に打ちこむ時間をもてたという面もあり、それは〈幸〉だったといえるのだろう。

吉野の朝日退社後に最初に刊行された単行本『新井白石とヨワン・シローテ』（主張と閑談 第一集。生活文化研究会、一九二四年七月）の巻頭に置かれた「著者より読者へ」は、おそらく「舌禍事件」のまっただなかで書かれたものであろうが、次のように書かれている。

私は緊張した気分で議論をして見たい時もあればのんびりした気持で肩の凝らぬ談をして見たいと思う時もある。他人を対手としての私の生活はほとんどこの両面で尽くる。この生活を筆に移して見ようとて今ここに「主張と閑談」を公にする。

定職がなくなったことで、「肩の凝らぬ談をしてみたい」という望みをみたす条件ができたといえる。吉野に近い人びとから、あまり時局に密着した論文を新聞・雑誌に書かない方がよいという忠告・助言を受けたことが作用した面もあったかもしれない（この著作についてはⅧでまたふれる）。

ここに「主張と閑談」とある。表面的には、政治的な「主張」と文化的な「閑談」との並列のようにみえるかもしれないが、この両面は、二元論的に相互に独立したものであったわけではなく、文化に関わる議論のなかに政治的な「主張」が含まれるばあいは少なくなかった。そのことは、吉野の著作『露国帰還の漂流民幸太夫』（主張と閑談　第二集。二四年九月）にもうかがえる。

『露国帰還の漂流民幸太夫』は、一九二二年の雑誌『文化生活』所収論文を主にまとめられた著作である。これは、一八世紀末に漂流民となってロシア

「雰囲気」への着目

にたどり着いた大黒屋幸太夫（一七五一〜一八二八）の足跡を扱った著作であるが、その「はしがき」に、おおよそ次のようなことを書いている。

まず、「排外思想」に「最も多くの紙数を割いたについては、著者にいささかの寓意がある」という。妖怪などというものは存在しないと思っても、小雨の降る丑三つ時にひとりで墓場を通るとなるといささか閉口する。これでは妖怪は存在しないという学問上の確信は何もならない。こうなると、われわれを育てた「環境というか雰囲気というか」その威力を強く感じざるを得ない。これと同様に、

海外思想についても新人がどんなに一生懸命に平和主義を唱えたとて、国民の態度を根本的に一変せしむるためには、彼らを取りまく雰囲気をまず変えてかからなくては駄目だ。

というのである。ここに「新人」というのは、「新人会」に加わった人びとのようにデモクラシーに目覚めた人びとをいう。「平和主義」に関連して念頭に置かれているのは、第一次世界大戦後の講和条約の体制、ヴェルサイユ・ワシントン体制であるとみることができるし、吉野もこの体制を

背景に平和主義的な主張をしていた。しかし、その平和主義を否定しようとする勢力も根強く存在する。その勢力に対し、政治学的な論で反論しても、「彼らを取りまく雰囲気」を変えるのはなかなかに難しい。軍備縮小同志会で、尾崎行雄が突き当たった岩盤に、吉野も直面したといえよう。そこで、過去にどういう海外観があったのかという点からの考察を加えることで、事態を突破したい。吉野がめざしたのはこういう試みであろう。

吉野のばあい、「明治文化研究」といっても、その扱った範囲は「明治」時代に限定されるわけではないことは、ここにみたように、新井白石（一六五七～一七二五）や大黒屋幸太夫を扱った著作があることからも明らかである。そして、明治あるいはそれ以前を扱っていても、また、「のんびりした」外見をとっていても、内容上は「緊張した気分で議論をして」いるばあいもあったという点が注意されなければならない。

吉野の「明治文化研究」は、そのような多様性を含むものであったのである。

吉野は、「舌禍事件」による弾圧を受けたけれども、あるいは、受けたがゆえに、それがかえって吉野の闘志をかきたてた面もあったはずである。その「闘志」は、硬直した「闘志」ではなく、いっけん「のんびりした」形態、「寓意」的な装いをとることもあったというべきである。

吉野の明治文化研究については、Ⅷで立ち入って述べることにしよう。

（1）この「朝鮮人虐殺事件について」と「朝鮮人虐殺事件」は、姜徳相他編『関東大震災と朝鮮人』（みすず書房

「現代史資料」一九六三年）三四五頁以下に収録されている。また、『吉野作造選集』9の「解説」参照。

（2）松尾尊兊『民本主義と帝国主義』二一二頁。

（3）座談会「時代と新聞――大阪朝日筆禍事件回顧」における長谷川如是閑の発言。『世界』一九五四年七月号、所収。吉野源三郎編『日本における自由のための闘い』評論社、一九七〇年、所収。三三三頁。

（4）時期がややずれるが、一九三一年ころに関して、当時は軍よりも新聞などの「マスメディアの方が強かった」とする見解もある。たとえば、筒井清忠『戦前日本のポピュリズム』（中公新書、二〇一八年、一三七頁）。

（5）前掲『聞き書　南原繁回顧録』。

（6）座談会「吉野作造」における木村毅の発言。『世界』一九五五年四月号、所収。前掲の吉野編『日本における自由のための闘い』二三二頁。

Ⅶ　無産政党への関与

一　日本における社会民主主義

「社民」評価について

近現代史家の松尾尊兊は、次のように述べたことがある。

一九六〇年代に入っても、大正デモクラシーを評価する研究者は学界の少数派でした。友愛会は労働組合とは認められず、鈴木文治、西尾末広、松岡駒吉たちはダラ幹よばわりされていました。吉野作造は帝国主義イデオローグの一変種とみなされ、石橋湛山などほとんど問題にもされませんでした。私自身、東京のさる高名の近代史家から、酒席で「松尾は社民だよ」といわれたことがあります。当時社会民主主義者よばわりされることは、知識人の恥でした。(1)

いろいろな含みをもつこの回想だが、一九五〇年代・六〇年代における左派の歴史家たちの感覚をよく伝えている。そして、一九六〇年代でも吉野作造は必ずしも肯定的には評価されていなかったことがうかがえる。(2)

ここに言及されている鈴木文治と吉野のつながりがいかに深かったかはいうまでもないし、西尾や松岡については、吉野日記（一九二七・一・六）に、「赤松、松岡、片山の三君連れ立って来訪。社会民衆党の事で相談に来る。〔中略〕西尾〔末広〕君には事情を書いてやる」とある。このとき、片山哲（一九四七年から翌年にかけ、首相）は書記長、赤松克麿[3]と松岡駒吉は中央委員であった。

これまたやや先の話になるが、満州事変後の三二年七月、全国労農大衆党と社会民衆党が合同して社会大衆党が結成されたとき、委員長は安部磯雄、書記長に麻生久、中央執行委員に浅沼稲次郎・宮崎竜介・片山哲ら二〇名が就任した。この社会大衆党の成立にも吉野は尽力した。

この社会大衆党は、戦後においても左派からはすこぶる評判が悪かった。社会大衆党に集まった勢力が、吉野の死後、ときの政治体制に協力的な方向に突き進み、「近衛新体制」に協力するなどの姿勢をとったことが大きい。「社民」的勢力が戦時体制に強くコミットしたがゆえに、コミットした人びとは、戦後に「ねじ鉢巻で戦争遂行に協力し、軍部の片棒をかついだ戦犯」（荒畑寒村『寒村自伝』）という批判をあびた。そのため、戦後に社会民主主義にマイナスイメージがつきまとい、「知識人の恥」という感覚があったのもゆえなしとしない[4]。しかし、かりに左派のこの種の批判が妥当だとしても、それが吉野そのひとに責任のある話とはいえないし、満州事変の直後の状況で、この政党が反ファシズムを掲げていたことも事実としてはあったのだった。

「無産政党」とは

吉野評価が高くなかった理由には、二つの側面があるだろう。第一はその「民本主義」が天皇制に対する妥協的な理論だとみなされたという点であり、第二は吉野の「社民」的な「無産政党」への肩入れと共産主義批判であろう。

ここに出てくる無産政党ということばについてであるが、吉野にも『日本無産政党論』（一九二九年）という論文集があり、第一次世界大戦と第二次世界大戦の間の時期（戦間期）にはなじみのある表現だった。しかし、現代語としてはこのことばは死語と化しているといえよう。「無産階級」ということば（対義語が「有産階級」）もあるが、これはプロレタリアート（ブルジョアジーの対義語）の訳語で、第二次世界大戦後なら「労働者階級」であろう。

さかのぼれば、日露戦争さなかの一九〇四年、幸徳秋水と堺利彦が『平民新聞』に訳載し、発禁となったマルクスとエンゲルスの共著『共産党宣言』では、「ブルジョア」「ブルジョアジー」とか、それに対する語として「プロレタリヤ」「プロレタリアート」「プロレタリヤ階級」という語が使われていて、「無産階級」という表記にはなっていない。それが、一九二〇年代には、山川均の論文「無産階級運動の方向転換」（『前衛』誌、二二年七・八月合併号）のように、「無産階級」という表現が一般化する。

社会民主主義的な無産政党を推進した人びとの念頭にあったのは、ドイツ社会民主党やイギリス労働党であろう。しかし、なぜか一九二〇年代の日本では「社会民主党」という命名をしなかった。いずれにせよ、二〇年代・三〇年代の社会民主主義系統の「無産政党」は、共産党と対立する勢力だったということを確認しておこう。

坂野潤治による回顧

坂野潤治（ばんの）は、『吉野作造選集　3』所収の「解説」において、「我々は、もっと早く吉野作造から学んでおくべきであったという後悔の念を強くする」

と書いている。ここで吉野から学ぶという意味は、吉野の社会民主主義への共感をその基軸とするということである。坂野は、吉野の一面を「社会民主主義者」と規定しつつ、つぎのように書いている。

社会主義体制の崩壊の後にも、今日なお西欧に残っている社会民主主義は、ここ〔「本義」論文など〕での吉野の主張と大きくは変わらない。プロレタリア独裁を唱えるレーニン型社会主義を「自由」の観点から峻拒しながら、社会民主主義には好意的立場を示しつづけた吉野作造から、戦後の思想界は、もっと早く学ぶべきだったのである(5)。

吉野の一面を社会民主主義者だと把握するなら、吉野の議論は、この「解説」文から二〇年を経過しても、現在にまで射程をもつ議論だと把握できるであろう。それだけではない。吉野の議論の一面を「社会民主主義」と把握することで、その議論はせまく日本の思想史圏にだけ限定されたものでなく、西欧の政治状況などと比較検討することも可能になるといえよう。

本書I・IVで、トニー＝ジャットの見解についてふれたが、吉野の見解が、政治的な面では「リベラルで進歩的な改革」をめざすものであるとともに、福祉国家論的な面をもつという点で、西欧の動向と重なる側面をもっていたことも確認しておきたい。

二　無産政党との関わり

護憲三派内閣　第二次護憲運動の高揚のなかで、二四年五月一〇日に総選挙があり、いわゆる護憲三派が勝利した。これを受け、六月七日に清浦奎吾内閣は総辞職し、一一日に憲政会総裁の加藤高明を首班として、政友会・革新倶楽部との三派提携による内閣が成立した。護憲三派内閣である。この内閣は、陸海軍大臣・文部大臣（岡田良平）を除くと、他の大臣はすべて政党から選ばれていて、ほぼ完全な政党内閣といえる。「護憲運動」の成果であったといえる。

この内閣は、男子普通選挙法を制定（二五年三月）させたほか、一定の「改革」を行った。しかし、治安維持法を成立させたのも、陸軍現役将校学校配属令（勅令）を公布し、中等以上の学校の男子には、現役将校による教練を実施するなど、教育の軍国主義化をすすめたのも、この内閣であった。そして、軍部の統帥権独立や軍部大臣武官制についても、デモクラシーの方向で改革に乗り出すことはいっさいなかった。

この方向が民衆運動の求めていたものであったのか。そう考えれば、デモクラシーのさらなる発展を考えたとき、男子普通選挙制度が実現した段階で、無産政党を設立しようという考えが出てくるのは当然といえば当然であろう。

無産政党の動向

日本において無産政党を名乗る政党が登場したのは、一九二五年一二月の農民労働党の結成のときであった。当時の無産政党運動の当事者でもあった赤松克麿の著作『日本社会運動史』（一九五二年）にも、「無産政党組織の機運」は、普通選挙実施の直前から起こったが、二五年三月に普通選挙法が成立すると、この機運が急激に高まったと述べられている。

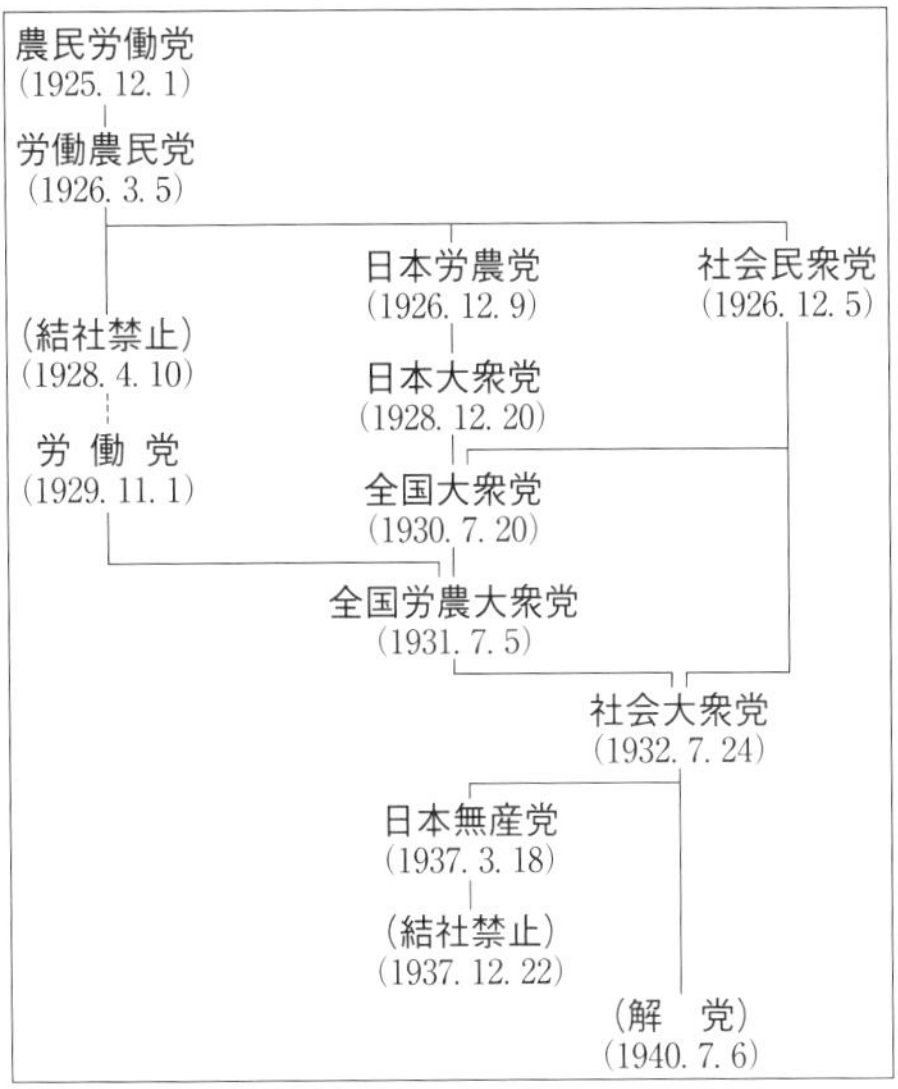

この普通選挙法は、「帝国臣民」男子の普選に限られるものだが、これ以前の総選挙、たとえば一九二四年五月の第一五回総選挙（清浦奎吾内閣執行）では、有権者総数が約三三四万人であったのに対し、普選第一回にあたる二八年二月二〇日投票の第一六回総選挙（田中義一内閣執行）では有権者総数が約一二五四万人と、約三・七五倍になる。そこで、普選成立によって選挙結果も大きく変動するだろうと考えられ、無産政党設立の機運が急激に高揚した。

二五年一二月に東京の神田青年会館において農民労働党が結成された。書記長は浅沼稲次郎。[6] しかし、結党式直後に加藤高明内閣（若槻礼次郎内相）はこの党に対し、

農民労働党（1925. 12. 1）
労働農民党（1926. 3. 5）
（結社禁止）（1928. 4. 10）
労働党（1929. 11. 1）
日本労農党（1926. 12. 9）
日本大衆党（1928. 12. 20）
全国大衆党（1930. 7. 20）
全国労農大衆党（1931. 7. 5）
社会民衆党（1926. 12. 5）
社会大衆党（1932. 7. 24）
日本無産党（1937. 3. 18）
（結社禁止）（1937. 12. 22）
（解党）（1940. 7. 6）

無産政党主要系統図　『国史大辞典』より著者作成

治安警察法第八条第二項により即日解散を命じたのだった。

そこで、三カ月後の二六年（大正一五年）三月、労働農民党（委員長は日本農民組合長の杉山元治郎）として再結成された。しかし、この党内で次第に左派が主導権を掌握するようになると、右派は日本労働総同盟を中心とする社会民衆党を結成した（以上、二三三頁の無産政党主要系統図参照）。一九二〇年代後半から三〇年代にかけての無産政党の消長にはめまぐるしいものがあったが、それがちょうど吉野作造の晩年にあたっている。

社会民衆党の結成と吉野

河野密・赤松克麿・労農党書記局共著の『日本無産政党史』（白揚社、一九三一年）第二編は「社会民衆党史　赤松克麿著」となっているが、そのはじめの方に、「社会民衆党結成につき最初の導火線となったものは、大正一五〔一九二六〕年一一月四日、安部磯雄〔早稲田大学〕、堀江帰一〔慶應大学〕、吉野作造の三教授による新政党組織促進に関する次のごとき声明書であった」（二四〇頁）とあり、その声明書からの引用がある。

> 普通選挙は実施された。既成政党は国民の信望を失っている。今や民衆を基礎とする健実（ママ）なる新政党の出現は、当然の趨勢なりと考える。〔中略〕しかも吾人と志を同じうするものは天下到るところにたくさんあり、かつひそかに皆新政党の出現を待ち望んでいる。〔中略〕この絶好の機運に乗じ、理想的新政党誕生の産婆役とし、いささか牛馬の労を取るは、国家社会のため無用の業にあらざるべしと信ずる。これあえて広く天下の同志に檄し、その質問を乞うゆえ

んである。(二四〇～四一頁)

赤松は、この呼びかけに「社会民主主義的傾向を有するものがはせ参じる」こととなったと述べていて、自分たちの主張を「社会民主主義」と考えていた。ただ、党名としてはそれを使用しなかったことが明らかである。この声明書に基づき、新政党組織促進協議会が、一一月二〇日に東京・芝公園内の協調会館で開催された[7]。安部磯雄が推薦されて議長席に着き、吉野は提唱者を代表してつぎのような意味のことを述べたという。

社会民衆党結成当時　左から吉野作造、安部磯雄、堀江帰一。
早稲田大学大学史資料センター所蔵

> 我々が今度新政党組織を提唱したる理由は、予想される議会の解散、次いで起こる我国最初の普選による総選挙を控えて、一千万の新有権者の去就につき、必ずや既成政党は従来の方法をもって新有権者を醜き政争の渦に巻き込まんとするであろう。これに対して新有権者を保護し、かつ自由に行動し得るよう新政党を作って既成政党に対する障壁たらしめたい。また過般の労農党分裂の事実は、新しい政治的結成の希望を持ちながら、その方向に迷う人びとを生ぜしめたから、これらの人びとを抱容する政党を作りたいと思う。(二四二～四三頁)

そして、吉野は、直ちに政党組織準備会を作るよう述べ、その方向にことが進んで、役員選出に至り、三教授のうち、安部は準備会議長となった。のちのことであるが、安部は一九二八年の第一六回総選挙で、東京二区に社会民衆党から立候補し、最高点で当選を果たす。

この準備会会合において、吉野と堀江は、自分たちの使命は新政党の産婆役たることであり、「我々は学究としていまだなすべき仕事を終えていないから、今直ちに新党に参加することはできないが、側面から新党を後援したい」と声明を発して満場の了承を得たという（二四五頁）。

二六年一二月五日（昭和改元は一二月二五日）午前、新政党組織準備委員会が開催され、吉野はその議長をつとめた。綱領政策党則が決定され、党名も「社会民衆党」と定まった。引き続き、同日午後、社会民衆党の結党式が挙行された。

中央執行委員会議長に安部磯雄、中央執行委員に鈴木文治、島中雄三、書記長に片山哲、そして、一般より選出の中央委員が一二名、「地方的分布に基づき選出」の中央委員が九名という布陣であった。安部が熱弁をふるったあと、緊急動議が出され、「党の産婆役」として尽力した安部、吉野、堀江の三者に「感謝の意を表すべし」とし、一同異議なく承認、「会衆は全員起立し、三氏に対して割るるが如き拍手を送って感謝の意を表した」。（二五一頁）

社会民衆党の成立と吉野の関わりはこのようなものであった。

吉野日記より

吉野日記は、一九二六年分を欠いているので、右にみた二六年の社会民衆党結成期の記述はうかがえない。残存する二七年（昭和二年）の吉野日記から、社会民衆党や無産政党に関わるところをいくつかピックアップしてみよう。

第一は、吉野の肩入れの深さについてである。社会民衆党の結党式は二六年一二月五日であり、翌一月六日、中央委員の赤松と松岡駒吉、書記長の片山哲がそろって吉野宅を訪問、総選挙の立候補者として東京市内は安部磯雄と片山哲でと相談している。また、厚木での社会民衆党主催の政談演説会で演説した（一・一五）とか、「帝大青年会で片山哲君立候補の相談会を開く」（一・一八）とか、「文化アパートメントの会」で、「社会民衆党後援会の創立相談会の用件」（一・二四）で出席するなど、この党のために、吉野が精力的に活動しているさまがうかがえる。

第二に、「朝無産政党のはしがき目次等の校正をする」（二七・三・一二）とあり、文化生活研究会の福永重勝が、「無産政党の方は発売即日三千出てしまったとて喜んでくる」（三・三〇）とある。ここで「無産政党」と書いているのは、三月二五日発行の吉野の著作『無産政党の辿るべき道』（文化生活研究会発行）のことである。この本が「発売即日三千」というのは相当の売れ行きである。

第三は、総同盟の労働学校についてである。鈴木文治は、一九二一年九月に、吉野作造などと労働者教育協会を設立、その一環として日本労働学校を開設したが[8]、この労働学校はその後も継続していて、「総同盟の労働学校に講義にゆく」（二七・五・一六）とある。

いずれも、吉野の肩入れぶりを伝えている。

社会民衆党の綱領と政策

当時の無産政党の考え方を知るために、吉野も肩入れした社会民衆党の結党大会（一九二六年一二月）で提示された綱領（三項から成る）と政策をみておこう。

最初の二項では、「勤労階級」の立場からする資本主義制度の「改革」がめざされており、「健全なる国民生活」が判断基準になっているといえよう。第三項は、一方で「既成政党」（立憲政友会と憲政会）を排するとともに、他方で「社会進化の過程を無視する急進主義の政党」、つまり左派の「革命政党」を排するとする立場を打ち出している[9]。

社会民衆党が掲げた「政策」は、一五項ある。その一部を摘記しよう。

一、普通選挙制の徹底　二、議院制度の改革
三、言論集会結社の自由を抑圧する諸法令の改廃　四、軍制の改革　五、国民外交の確立
六、財政及び税制の根本改革　八、教育の根本的改革　十、土地制度の改革
十一、労働立法の完成　十二、小作立法の完成　十三、俸給生活者保護法の制定
十四、女子に対する法律的経済的差別の撤廃　十五、社会的施設の徹底

これらの細目として、三項に「治安維持法廃止」、六項に「財産税、所得税、相続税の累進的高率賦課、生活必需品の消費税撤廃」、八項に「普通教育公費制の徹底」、十一項に「国際労働条約の実施」、十二項に「耕作権の確立」、十五項に「失業、疾病、養老災害の各社会保険制度の完成」などが掲げられている。十一項の「国際労働条約」は、一九一九年に誕生したＩＬＯと関わる[10]。

このなかには、その後の日本社会では政治課題として取りあげられなくなった項目もあるが、現在もなお課題であり続けているものもあるし、類似の問題として再浮上したりする問題もある。

いずれにせよ、吉野は社会民主主義政党に大いに肩入れしたけれども、社会民主主義の立場を理論的・体系的に提示・展開したともいえない。だから、彼を社会民主主義者としてみなすという視点があまりみられなかったのもふしぎではない。だが、ここに引いた社会民衆党の綱領や政策をみれば、そして、吉野がこの党の発展のために力を尽くしたということを考えれば、吉野が社会民主主義的立場に共感していたことを疑う余地はないだろう。

眼をヨーロッパに転じてみよう。共産主義とは別の社会民主主義的な政治勢力は、ヨーロッパでも一定の影響力をもっていた。イギリスでは、一九〇六年に労働党が誕生し、一九二四年には、自由党との連立の労働党政権（マクドナルド内閣）が成立していた。そのことはもちろん日本国内の一般紙でも報道されていた。そして、二九年五月の総選挙では、労働党が第一党となり、労働党単独政権（第二次マクドナルド内閣）が成立した[11]。

二〇年代のドイツでも、社会民主党は国会議員数からすれば有力な政党であり続け、二八年には、社民党首班の政権が成立していた。

三　中国情勢との関連

北伐の展開　首相の加藤高明（憲政会）が在任中に死去（二六年一月）したあと、若槻礼次郎（立憲民政党）の内閣が成立した。加藤・第一次若槻内閣ともに外務大臣をつとめたのは幣原喜重郎であった（二七年四月まで）。

その前後の中国をみると、一九二三年に、ソ連が中国革命に対する支援を表明し、孫文も「連ソ・容共・扶助工農」を目指していたけれども、二五年に死去していた。翌二六年七月、中国では、国民革命軍総司令に就任した国民党の蒋介石が、中国全土の武力的な統合をめざす北伐を開始した。二七（昭和二）年に入り、国民党の「革命軍総司令部政治部主任」の鄧演達（とうえんたつ）は、「幣原（喜重郎）外相の演説が国民政府に好意あることを認めて」、戴天仇の日本への派遣を表明し、それが戴天仇の顔写真入りで報じられた。

国民政府は日本に対し好感を有し、日本との提携を望んでいるが、これは支那民衆の日本に対する好感を有する結果で、将来両国の共同利益のため一致して衝突を避け、提携し得ると信ずる。革命政府は日本に対し了解を得んため、戴天仇氏を代表として派遣するに内定している。
（『東朝』二七・一・二五夕刊）

こうして、戴天仇（国民党右派）の来日に際しての国民政府の対日方針から、戴天仇の日本到着や滞在中の動静などまでが継続して新聞報道されていた。このことは、国民政府側の動向が、日本で大いに注目されていたことを示すものであろう。

戴天仇の来日　戴天仇（戴季陶）は、孫文の秘書をつとめ、Ⅱにふれたように、吉野が『支那革命小史』執筆に際して吉野と接触のあった人物である。戴は二月に来日し、二月二六日、外務省に出淵次官を訪問して会談し、日本の外務当局の見解と中国国民党の見解はほぼ一致していることを確認したと報じられている（『東朝』二・二七）。

同じ二六日、次官訪問時刻との先後関係はわからないが、吉野も戴天仇に会っていた。

> 小雨、昼過ぎ戴天仇君を帝国ホテルに訪う。無事来朝を祝す。国民党を代表して来たという。（吉野日記、二七・二・二六）

吉野と戴天仇は、久しぶりに相まみえ、中国情勢についても意見を交換したのであろうが、日記からはその内容はうかがえない。三月一七日、「戴天仇氏歓迎会」があった。

> 頭山満、犬養毅、末弘厳太郎（いずたろう）の諸氏をはじめ南支関係学者有志家が発起にて、来る十七日午後五時半より海上ビル中央亭にて戴天仇氏の歓迎会を催し、支那問題に関する根本的意見の交換をなすはずである。（『東朝』三・一四）

とある。頭山と犬養は、辛亥革命期に革命軍援助のため中国に渡った経験をもち、犬養と孫文の交流はよく知られていた。末弘は、吉野より年少、東京帝国大学法学部教授である。
一七日の歓迎会については、来会者二〇〇余名で開催され、「印度志士〔ビハーリー＝〕ボース氏その他日本有志のテーブルスピーチあり、戴氏謝辞を述べ、頭山翁杯を挙げて日支印三国の前途を祝して一同これに和し」（『東朝』三・一八）とある。

社会民衆党と中国

戴天仇歓迎会開催の直前の三月一四日、片岡直温蔵相の失言をきっかけに、人びとが銀行への預金の取り付けに殺到し、金融恐慌がはじまった。内憂外患というべきか、三月二四日、北伐を続ける国民革命軍の南京入城に際し、日本領事館が暴行を受け、列国領事館が襲撃され、英米軍が南京市内を砲撃する事態（南京事件）が発生した。南京事件からまもない四月一二日、蔣介石は上海で反共クーデタを敢行。この四・一二クーデタによって、国民党と共産党との関係は決定的に変化するに至った。

若槻内閣は、金融恐慌で危機におちいった台湾銀行を救済すべく、緊急勅令の発布で対応しようとしたものの、枢密院はこれを否決。南京事件への対応が軟弱だとの非難を受けたことも重なり、若槻内閣は総辞職した。二七年四月二〇日、田中義一（長州出身・陸軍大将・政友会）内閣が成立し、田中が外相を兼務した。翌五月、田中内閣は、「山東出兵」（第一次山東出兵）の声明を発し、関東軍に出動命令を発した。田中内閣以前の幣原喜重郎外相時代の外交から、「積極」外交に転換したのである。

こうした情勢に対し、戴天仇（戴季陶）は、田中義一内閣を批判する『日本論』を書いた。左翼無産政党の労働農民党などは「対華非干渉運動」をはじめたが、社会民衆党も対応を迫られた。日本社会民衆党中央執行委員の宮崎竜介は二七年五月一七日に上海を訪問、ただちに国民党上海市党部の歓迎会に臨み、「総同盟の松岡駒吉氏も支那側から好感をもって」迎えられたという（『東朝』二七・五・一九）。

赤松克麿『社会民衆党史』によれば、二七年六月七日夜、中国国民党から派遣されてきた二名の歓迎会が開催された。会する者約八〇名、片山哲書記長の挨拶ではじまり、「対支問題協議会」を設立に至った。

北伐完了前後の吉野の中国論　このような動向のなかで、吉野は、社会民衆党の動きと基本的に歩調をあわせつつ論陣を張る。戴天仇来日にあわせて書かれたのが「無産政党に代りて支那南方政府代表者に告ぐ」（『中央公論』二七年四月号）で、この論文では、国民党の立場を全面的に支持してはいないが、日本の対中政策については、中国に対する「特殊地位に恋々たる理由」はまったくないし、「満蒙においてすらも決して引き続き特殊地位を主張」する理由はないとする。つまり吉野はここで、対華二一カ条以来の日本の「満州権益」に固執しない態度を示した。

また、第一次山東出兵に対しては、「対支出兵問題」（八月号）などを書いた。この論文で吉野は、山東出兵に対する民間の反対論に「恐ろしく過酷」な「言論の弾圧」が加えられているとして、田中義一内閣を批判している。そして、「政府の政策に反対する言論の弾圧は立憲政の汚瀆である」とする。この批判は、現在の時点からすればどうということのない主張にみえるかもしれないが、吉野が経験した「舌禍事件」を想起すれば、勇気ある主張だったとみるべきであろう。

この批判について、次の二点が指摘できよう。第一に、『中央公論』のような読者数の多い雑誌では、中国からの撤兵などを明瞭に主張することは発禁などの措置を考えれば困難であって、非合法のビラに主張を書きつけて撒くばあいとは事情が異なると考えられる。

第二に、立憲政との関わりについてである。吉野の「民本主義」が「立憲主義」と基本的に重なると考えれば、言論弾圧が「立憲政の汚瀆」だとする判断は、「民本主義」が言論の自由を当然の前提とするものだったと考えるべきであろう。

中国からの撤兵という主張

二八年四月、中国の国民政府は、北伐を再開。田中内閣は第二次山東出兵を閣議決定し、五月、日本軍は国民政府軍と衝突（済南事件）した。この事態について、吉野は「ついに悲しむべき日支交戦の一大修羅場を展開」するに至った（「対支出兵」『中央公論』六月号）と論じた。

北京を支配していた軍閥の張作霖は、情勢の変化に伴い、北京を放棄して列車で奉天に向かったが、その途中で、列車を爆破され、死去した。

その直後の六月八日、国民政府軍は北京に無血入城して、北伐はいちおう完成した。吉野は、論文「支那の形勢」（同誌、七月号）を、「張作霖の北京落ちで支那の形勢は急変した」と書きはじめた。「国民軍による支那本土の統一」すなわち北伐の完了に加え、張作霖の没落によって、「隣邦の形勢は今や九天直下の姿」にあると論じている。

吉野は、北伐の完成を、孫文にはじまる「近代精神に目ざめての新しき意義の革命運動」の結果とみた。「一大の怪傑袁世凱を頭領に仰ぐ北方官僚の一団」――袁世凱から段祺瑞、そして張作霖の系譜――という「旧勢力」と不撓不屈に戦った結果だというのである。

しかし、「支那のことといえば、朝にして暮れを図られざるを意味するとされるほどに、彼地の形勢は由来変転極まりなかった」ので、中国の形勢も定かでない事態もあるとして、日中関係をどうすべきか。その結論は、次のようである。

> 支那と日本の将来の関係は在来の約定に基づいて決められるべきものでなく、主としては、いったん白紙の状態に還りて別に新たに両国の利害を省量し、純然たる理義の指示にしたがって決められるべきであるというように帰する。

この結論をどう読むべきか。先にみた「特殊地位」「満洲権益」の否定論とつなげば、中国からの撤兵という主張だとみることができよう。いささか歯切れの悪い表現になっているのは、「恐ろしく過酷」な言論弾圧を考慮した結果であろう。

一九三〇年代に入ると、「満蒙は我が国の生命線」だという主張が、国会においても声高に登場する。そして、日本軍は満州事変の発端となる柳条湖事件を引き起こし、これが日中間の「一五年戦争」の発端となった。

また、一九四一年一一月にアメリカから日本に提示された「ハル・ノート」には、中国・仏印からの日本軍の撤収という項目が含まれており、その要求は受け入れられないとして日米戦争に至ったことを想起すれば、北伐の完了の時期に至って、吉野が中国からの撤兵という主張をしていたことは、やはり特筆されるべきことである。

吉野の中国論

吉野の中国論が精彩を放っていた時期をかえりみるならば、それは、第一次世界大戦後、五・四運動の時期から山東出兵に至る時代、日本の軍事力行使に歯止めがかけられていたワシントン体制の時代だったといえるだろう。山東出兵以降、日本は、外交を軍事的な方向に転換していくことになる。

先に、石橋湛山の「一切を棄つるの覚悟」という社説をみたが（Ⅴの二節）、石橋は、一九二四年に『東洋経済新報』主幹となった。吉野は、一九二九年四月から七月にかけて、この週間雑誌に「支那と日本」という論説を九回にわたって連載した。時代は田中義一首相・外相の、山東出兵に象徴される「積極」外交の時期である。吉野も石橋も、日本の中国侵略に対して批判的であり、石橋の側に吉野の論に対する一定の評価がなければ、このような連載が可能になるということはなかっただろう[12]。

中国人との距離

Ⅲに、「吉野作造と出会った中国人」にふれた。そこでは、一九一七年から一九年にかけての吉野が出会った中国人の数が多かったことが話の中心になっていた。だが、「一九二〇年以降、吉野と会った中国人の数は激減する。吉野の中国に対する関心が薄れたのではなく、それまで吉野と接触した革命派が帰国し、新たに吉野に面会を求める中国人が減少したからであろう[13]」。

吉野が経済的な支援をすることが困難になったということもあるかもしれないが、Ⅲでみた竹内好のことばを借りれば、日本人のうちにあった「当初の連帯感」が失われていったということが背景にあるだろう。また、中国人のなかにマルクス主義の影響がある程度広がれば、吉野に会おうと考える中国人が減少するのは当然であろう（この点は、吉野が出会った朝鮮人数についてもある程度あてはまるだろう）。

こうした接触の減少とどこまで関連するのかはともかく、一九二七年あたりの吉野日記を読むと、古書にまつわる日記の記述の多さが目立ち、当時の吉野の関心は明治文化研究に集中していたのだという印象を受ける。

たとえば、一月三日条に、「夕方ちょっと神田へ散歩がてらに行って見る。帰って一〇時過ぎまで仕事を楽しむ」とある。この「仕事」とは、文脈から判断して、神田に出かけて興味深い古書に行きあたり、帰宅してそれを楽しんで眺めたということだろう。

また、四月四日条に、外出先からの帰路に古書店に立ち寄り、「大築拙蔵（おおつきせつぞう）訳万国公法を求む。多年探しておったものを図らずも手に入れて満足この上なし」とある。

この『万国公法』は、学術性の高い吉野論文「我国近代史に於ける政治意識の発生」（『政治学研究』第二巻、二七年一二月）で言及されるテーマに関わっており、吉野の胸の高鳴りが聞こえるようである。この点は、次のⅧで少しふれる。

四　無産政党と総選挙

明治文化研究への関心が強まっていたけれども、一九二八年に入ると、政治への情熱が、吉野のなかで燃えあがった。

普選第一回総選挙

二五年三月成立の普通選挙法の下での総選挙が実施されたのは二八年二月（投票日は二〇日。田中義一内閣執行）であった。それより少し前の一月、吉野自身に立候補の依頼があったが、これは固辞した（吉野日記、二八・一・八）。その後、吉野の女婿・赤松克麿が宮城一区から立候補する運びとなった。吉野日記を追うと、

赤松夫妻来る。選挙費用の相談を受けるのだがうまくできる見込みなし。（一・二五）
安部磯雄氏のために推薦文を草して中村君に渡す。鈴木文治、西尾末広二君の分も書く。（一・三〇）

一月三一日、赤松立候補の応援のため、汽車で仙台に向かった。「寒さ流石に強し」。二月一日は、古川、小牛田で演説し、仙台へ。仙台の「会場も狭いが満場立錐の余地なき盛況なり」。古川と同じく「無産政党の使命」について一時間あまりしゃべる」。その後、夜一一時の汽車で帰京の途についた。

古川での吉野の演説　古川座にて赤松克麿候補の応援演説。吉野作造記念館所蔵

夜は窪町小学校〔現在は文京区〕に開ける安部磯雄先生の政見発表演説会に押しかけ頼まれもせぬ応援演説をやらしてもらう。（二・四）

二月八日朝、仙台から一一、一二日両日来援を乞うという電報が来た。一一日の東京は雪。数日来時々発熱の気味があったというが、赤松の応援のため仙台へ向かった。仙台に到着し、翌日午後に小牛田に回って演説。仙台にもどってまた演説する予定であったものの、検温するとなんと三九度三分になっていた。そんな体で、夜中の二時の汽車に乗り、帰京。

体調が快復していないのに、一四日、雪のなかを麻生久（麻生は社会民衆党所属ではなく、日本労農党）の応援の約束があるからと、上野を発って宇都宮まで出かけた。吉野が社会民衆党一本槍ではなかったことがうかがえる。

こういう調子で吉野日記を紹介していくと切りがないけれども、一八日、仙台にもどり、数カ所で演説して帰京。一九日昼に家に戻り、「気分すぐれず。食事また進まず」という状況なのに、「選挙の最終日とて片山君の切なる要求あり夜川崎にて二回演説す。十二時過ぎ帰る」とある。

二二日になって、医者の診察を受けると、「肋膜炎の疑いあり。入院せよ」と威された。

1924年5月10日投票		1928年2月20日投票	
憲政会＊	872,533(29.3%。152議席)	立憲民政党	4,256,010(43.1%。216議席)
立憲政友会＊	660,066(22.2%。102議席)	立憲政友会	4,244,384(43.0%。217議席)
革新倶楽部＊	182,720(6.1%。30議席)		
政友本党	736,328(24.8%。111議席)		
四党合計	2,451,647(82.5%。395議席)	二党合計	8,500,394(86.2%。433議席)
＊の三党合計	1,715,319(57.7%。284議席)		
		無産政党	462,288(4.7%。8議席)
有効投票総数	2,972,948(100%。464議席)	9,866,195(100%。466議席)	

(表中の＊を付した政党がいわゆる護憲三派。百分比は著者による算出)

第一六回総選挙で、社会民衆党から立候補したのは一九名、当選者は、安部磯雄(東京二区)、西尾末広(大阪三区)、鈴木文治(大阪四区)、亀井貫一郎(福岡二区)の四名だった。

落選者のなかで目につくのは、片山哲(神奈川二区)、菊池寛(東京一区)、宮崎竜介(東京四区)、赤松克麿(宮城一区)などである。片山は、一九三〇年の第一七回総選挙で当選を果たした。第二次世界大戦後の一九四五年、日本社会党の結成に参加し、四七年に片山哲内閣を組織したことは先にふれた。菊池寛は作家であり、文藝春秋社を創設した人物であり、芥川賞や直木賞の創設者としても知られる。

普通選挙制度下の総選挙　一九二五年に普通選挙法が成立すれば有権者数は大幅に増えるのであるから、選挙結果にも大きな変化が起こるにちがいない。無産政党関係者がそう考えても無理からぬところがある。しかし、実際にはどうだったか。

普通選挙法成立後の最初の総選挙が二八年二月、その前が第一五回の総選挙(二四年五月。清浦内閣執行)である。両者における得票数などを表にしてみると、上の表のようである。

一九二八年の総選挙結果をみると、大きな傾向として、社会民主主義者が「既成政党」として批判していた勢力――「無産政党」に対して「有産政党」――が普通選挙実施によって、得票率・獲得議席数をともに伸ばしていること、そして無産政党の「伸び悩み」が明瞭である。これをどう考えるか。

吉野の選挙戦分析

普通選挙法成立後、総選挙以前にいくつかの地方選挙があった。吉野「無産政党の無力」（『中央公論』一九二七年九月号）は、まさにその「無力」について論じ、いくつかの要因を挙げている。まずは日本の民衆が宣伝に誘惑されやすく、有産政党の巨額な宣伝費が効果をあげたのだとみる。その他に、無産政党はたしかに工場労働者の前に立って演説はするが、演説者が日夜関心を持っているのは「工場労働者ないし小作農民の要求や感情」ではない。彼らが相手にしているのは「青年読書階級」ではないか、という指摘をしている。「少数青年読書階級の空想的興味ばかり」にかかわらないで、もう少し「真の無産大衆の実感をつかめ」と告げたいというのが、吉野の見解であった（⑩二三一）。

また、無産諸政党の分立の問題もある。吉野論文「無産諸政党は近き将来に共同戦線を張るだろうか」（『中央公論』一二七年一一月号）には、なぜ共同戦線を張ることができないかについての吉野の見方が述べられている。第一に、「独尊的絶対主義」が「ロシア革命の影響」を受けた勢力にみられることを問題視している。この論文では、「共産党」ということばは用いられていないが、暗にその系統の勢力を指している。第二に、「フェア・プレーの精神」が欠如しているとする。これは、共産党系に限らず、「比較的穏和な立場を取る者の間にも協調の歩調がはなはだ取りにくい」とされており、非共産党的無産政党についてもあてはまる話と考えられている。

第三に、「今日の無産政党の専制組織の拋棄を希望する」という。この専制組織が無産政党の分立につながっているが、「大衆には分立対抗を持続すべき理由」はまったくない。その「提携協同」を妨げているのは「少数幹部の感情問題」である。

いずれの観点も、この論文の題名にいう「共同戦線を張る」ことの重要性を述べ、無産政党の四分五裂状態を憂えるものである。

総選挙についての論評

一九二八年二月実施の第一六回総選挙を受けて、吉野は、「無産党議員に対する国民の期待」（『中央公論』一九二八年四月号「巻頭言」）を発表した。

無産党議員にとって総選挙後に重要なのは、「静かに国民利福のいささかでもの増進を目指して議会政治の向上に協力すること」だとする。では、「無産党議員はいかなる方法によって今日の議会政治に協力することができるか」。それには「積極的協力」と「消極的協力」の二種類がある。吉野は、次のように提案する。

積極的協力とは勢力の相伯仲する二大政党のいずれかと一定の条件の下に連係することである。

消極的協力とは既成政党のいずれとも何ら恒久的関係を結ぶことなく、キャスティング・ヴォートを握る地位を巧みに利用し、二大政党をして各々善をなすに競わしめることこれだ。換言すれば、常に自主独特の立場を保持し、二大政党の抗争に対しては全然是々非々主義を以て一貫することである。

これは、平凡な論点にみえるかもしれない。しかし、立憲政友会と立憲民政党とが特定の案件で対立したばあい、かりに無産政党諸派が結束して政友会なり民政党に協力したとしても、それだけで衆議院の過半数に達するとは限らない。しかし、二大政党が議席数において非常に接近している場合には少数の無産政党であっても「キャスティング・ヴォート」を握ることができる位置にあったといえる。この展望は、一定の有効性を持つばあいもあったのである。

この観点から、その後の総選挙結果（実施年月日、選挙執行内閣、各政党議席数を記す。総議席数はいずれも四六六）をながめてみよう。

第一六回（二八年二月二〇日、田中義一）
　立憲政友会：二一七、立憲民政党：二一六、無産党：八
第一七回（三〇年二月二〇日、濱口雄幸）
　立憲民政党：二七三、立憲政友会：一七四、無産党：五
第一八回（三二年二月二〇日、犬養毅）
　立憲政友会：三〇一、立憲民政党：一四六、無産党：五

第一七・一八回総選挙の結果では、無産政党が「キャスティング・ヴォート」を握るなど、あり得ないことである。社会民主主義政党の伸張に期待した吉野であったが、第一七回・第一八回総選挙の結果も、その期待とはまったく裏腹のものとなった。

しかも、経済的には不景気の時代が継続していたにもかかわらず、である。

社会大衆党

満州事変後の侵略主義的な風潮の強まりを受けて、社会民衆党内部にも「ファッショ化」の動きが目立ちはじめた。「国民社会主義」的なこの動きに、なんと吉野の女婿でもある赤松克麿が参加していた。赤松派の分派的な動向と関連して、社会民衆党と全国労農大衆党との戦線統一問題も浮上した。三二年一月二〇日の社会民衆党大会に参加した吉野は、そこで会った松岡駒吉から、麻生久（中間派無産政党である全国労農大衆党の書記長）との面会の機会を作ってほしいという依頼を受けた。すぐに吉野は動き、松岡と麻生の面会が二二日に実現した（吉野日記、一・二二）。ここには、吉野の「フィクサー」的な側面がうかがえる。

そのほぼ一カ月後の第一八回総選挙では、社会民衆党の当選者は三名、全国労農大衆党は二名という結果でしかなく、吉野日記にも、「総計五名とは心細い」（二・二二）と記されている。そういう無産政党不振の状況下、吉野日記（四・一三）に、「麻生久君突然来訪さる」という記事がみえる。麻生は、「国民社会主義」派の赤松派が抜けたばあい、残った勢力が全国労農大衆党との合同を申し出るなら合同する用意があると語ったという。

その後、七月二四日に協調会館で「社民大衆両党の合同結成式」があり、吉野も出かけた。ここに成立した社会大衆党は、委員長に安部磯雄、書記長に麻生久、中央執行委員に浅沼稲次郎・宮崎竜介・片山哲ら二〇名が就任し、吉野はその顧問となった。この社会大衆党は、一九三六年の総選挙で一八議席を獲得するが、それは吉野没後のことである。

この三二年の吉野日記（記述は比較的詳細）からうかがう限りでは、四月の麻生の吉野訪問以降、七月に成立した社会大衆党の結成に吉野が積極的に関与した様子はみえない。つまり、関与の仕方が一九二六年の社会民衆党成立のばあいとは大きく異なっているようにみえる。

時局の臨床診断

吉野の『現代政治講話』（一九二六年）の「緒言」には、「医学に臨床講義あり、法学に判例研究あると同様の意味で、政治の学問に「政論」が顧みられねばならぬ」とある。そして吉野は、自分は「実際政治の評論」を書くことに努力してきたとしたうえで、「ひそかに期するところは政治の学問における臨床講義の開設にあったのだ」と書いている。

吉野は、『中央公論』におびただしい論文を寄せた。そこには、「時論」あるいは「評論」として相対的に短い文章が、ほとんど毎号のように掲載され、そのほかに、「社説」とか「巻頭言」も書かれた。したがって、「臨床診断[14]」は社会運動に関してだけでなく、吉野の「政論」全般、特に中国・朝鮮論や国際政治の分野でもなされた。「半ばジャーナリスト」としての活動である。その特色は、本書に引用した吉野の文章を想起すれば、おのずから明らかであろう。

ここで、吉野の論文のスタイルについて少し述べておきたい。

吉野論文のスタイル

右に「臨床講義」と書いたが、臨床的というより理論的な性格の論文ももちろん存在する。無産政党論で例をとれば、「我が国無産政党の辿るべき途」(『中央公論』一九二七年一月号)がそれである。

しかし、「理論的」といっても、多くの学術論文とは異なり、他の学者の論からの引用がほぼない。それは、「辿るべき途」論文にだけみられる特色ではなく、吉野のいわば本業である政治学分野についてもいえるだろう。たとえば、題名からして理論的な著作を思わせる『近代政治の根本問題』(クララ社、一九二九年)をみると、他の学者の論を参照していることを明示している箇所が皆無ではないけれども、至って少ないことは歴然としている。

吉野のばあい、一九一六年の「本義」論文以降、「自分の政治学を展開する上で、西欧の政治学を参照した様子はほとんど見られない」と、松沢弘陽は指摘している。と同時に、イギリスの政治学に対する親近感を語った吉野の政治学には、

おそらく彼の意識せぬ所で、J・S・ミル、T・H・グリーン、ホブハウス、E・バーカーら、一九世紀後半から二〇世紀前半にかけての英国自由主義の一連の思想家・学者の政治理論に通じる思想が見られる。吉野の場合それは、あくまで当時の日本の現実をふまえながら、そこに早発的に現れつつあった大衆民主政を導きうる政治学、とりわけ政治哲学あるいは政治理論への模索の所産だったといえよう。(15)

と論じている。傾聴すべき説明・解釈というべきであろう[16]。

他学者からの引用がほぼないスタイルになったのは、吉野論文のもっとも重要な発表先となった『中央公論』掲載論文が、「民衆的示威運動を論ず」（一九一四年四月）以来「口述筆記」によるものだったからという事情ももちろん作用しているだろう。と同時に、想定していた読者、あるいは聴衆が、基本的に「民衆」だったということも重要な要素であろう。

それとともに、ヨーロッパ留学中の経験も作用していたかもしれない。つまり、滞欧中の吉野は、もっぱら大学内で研究生活をしたわけではなく、「世間という大きな書物」から学ぶ姿勢を貫いていた。それゆえ、イギリスの政治学に親近性をもっていたにせよ、イギリス社会を仔細に観察していた吉野は、日欧の社会の差異も認識していたはずで、ヨーロッパの政治学理論を、そのまま日本に「適用」すればよいという発想はもたなかったのだと思われる。

論文のスタイルという観点から付言すれば、一九二六年から二七年にかけての時期に日本共産党の理論的指導者となった福本和夫（一八九四～一九八三）は、ドイツ留学で学んだ哲学やレーニンの著作をふまえた難解な論文を発表し、左翼的な若者たちから一定の支持を得ていた。その内容は別として、「文体」という観点からすれば、平明にしていささか冗長な吉野の文体とは対照的であった。

（1）松尾尊兊『中野重治訪問記』一一頁。

（2）早い時期に出た吉野作造のすぐれた評伝に、田中惣五郎『吉野作造　日本的デモクラシーの使徒』（一九五八年）がある。未來社でこの評伝担当の編集者だった松本昌次氏に話をうかがったところ、この本あるいは田中惣五郎は、あまり評価されていなかったが、それは高田師範学校卒という学歴のためだとご本人は考えていたという。田中自身による判断はさておき、吉野作造自身に対する評価がそもそも高くなかったことが作用していたように思われる。

（3）Ⅵでみた中野重治の『むらぎも』では、河原田（吉野）には「娘があった。それが黒田という青年と結婚するらしい。黒田は新人会の先輩で、このごろ国粋社会主義のようなことを言いだしてすっかり会員から憎まれている」とされている。吉野作造の娘明子は、東大生で新人会結成に加わった赤松克麿と結婚したことを勘案すれば、『むらぎも』の黒田が赤松をモデルにしていることは疑いない。

（4）日本の社会民主主義者の多くが右旋回をしたのに対し、たとえばドイツ社会民主党関係者は、強制収容所に送られたり、亡命を余儀なくされたりした場合が多かったから、彼我の違いは大きいといわなければならないだろう。

（5）坂野潤治「〈解説〉天皇制と共産主義に抗して」『吉野作造選集3』所収、一九九五年。

（6）浅沼は、一九六〇年に日本社会党委員長となったが、演説中に刺殺された。

（7）協調会館は、一九二三年竣工。協調会の設立は、渋沢栄一の提案による。なお、梅田俊英・高橋彦博・横関至『協調会の研究』（柏書房、二〇〇四年）に、協調会と吉野との接点について短い記述がある。

（8）鈴木文治『労働運動二十年』三一〇頁。

（9）一九二四年に、スターリンは社会民主主義をファシズムと同一視する見解（社会民主主義主要打撃論）を打ち出し、これが二八年にコミンテルン（国際共産党）による「社会ファシズム論」として定式化された。

（10）『日本無産政党史』白揚社、一九三一年、二五四頁以下。

（11）安部磯雄はまた、一九二四年に日本のフェビアン協会を創設した。フェビアン協会の中心的人物シドニー＝ウェッブがイギリス労働党に理論的な貢献をしたことはよく知られている。一九二〇年代には、ウェッブの著作のうちの数冊が日本語訳された。

また、日本では、『宗教と資本主義の興隆』などで知られる歴史家のR・H・トーニー（一八八〇〜一九六二）は、フェビアン協会のいわば第二世代であり、キリスト教社会主義者であった。吉野への影響は定かではないが、親近性が感じられる。

（12）吉野の『東洋経済新報』連載論文は、一定の手直しを経て、『対支問題』（一九三〇年一二月）として出版された。ただし、これは時事的というより、日清戦争以来の「対支問題」を歴史的に論じた著作である。

（13）松尾『民本主義と帝国主義』一二六頁。

（14）「臨床診断」という表現は、『吉野作造選集10』の今井清一「〈解説〉社会運動の臨床診断」に従う。

（15）松沢弘陽「〈解説〉吉野作造と政治改革」前掲。

（16）一例をあげると、J・S・ミル『代議制統治論』「第十章　投票のやり方について」に、「巨大な害悪すなわち寡頭制支配の圧倒的な勢力に対抗する投票」（岩波文庫、二六三頁）ということばがある。これは、吉野も取り組んだ大正期の普通選挙法権制定を目指す運動の標語だと考えても違和感がない。

Ⅷ　明治文化論と晩年

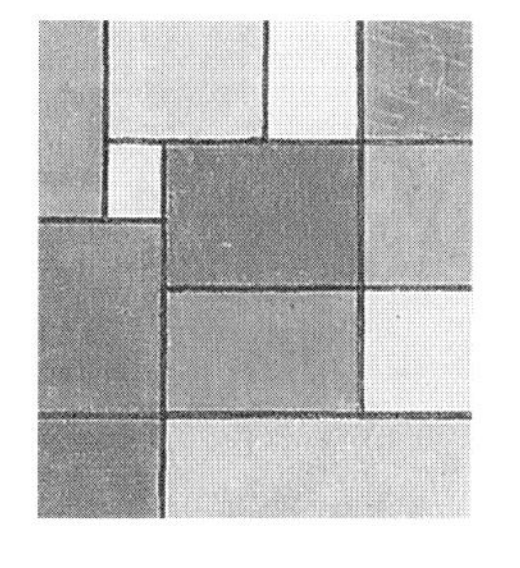

一　明治文化研究

『明治文化全集』

吉野作造の重要な仕事に明治史研究があり、その成果として『明治文化全集』（一九二七年一〇月、日本評論社より刊行開始、三〇年七月に全二四巻完結）の編集があって、「明治史研究の宝庫」ともいわれる。

その『明治文化全集』の体裁は菊大判、一行二九字詰、一段二四行、二段組、一冊の紙数平均六〇〇頁。この一冊を四〇〇字詰め原稿用紙に換算すれば二〇〇〇枚を超える。大冊というべきである。価格は一冊三円。

この全集の刊行に際して出された「内容見本」というべき『明治文化全集書目解題』（以下、『書目解題』）は、この全集の概観を得るには便利なものだが、その冒頭には、「『明治文化全集』刊行に際し　全日本の識者に檄す」という広告文が掲載されている。その文章は、次のように始まる（一部を現代語風に改めた）。

吉野作造博士が日本政治史大成の道程としてその最重要期である明治年代の研究に早くから着目され、多年その資料文献の収集に努め、最近は尾佐竹猛氏、廃姓外骨氏その他この道の権威を集めて明治文化研究会を起され、機関雑誌「新旧時代」を発行し、たゆまず研鑽を積んでいるのは、学界周知の事実です。今や明治文化の研究は博士を中心とする同志諸学者の独壇場の観があるといってもよいでしょう。思うに明治は日本国民生活の更新復興の一大転換期であり、東西新旧の文物がここに錯綜（さくそう）し、世態人情の複雑なこと、その推移発展の急激なことは、実に世界でも稀に見る偉観を呈するところで、現代日本文化発祥の一大酵母をなしているのは、いうまでもありません。

そして、刊行の意義について、「現代日本に自覚的合理的生活をなさんには先ず明治を知らねばなりません」と記している。

明治を対象化する

この広告文は、遠くない過去に関心を向けた仕事として、徳富蘇峰が『近世日本国民史』（これは『国民新聞』に連載されていたもので、のちに全一〇〇巻となる）の仕事に全力を傾注していることをあげ、他方に、改造社が「画期的冒険の下に明治以後の現代日本文学全集の公刊を刊行」したことに言及している。改造社版『現代日本文学全集』（当初は全三七巻・別巻一冊の予定。のち、全六二巻・別巻一冊。一冊目は一九二六年刊）は、一冊の価格が破格の一円と安く、いわゆる「円本」のさきがけとなったものである。

これらの著作によって、「今や明治は全国民の心に新しく甦（よみがえ）ろうとしています」という状況が生まれたとし、『明治文化全集』の刊行が時宜にかなったものであるとする。

一九二〇年代後半は、明治元年から数えて六〇年ほど、大日本帝国憲法の公布から四〇年ほどの時期にあたる。目を最近に転じて、村山富市、小泉純一郎、安倍晋三という三内閣の「総理大臣談話」が戦後五〇年、六〇年、七〇年の節目にあたって出されたことを想起すれば、『現代日本文学全集』や『明治文化全集』の刊行が、昭和初年の日本社会では、過ぎ去った時代のことではなく、「現代的関心」につながるものとして受けとめられたとみることができるだろう。少し時代があとになるが、マルクス主義の立場からする『日本資本主義発達史講座』全七巻（岩波書店、一九三二年～三三年）も、明治維新論をその重要な一環として含んでおり、明治期の政治・経済・文化の研究にはある種の切迫性もあったといえるだろう。

吉野の明治研究の開始時期

では、吉野が明治文化の研究を本格的に開始した時期はいつであったか。吉野日記（二二・一・二）に前年二一年の主な出来事のひとつとして次のように書いている。

夏の初めより日本開国史の研究を思い立ち、資料の収集に着手す。半年の間にかなりの新所蔵を加う。予の学的経歴においてこれまさに一紀元を開くものなり。

ここでは「明治開国史の研究」と書かれていて、「明治文化研究」とはされていないけれども、後に述べる『明治文化全集』につながる仕事が本格的に始まったことが記されている。翌二二年から二四年までの日記には、吉野の古本屋回りの様子が書き留められている。その様子を示す例として、二二年一月の日記から少し抄出してみよう。むろん、まだ東大辞職前のことである。

一月四日の記事に「午前は本郷通りに散歩に出かけ古本をあさる」とある。この月の日記は数日分をまとめて記載しているところが目立つが、引用すれば、

十三日は中央公論に寄すべき「新井白石とヨワン・シローテ」を書く。

十四日は朝のうち古本屋を探す。本よし書店にて切支丹(キリシタン)宗門来由実記という写本と西村茂樹翁の往事談というを求めた。前者は珍本、後者は明治初年の文化の発達を見るに面白いようなり。[1]

十六日に文行堂の番頭、学校に本を持って来る。十冊ばかり買う。中に珍しきは明訓一斑抄と広沢〔真臣〕参議暗殺事件に関する警視庁の調査となり。なお写本にて珍なるもの二、三あり。

といった具合である。

少し注記すれば、「新井白石とヨワン・シローテ」というのは、『中央公論』一九二二年二月号に掲載された論文である。のちにこの論文を含めた『新井白石とヨワン・シローテ』が公刊されたことはすでにⅥで少しふれた。この本の「はしがき」をみよう。

一．明治文化のうち西洋文明に影響された方面を歴史的に研究しようというのがこの数年来の私の題目だ。この立場から色々の本を集め集めた本をそれからそれへと濫読する。面白いと思う節は書き留めておき、やや大切だと思うのは若干詳細なる解説を作ることにしている。「新井白石とヨワン・シローテ」ほか数篇はかくしてできた備忘録の一部である。

二．ヨワン・シローテ正しくはシドチというべきである。今日は多くシドチとして知られている。が、私は白石に敬意を表してことさらに彼の聞いたまま書いたままの原名を存置することにした。これも古書に執着する趣味癖の致すところ、他意に出ずるのではない。

吉野の明治文化研究は、「西洋文明に影響された方面」に限られることなく発展していったが、それはまさに吉野の「学的経歴」に「一紀元を開くもの」であった。

『明治文化全集』の編集者・後援者

吉野は、明治史の研究を彼が個人的に行なう研究にはとどめず、明治文化研究会を組織する方向に向かった。吉野日記に、その最初の集まりに関するものがみえる。朝日新聞社退社後のことである。

夜、明治文化研究会発起人会を開き、雑誌刊行の相談をする。来会者尾佐竹猛、外骨、石川巌、小野秀雄、井上和雄の五君なり。さらにこれに石井研堂、中村勝麻呂、藤井甚太郎の三君を誘う事に相談する。編集に苦はないが出版の事は引き受けるものがあるかが心配なり。（二四・一〇・三〇）

ここに名前がみえる尾佐竹猛（おさたけたけき）（一八八〇～一九四六）は、一九二四年に大審院（現在の最高裁判所）の判事となった人物。尾佐竹の著作『維新前後に於ける立憲思想』（一九二五年）に、吉野が「推薦の辞」を寄せている。それによれば、尾佐竹の明治維新研究はよく知れ渡ったところであり、「幕末から明治の初年に亘ってはもちろんのこと、実は明治から大正にかけての出来事でも、何の問題を持って行ったって同君で埒が明かぬ事はない」し、ことに「根本資料の蒐集に至っては驚くべきほど豊富」だというのである。尾佐竹はまた、『大津事件　ロシア皇太子大津遭難』[2]を著したことでも知られる。

外骨（一八六七〜一九五五）は、ジャーナリストであり、風俗研究家・新聞雑誌研究家であった。一九二七年に、東京帝国大学法学部内に明治新聞雑誌文庫を創設し、資料収集と保存に尽力したことで名高い（『明治文化全集』には、改題執筆者名として宮武外骨という表記もあるが、「廃姓外骨」という表記がしばしば登場する）。小野秀雄（一八八五〜一九七七）は、一九二九年に東京帝国大学に創設された新聞研究室主任となり、四九年に東大新聞研究所の創設に伴い、その初代所長となった人物。石井研堂は、『明治事物起原』で著名であろう。

ここに引いた吉野日記に、出版を引き受ける出版社についての心配が記されていた。その点は、日本評論社が担当することとなった。

先に、『明治文化全集』刊行に際しての『書目解題』にふれた。その冒頭には、「明治文化全集編集同人」が掲載されている。最初に「編集担当代表」として法学博士吉野作造とあり、次に「編集・解題・後援者」として五十音順に四〇名（吉野自身も含めて）の名前が並んでいる。そこには、徳富蘇峰や三宅雪嶺（一八六〇〜一九四五）が名を連ねているのが目を引く。また、東京帝大経済学部の河合栄治郎、本位田祥男、土方成美（のちには河合栄治郎と対立する）の名前もみえる。『明治文化全集』がすこぶる広範な範囲にわたる基本的な、重要な、あるいは興味深い文献の集成という内容を持つものであっただけに、いろいろな「後援者」が必要であったということであろう。

『明治文化全集』の内容と進行状況

吉野は「『明治文化全集』は如何（いか）にして編纂されたか」（一九二七年、⑪一八三以下）というエッセイのなかで、「明治文化研究の基礎的典拠として恥ずかしからぬ定本を供給する」ことをめざしたと明記している。そして、明治文化研究会の研究成果である『明治文化全集』は二四篇に分類された。それを列挙すれば、以下のようである。

> 皇室篇、正史篇、雑史篇、憲政篇、自由民権篇、外交篇、政治篇、法律篇、経済篇、教育篇、宗教篇、文学芸術篇、時事小説篇、翻訳文芸篇、思想篇、外国文化篇、新聞篇、雑誌篇、風俗篇、文明開化篇、社会篇、軍事篇、交通篇、科学篇

吉野のこのエッセイでは、この二四篇の手短な紹介が付されている。一例をあげれば、自由民権篇については以下のようである。

> 封建時代の桎梏（しっこく）に圧されてきた我々の父祖が、西洋の自由思想に触れていかなる感激を覚えたか。その言う所に皮相浅薄の非難を加うる前に、これが実に近代日本国民の発展を促した原動力たるを知らねばならぬ。この事はこの篇に依りて明らかにされる。

『明治文化全集』が半数の一二冊を刊行したとき、吉野は『明治文化全集』に付せられた「月報」（一九二八年一〇月）に「第一二回配本に際して」という文章を寄せている。そこには、次のように書かれている。

比較上の話をするなら、明治文化全集は恐らく今日の出版界にありてはいろいろの意味においてかなりの讃辞を頂戴してもいいものだろうと自負している。少なくとも同人一同はこの仕事に十二分の力を込め事情の許す限り極めて周到なる注意を払って来たことに、精神上皆多大の満足を感じている。

そして、同人の編集会は時として研究会になるとし、この研究会は明治文化全集の刊行が終わっても継続されるだろうと述べている。こういう「緊張したしかも愉快な空気の中で作られるのだというのが、また実に明治文化全集の隠れたる特色の一つでなければならぬ」というのであった。

このように、明治文化研究会は、一種の「知のネットワーク」を構成したものといえよう。その点だけについていえば、明治文化研究会は、一九三〇年代に哲学者の戸坂潤を中心に組織された唯物論研究会（刊行物としては、雑誌『唯物論研究』のほか、『唯物論全書』『三笠全書』の計六六冊）や、第二次世界大戦後に鶴見俊輔ら七名によって創設された思想の科学研究会につながる性格をもっていたと位置づけることができるかもしれない。ただし、基本的文献・資料の収集を軸にしたところは、唯物論研究会や『思想の科学』のばあいとは大きく異なる。

二　明治研究に向かった理由

明治文化研究に向かった理由　ではなぜ吉野は明治文化研究に向かったか。吉野の「明治文化の研究に志せし動機」（一九二六年）という文章は、大日本帝国憲法（明治憲法）成立にかかわる次のような経験を述べている。

一九一八年、東京帝大法科大学の教員の間で、国家学会創立満三〇年記念として、「明治の憲政ならびに経済財政の基本に直接関係した先輩の談話」を記録として残そうという話があり、この学会の委員が編纂をはじめた。「何を差し措いても」その談話を取りたいと考えた相手のひとりが伊東巳代治（一八五七〜一九三四）であった。その理由は、「伊藤〔博文〕公〔爵〕を助けて憲法の起草に与った人々の中一番深く実際の機密に与り、かつ一番多く〔伊藤〕公に献策したものが〔伊東〕氏である」こと、「憲法の基本ともいうべき部分を受け持ったのが氏だ」ということ、「これらの重要部分に関する書類の全部は今日現に同氏の手許に保存されている」こと、という三点である。けれども、いろいろ手を尽くして話を聞かせていただきたいと懇願したにもかかわらず、伊東はこれを拒否したという。

伊東はなぜこのインタヴューを拒んだか。その理由を吉野は次のように推測した。伊東は、明治憲法制定前の自由民権思想と、そこからほぼ四〇年を経た一九一八年当時における日本のデモクラシー運動との間に連続性をみて、明治憲法制定の経緯を明らかにすることがデモクラシー運動を勢いづかせることになると懸念したからではないか、というのである。

吉野は、この推測はあくまで推測にすぎないとしつつも、伊東の拒否に直面したときに、「急に明治文化研究の必要を痛感した」というのである。ここから、吉野の「明治文化研究」が、「老人の閑事業」ではなく、同時代の政治的課題、つまり高揚した憲政擁護の動きを一段と促進させるという課題と密接に関連していたことがうかがえる。

さらなる理由――一九二四年神戸講演　同時代の政治的課題に立ち向かおうという吉野の動機を一段と強めた事件があったと考えられる。明治文化研究会同人のひとりだった藤井甚太郎（一八八三～一九五八）は吉野の動機を次のように説明している。

神戸における朝日新聞社主催の講演会においての先生の講演が、一部の右翼思想の人々から批難せられたことなども、多少は動機となっているかも知れぬと、私は勝手に想像している。(3)

この講演会は一九二四年開催のものであるから、吉野が明治文化研究の開始時期としている二一年夏ののちのことであって、藤井のこの指摘は、時期的につじつまがあわないようにみえる。しかし、この講演をめぐる顚末が吉野の明治研究に拍車をかけたと考えれば、藤井説にも妥当性があるといえるのではないか。

同じく明治文化研究会の同人だった大久保利謙（としあき）（一九〇〇〜九五）も、この研究会は、一方に「明治の事物を愛好するという好事家的側面」をもちつつ、他方では「大正期日本資本主義」が中国侵略に走って行くことになるその動きに対する「言論抵抗」でもあったと語っている(4)。

非立憲的制度をめぐって

吉野は枢密院批判をくり返したが、それは、枢密院が「憲法制定当初の精神からいうと、枢府は天皇最高の顧問府であって、政府と対立する牽制機関」でないのはもちろん、「決して広く国民と何らの交渉をもつ機関でもない」はずなのに、実際には政府と対立する機関になってしまっているからである。

あるいは、より一般化した次のような発言がある（『東朝』一九三一・三・二九）。

我国のような発展を遂げた議会制度の下にあっては、断じて「総選挙によらざる政変」をあらしめてはならないのである。政党内閣主義のやっと固まりかけた今日より近き過去を振返って見ても、政府が総選挙の結果によらず今なお政界に盤踞（ばんきょ）する変態的勢力の圧迫に堪え切れずして天下を投げだした血まなぐさい例は沢山ある。

ここで「変態的勢力」といっているのは、枢密院や帷幄上奏などの仕組みを指している。吉野のこの発言は、一九三一年のものであるけれども、吉野がほぼ同趣旨のことを早くから主張してきたことは明瞭である。とすれば、「憲法制定当初の精神」の究明が非常に重要なテーマとして浮上してくる。それが明治政治史の課題であり、広くいえば明治文化研究につながることは当然である。

明治研究の別の理由

吉野には、現実政治の問題から少し距離を置いた政治史研究の必要性もあった。欧米留学から帰国した一九一三年七月、吉野は東大で政治史の講義を担当していたが、それはまずは欧州政治史であった。その分野における著作としては、『欧州動乱史論』、『欧州戦局の現在及将来』、『戦前の欧州』などがあり、これらは、欧州政治史にかかわる吉野の論文集であった。

また、中国の政治史についても『日支交渉論』、『支那革命小史』、『第三革命後の支那』（二一年）などの著作を残している。

他方、「本義」論文を考えれば、それは基本的に日本の政治を問題にしていたし、『現代の政治』（一九一五年）の「前篇　海の内」は、日本の政治にかかわる「臨床診断」を並べたものではあった。しかし、それらは日本の政治史を軸にしているとはいえなかった。

一九二〇年前後では、近代あるいは明治の日本政治史を講じるためには、まずは資料収集から取りかからなければならない状況にあった。

伊東巳代治の聞き取り拒否に対する対応の延長線上に、吉野は、「私の収集の目的は、明治時代の政治の実相を語り、併せてまたその間の政治思想の発達を語る根本資料を取りそろえて置こうという点にある」（⑫八六）と書いているが、これは、明治政治史が中心的な問題であり、そのための「根本資料」収集が焦点であったことを物語る。

明治維新史料と関東大震災　吉野が明治文化研究に関連する古書収集を本格的に始めたのが一九二一年夏、そこから二年あまり後の二三年（大正一二年）九月一日、関東大震災が起こった。吉野は、一九二〇年秋に、東京市本郷区駒込神明町三二七の新居に移っていた。大震災のとき、その自宅は倒壊を免れたけれども、東大の研究室にあった蔵書の多くが焼失した。その際に、収集していた明治期の古書の多くも失われた。

しかし、何が幸いするかわからないものである。吉野のエッセイ「史料の蒐集――明治文化研究者として」によれば、吉野たちにとって「意外の幸運は〔大正〕一二年の大地震であった」という。地震で土蔵などが壊れ、今さら金をかけて修繕してまで保存しておく必要もなかろうというので、数々の旧大名や公卿華族の蔵書の払い下げがたくさん出た。その半数が、吉野たちの関心の最も高い明治初年の新聞その他の刊行物であった。「地震後約一ヶ年の間に、いかに多くの珍品が私の手に入ったか分からない」（⑫八八）というのである。加えて、同じ理由で、大名華族から学校への蔵書の寄付が相次いだという。

そればかりか、東大の図書館が焼けたというので、地方から本がどしどし東京に入り込む。吉野は多くの本を買い込むので、本屋も古書目録を頻々と送ってくる。「そんなわけで大正一三年は古本収集家にとってもっとも忙しい年であった」というのである。

『明治文化全集』の編集と刊行

『明治文化全集』がその第一回配本として「翻訳文芸篇」を刊行したのは、一九二七年一〇月。時期が少しさかのぼった時期の吉野日記（二七・一・三）に、「新潮社にて明治時代社会思想に関する文献の出版」という企画があったことが書かれているが、これも吉野が監修者になることを前提とした話だった。

それから一週間後の吉野日記に、「日本評論社の鈴木利貞君来る。大正史編纂の件、明治文化全集編纂の件など相談あり」（一・一〇）とあり、二月に入り、「午後日本評論社の鈴木利貞君来る。明治初期文献全集をやる事にする」（二・二二）とある。こうして、出版元は新潮社ではなく日本評論社と定まった。

『明治文化全集』の発行部数については、次のような記述がみえる。

　鈴木利貞君来ての話に明治文化全集は直接申込二百弱、書店を通してのが六百余総計七百余、なお地方の書店より来るべきはずのが外に九百位ある見込み〔中略〕第一回配本の分は五千〔部〕刷るつもりだという。（二七・八・六）

「明治文化講演会」

吉野日記（二九・四・二二）に、吉野が講演をしたという記事がみえる。

　予「憲法発布以前に於ける憲法諸私案」に付いて語る。聴衆三百名余。由りて明治文化を問題とすることのなおまだ多く聴衆を引きつけざることを想わせらる。

というのだが、この講演については『東朝』（二九・四・二〇朝刊）に、「第四十一回朝日民衆講座」

木村毅送別会　中列左から藤井甚太郎、尾佐竹猛、木村毅、吉野作造。吉野作造記念館所蔵

として次のような広告が掲載されている。

> 明治文化講演会　二十二日夜六時　本社講堂
> 不戦条約その他にからんで憲法のことが論議されていますが今月はちょうど本邦最初の憲法ともいうべき「御政体書」が発布された月に当たります。この際明治維新の諸問題を顧みることはすこぶる有意義だと存じます。
> 　明治元年の憲法「御政体書」　法学博士　尾佐竹猛
> 　士族階級の崩壊とその救済　維新史料編纂官　藤井甚太郎
> 　憲法発布以前の憲法私案　法学博士　吉野作造
> 入場券一〇銭　主催　東京朝日新聞社

ここに「不戦条約」というのは、一九二八年八月にパリで締結された「不戦条約」を指している。「憲法のことが議論されている」というのは、この条約のなかに「人民ノ名ニ於テ厳粛ニ宣言ス」という箇所があり、その文言が大日本帝国憲法における天皇主権との関係で問題化したことを指す。二七年四月に成立した政友会の田中義一内閣の時期だった。憲政擁護をめざすはずの民政党は、政友会批判を優先させ、あろうことか「人民ノ名ニ於テ」という文言が「憲法違反」に当たると主張していたのである。

この講演会はむろん『明治文化全集』の宣伝広告という役割をもっていたことは確かであろう。とはいえ、吉野たちの明治文化研究は、歴史研究であるというにとどまらず、時代状況と切り結ぶものでもあったことがここにもあらわれているといえる。

三　明治研究の意義

「我国近代史における政治意識の発生」　吉野の「明治文化研究」が明治維新研究を含んでいたことは当然であった。そして、吉野の明治維新研究は、単なる歴史研究ではなかった。そのことは、吉野の論文「我国近代史における政治意識の発生」（前出）にもうかがえる。その冒頭を引く。

本稿において私の研究せんとする主題は、永い間の封建制度に圧せられ、天下の大政に容喙（ようかい）することを一大罪悪と教え込まれてきた日本国民が、近代に至り、いかにして突如政治をもって我等自身の仕事なりと確信するに至ったかを闡明（せんめい）〔明確化〕せんとするにある。維新当初、万機公論に決するというスローガンの、著しく当時の青年を動かしたことはいうまでもない。たといそ〔れ〕は初め都における少数の先覚者の間だけの問題であったとしても、やがて全国的に勃興せるいわゆる自由民権の運動において、都鄙（とひ）到るところの有識階級が猛然として政界における積極的地位を要求せしの事実は、日本国民の政治的自覚を語るものでなくて何であるか。そして、こうした問題を詳細に究めることは、同時にまた今後において「近代日本の政治思想及び運動の発展を正しく理解する上にも必要であろう。これ私が本稿を草するに至った一つの理由である」というのであった。

つまり、維新当初の「万機公論に決する」という思想は自由民権運動につながり、さらには、大正期、一九一〇年代の憲政擁護運動につながるとも解釈できそうでもある（ただし、二〇世紀初頭の社会民主党などのことは、ここでは言及されていない）。

こう考えれば、明治維新の研究が吉野にとって現代的・政治的意義をもつことは明らかであろうし、吉野の「明治文化研究」は、実践的な意義を有するものだったことがわかる。

近代的政治意識

吉野の政治学・政治史研究について、政治思想史家の丸山眞男（一九一四〜一九九六）は、その論文「政治史・外交史」（一九四七年）で次のように書いている。

政治史及び外交史のアカデミックな研究が起こって来たのは、ほぼ明治三〇年代である。東京帝国大学においては明治三三年（一九〇〇）政治史講座が政治学講座から独立し、明治三九年（一九〇六）には、外交史講座が新設せられた。東大で政治史を専任で担当した最初の教授は吉野作造であった。吉野作造は大正年代における民主主義運動の理論的指導者として著名であるが、彼はまた維新以後の政治史的資料を精力的に蒐集し、これに政治学的照明を与えることによって真に学問的な近代日本政治史の最初の建設者となった。昭和初年以後急激に明治維新史あるいは憲政史の研究が勃興したのは、彼の刺激に俟つところが大きい。〔中略〕吉野博士と並んで、近代日本政治史の研究に大きな貢献をしたのは、尾佐竹猛博士である。(5)

明治維新について、あるいは「維新の精神」について、吉野は、論文「維新より国会開設まで」で、次のように書いている。

> 日本の歴史において明治維新が画期的大変革であるごとく、明治史にありて国会の創設はまた画期的大変革である。〔中略〕
>
> 維新の大精神は何であるか。一言にしていえば「万機公論に決する」の主義である。〔中略〕煎じ詰むれば維新大改革の精神はこれに尽き、これによって始められた新日本の一貫せる国是もまたこれに尽くるのである。（⑪三〇〇～三〇一）

というのであるが、五箇条の誓文に表現された「万機公論に決する」の主義という普遍的・理念的なものが明治維新の画期的なところ、その核心だというのである。吉野の運命を大きく左右した一九二四年の神戸講演も、このような把握に基づいていたのであった。

なぜこのような把握が可能になったのか。そこには、吉野のキリスト教理解とともに、吉野が学生時代に親しんだヘーゲル哲学からの影響もあったであろう。ヘーゲルの歴史哲学は、世界歴史を「自由の意識における進歩」だとみなすものだが、「自由の意識」という理念的・普遍的なものに着目した見方だといえるからである。

『万国公法』　明治期の日本が、明治維新当時に西洋思想を理解する際に、中国経由で理解したというばあいもあった。吉野は、論文「我国近代史に於ける政治意識の発生」で、丁韙良が翻訳したホイートン（恵頓）著の『万国公法』について書いている。

その頃西洋の学問の講明に付いては、支那の方が遙に我国より進んでおった。従って我国は支那の本に依って盛んに西洋の文物を学んだのである。直接蘭書に依って泰西〔西洋〕文明を仕入れた人も無論ないではないが、一般の日本人にとりては、支那の本に依って学ぶ方がはるかに早道でもあり、かつ確実でもあった。⑪二五六）

その際に、『万国公法』が「天地の公道」とか「万国普通の法」とかいうことばで理解されはじめた。(6)

幕末の日本において欧米各国と条約を結ぶばあい、「万国公法」が重要な意味をもつことが幕府の役人にも理解されるようになった。吉野は、「維新当時の政治家学者に唯一の手引きを供給したものは、実に丁韙良の『万国公法』である」（⑪二五六）と判定していた。

丸山眞男は、この『万国公法』と福沢諭吉の『西洋事情』を、何といっても「幕末の二大ベストセラー」だと述べているが、(7) 吉野は、山東出兵（第一次が二七年、第二次が二八年）が強行されるような時代に、近代初頭における日中の文化的関係にも目配りをし、公平な眼で、この『万国公法』に比較的詳しく立ち入って検討していたのであって、そこにも吉野の批判意識が横溢している。

明治文化研究の諸側面

私は、吉野の「明治文化研究」の政治的意義について強調したけれども、この研究のすべてが政治的意義をもっていたとまでいうつもりはない。

吉野自身、「聖書の文体を通して観たる明治文化」（『明治文化研究』一九二八年一月）という文章で、次のように書いている。

明治文化はある意味において怪奇を極めた文化である。その歴史的伝統をたずねずしては到底正体をつかめるものではない。しかしてその中に泳いだ人に取りては、またこれほど自然な居心地のいい文化はないのである。〔中略〕明治文化ほど厄介なものはないが、その相対的地位を正当に認めてこれに接すれば、またこれほど面白いものもない。（⑪二九七〜八）

つまり、研究それ自体が面白かったということはむろんあるし、「怪奇を極めた」なかには、政治以外のことが多いのはもちろんである。

この「聖書の文体……」というエッセイは、久しぶりに出会った吉野の師・海老名弾正の話ではじまっている。海老名は、彼がキリスト教徒になったころ、最初は支那訳の聖書になじんだと回想し、「こういう高遠の思想は漢文でなくては現せるものではないと深く信じ切っていた」と話した。吉野はこの話に「最も著しく興味を覚えた」という。明治期には、「西洋文明」が日本に流入し、その語彙を日本の知識人たちは次つぎと翻訳し、翻訳した熟語（漢語）は中国にも伝わった、とするのが常識的理解であろうが、日本人のキリスト教理解が漢訳聖書に依存していた時期があったというのは、少し考えればなんら不自然なことではない。しかしこれは、日本語訳が中国にもたらされたとする一面的な理解を覆すに足る興味深い話だと思われる。

吉野は同じエッセイで、海老名の話にはもうひとつ面白い点があったという。それは、漢訳にも二種類あり、一方は「ゴット」を「上帝」と訳し、他方は「神」と訳したが、「上帝」訳が専らよろこばれたという海老名の回想である。

そして、この回想についての吉野の感想は、「日本は神国だなどと昔から言って」いるけれども、「神」というのが「異教的」に響いたというものである。つまり、「当時の青年読書生の頭」が「いかに深く儒教に支配」されていたかを想見すべきだ（二九二）というのである。ここに指摘された儒教の支配という現象は、一方で歴史上の事実に関わることはむろんであるが、同時に「日本は神の国」式の国家主義的言説がどこまで「伝統」に根ざすのかという批判につながる。つまり、通俗的な「常識」を覆すところに「面白い点」をみたということであろう。ここまでいくと、話がまた政治的になってしまうが。

明治文化研究会の雰囲気

明治文化研究会の集まりを吉野が楽しんでもいた、ということにはすでにふれた。その楽しみの一端には次のようなところもあった。

古書研究家として知られた斎藤昌三は、改造社版『現代日本文学全集』を受けての『現代日本文学大年表』を公刊した人で、吉野もこの業績を高く評価していた。斎藤の吉野回想文「蒟蒻（こんにゃく）と猥談」によると、明治文化研究会の夕食は「おでんと茶飯に決まっていた」。そして、吉野「先生のお代わりはきまって蒟蒻である。あんなひょろひょろの肉体で、消化の上でもどんなものかと思われる蒟蒻が、おでんの中では最も嗜好物であったらしいのを、自分はいつも不思議に思っていた」と書

き、さらに、

　とにかくこの夕食は僕らには最も楽しい会合の一つであった。集まる者は平均十人前後であったが、飯を食いながら、ないしは食後の番茶をすすりながらの一時は、みんな勝手放題の話題をぶちまけて、政界の話も出ればワイ談も出る。それらを手際よくリードして行く先生の気心のおけない態度は、誠に先生ならではといつも思った。世間から思想的に先生を誤解した向きも多いと聞いていたが、一度でも先生に親しく接した者にはおそらくそんな誤解はあるまいと思う。先生は透徹した思想学界の聖者であることは、決して偶像崇拝者的の言ではないと、門外漢の自分にもよくわかる。（『語る』）

と書いている。吉野の姿が眼前に彷彿するではないか。

『明治文化全集』の売れ行き・その後　明治文化研究会の同人たちとの関係はよかったとしても、経済的には問題は小さくなかった。『明治文化全集』は、当初はそれなりの売れ行きを見込んでいたけれども、その後は部数が減少、二八年六月の日記に、鈴木の話として、「全集はいま若干減じて二千余りなり」と記されている。

『明治文化全集』は採算という点ではきびしかったようで、吉野の中学校時代の同級生でジャーナリストの千葉亀雄は、「何でも日本評論社が、あの明治文化全集を、かなりの損なのに我慢して発行を続けたのも、実は吉野君の熱心にすっかり感心しての、損得かまわずの奉仕だという話を某君に聞いたことがある。その代わり、吉野君も、かなり身銭を切ったらしい。実際、吉野君の明治文化熱は、そんなにも真剣であったのだろう」(『語る』)と回想している。

この「某君」の話が真相に近いのかもしれないが、執筆者・監修者への支払も順調とはいえなかったようで、吉野は、「三年〔一九二八年〕、四年〔二九年〕と二年にわたり、肉をそぎ骨を削るばかりに心身を労して、ともかくもあれだけの物を作った人をただ使って平気でいるとは不都合千万の話だ」(三二・二・一九)と、憤懣をぶちまけている。そして、出版社側の「仕打ちの余りの非道さにさすがの僕もついに堪忍袋の緒」をきって手紙を送った(二・二三)と書いている。快復しない吉野の病気が、経済的・身体的困難を甚だしいものにしていた。

いずれにせよ、『明治文化全集』の当時の売れ行きは、経済恐慌の時代であったことも手伝って、決してかんばしいとはいえなかった[8]。

満州事変の勃発に際して

先にみたように、吉野は朝日新聞社退社からほぼ半年後、肋膜炎を発病し、二五年の前半の約半年を東大病院ですごした。入院などの時期には、無収入となることもあった。二九年九月には結核菌が検出され、以降は体調がすぐれなかった。「この一年はめでたからぬ一年であった。予の発熱もこれで三年越しになる」。(日記、三〇・一二・三一)

しかし、明治文化研究会の例会には熱心に出席し、また、賛育会や家庭購買組合の理事会などにはきちんと出席していた。

一九三一年九月一八日、満州事変の発端となる柳条湖事件が起こった。経済的・身体的な困難のなか、吉野は、この事件に関連して、「民族と階級と戦争」（『中央公論』三二年一月）を発表した。「民族と階級と戦争」論文には、日本が中国に対して有していた「既得権」を認めているように読めるところがあるけれども、それは吉野論文にしばしばみられるレトリックである。吉野の主張は、

> 初めはなるほど単純なる自衛権の発動であったかもしれない。今日では自衛権の意味をよほど広く取らねば××〔説明〕のつかぬことが多い。〔中略〕
>
> ここまで行くと実は××××〔侵略行動〕になるのだ。（⑨三五九〜六〇。××とある伏せ字の起こしは選集編者たちによる推定）

などというところにあり、まずは日本軍の行動への批判に力点があることは明瞭である。

この論文で、吉野は次のような指摘をしている。

> 戦争で勝ったからとて、今に莫大な利権が×××〔取れる〕からとて、全国民がただ一本調子に歓喜するのみなるは決して正義の国日本の誇るべき姿ではない。満州事変に関する問題の全面について国内にもっと自由無遠慮な批判があってもしかるべきではあるまいか。今次の事変は日清戦争や日露戦争などとは全然その性質を異にするものである。
>
> この点において私がもっとも××〔遺憾〕とし同時にまたもっとも意外としたことは二つある。一つは不思議なほど諸新聞の論調が一律に出兵謳歌に傾いていることであり、他は無産党

側からいっこう予期したような自由闊達の批判を聞かぬことである。（⑨三六五）というのである。吉野が無産政党の創設に尽力したことはすでにみた。その無産政党から「自由闊達の批判」が出てこないというのは、吉野にとってはまったく予想外であった。

それとともに吉野が問題視したのは、日本が戦争にふみこんでいるのに、諸新聞はそれを批判するどころかむしろ謳歌しているという点である。これを「意外」だとしているのは、従来、ことに一九二〇年代前半には「自由無遠慮な批判」がそれなりに行われていたのに対し、いまやその批判がすっかり影をひそめたという吉野の認識による。

高野長英全集序　吉野作造と時代状況との関係、またその生き方を考えるとき、吉野の文章のうちで私に印象深いもののひとつは、高野長運編『高野長英全集』第四巻（非売品、一九三一年）に吉野が寄せた「序」である（以下、長英全集序と略称）。

蘭学者・長英は、モリソン号事件に際して幕政批判を敢行したがゆえに蛮社の獄（一九三九年）で捕らえられ、苦難の生涯を送ったことは広く知られている通りである。

長英全集序によれば、高野長運から序文の催促を受けたとき、吉野はたまたま大橋訥庵筆と推定される写本を読んでいた。訥庵は幕末の朱子学者で攘夷論者、「熱狂的な排外主義者」（国史大辞典）であった。その文中に吉野は、「国の賊なる蘭学者」などの「文字の頻出するを見、私は今さらながら往年の蘭学者の苦境を憶うて感慨転たとどめ難きものがあった」と書きはじめる。さらに、当

時の蘭学者は、

> 時としては一命にもかかわるほどの大犠牲をさえ甘受せねばならなかったのだ。かくして私は常に思う、当年の蘭学者はただ単にこの意味においてだけでも尊敬と感謝に値する文明の勇士であると。しかして我が高野長英の如きは、〔中略〕最も勇敢に一生を闘い通し、その悲惨なる最期をもって万世に光耀する斯界の殊勲者ではないか。

と書いている。吉野は、そういう政治批判者・長英が、

> 当時の学者の往々陥るがごとき虚傲の風に捉えられず、世界の形勢を忠実に解して、その間における日本の地位をありのままに見、俗論に阿らず権力を恐れず、常に思うところを赤裸々に吐露するの至誠をもっていた。

と評価する。

この長英全集序を読むと、長英と吉野の姿が重なってみえるところが少なくない。

吉野は、「最も勇敢に一生を闘い通し」たひとであったし、「虚傲の風」に捉えられず、「世界の形勢を忠実に解して」、そこにおける「日本の地位をありのままに」みて、「俗論に阿らず権力を恐れず、常に思うところを赤裸々に吐露するの至誠」を示したというべきである。

四　吉野の遺したもの

最後の論文

吉野は、一九一六年の「本義」論文の発表以降、新聞・雑誌への寄稿などを通じて日本の政治体制の民主主義的な改革をめざして論陣を張ってきた。その吉野の目からみて、満州事変に関する諸新聞の論調はあまりにも萎縮したものと思われたのである。ひるがえって、現代の日本はどうであろうか。ジャーナリズムに「自由無遠慮な批判」は息づいているか。「遠慮」や「自粛」や「忖度」が幅をきかすようになっていないか。気づいてみると、「意外」な状況になっていないか。そういうことを考えさせる力が吉野の生涯と思想からはうかがえる、と私は考える。

この後も吉野は『中央公論』に無署名の「巻頭言」を毎号発表しているけれども、『中央公論』での署名論文としては、「議会から見た政局の波乱」（三二年新年号）が最後となった。伏せ字の多い論文である。

この後に発表された論文に、「スタイン・グナイストと伊藤博文」（『改造』三三年二月号）がある。「政局の波乱」をみつめ、立憲的政治意識によって変革の方向をさぐり、それを明治政治のあり方をかえりみることで厚みのある議論を展開して、吉野の最後を飾る作品となった。

吉野の死

三三年一月、賛育会病院に入院、そして、この病院から三月五日に逗子の湘南サナトリウムに転院した。これより先の二六年五月には、自宅が放火されることまで起きていたが、転院したまさにその日の夜になぜか病室近くで出火があり、寒いなかに避難を余儀なくされ、一〇日余りのちの一八日夜、吉野は逝去したのだった。享年五五。

翌日の新聞に「吉野博士逝く」という見出しの訃報記事があり、その下段に「民本主義の大先覚／華々しい生涯」という見出しのいわば吉野略伝があり、安部磯雄の「主義の一貫に感服」という談話が続いている。「民本主義の大先覚」という新聞の表現からは、吉野の思想を「民本主義」と要約する定型ができていたことがうかがえる（『東朝』三・一九）。

その略伝部分には、「〔東京〕大学においては博士の講義を聴くために学生が朝六時から席を争うという白熱的人気であった」とある。

葬儀は、二一日午後、青山学院大講堂にてキリスト教式で行われた。

式は牧野英一博士の履歴朗読、海老名弾正、安部磯雄両氏の告別の辞があり、〔中略〕令弟の商工次官吉野信次氏挨拶を述べ〔中略〕引き続き一般告別式に移ったが、参列者七百余名を越え、徳富蘇峰、鳩山秀夫、穂積重遠両博士、麻生久、松岡駒吉氏等その他社会運動家一堂に会し、盛会であった。（同紙、三・二二）

南原繁の弔詞

吉野が死去した後、南原繁は『国家学会雑誌』に「弔詞」を掲載した。

> まこと、先生は、永く人類社会の光となるでありましょう。先生を一言でスケッチすれば、自由の人格、自由人であったといえよう。自由は、深い意味において、吉野先生にシンボライズされていた。先生は、一つのイデオロギー、イズムでいうには、余りに自由であった。先生は、マルキシズムには反対であった。ある一つの主義に固まるには、余りに自由な人格であった。もし、先生にして長命であられたとしたら、先生は理想的社会主義になられたのではないかと思う[9]。

南原も、吉野の本質を自由と社会主義にみていたのだった。

第二次世界大戦後しばらくは、日本の歴史学や社会科学の分野におけるマルクス主義の影響はきわめて大きかった。そのため、吉野の考えていたような社会主義は忘れられたかのごとくだったといえよう。しかし、マルクス主義というフィルターを通してものごとをみていなかった南原からすれば、吉野の立場は「理想的社会主義」なのであった。

吉野作造と鈴木安蔵

吉野が、『明治文化全集』刊行開始とほぼときを同じくした「明治

吉野の墓　墓石側面に吉野作造夫妻などの墓誌が刻まれている。東京・多磨霊園。著者撮影（2018年4月27日）

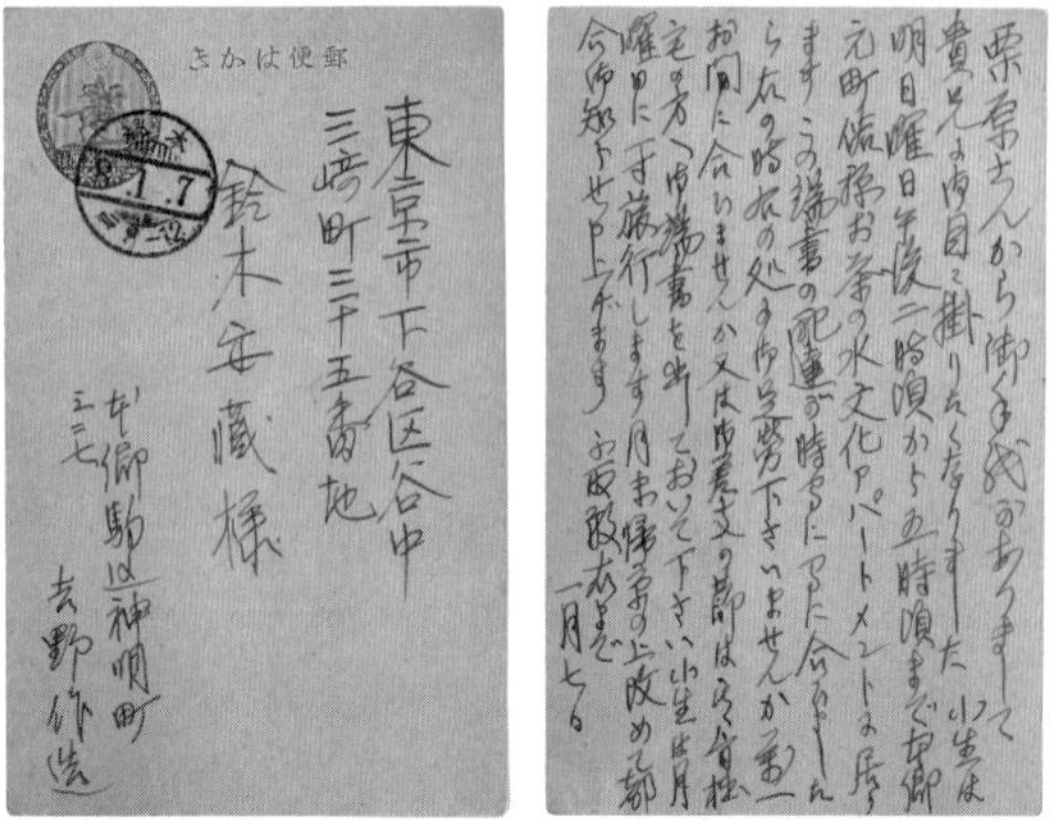

吉野作造から鈴木安蔵への葉書　昭和8年1月7日の消印。吉野作造記念館所蔵

文化講演会」で、「憲法発布以前の憲法私案」について講演したことはすでにみた。この「憲法私案」つまり自由民権運動時代の私擬憲法について研究した鈴木安蔵について最後にふれておく。

鈴木安蔵（一九〇四～一九八三）は、日本国憲法の制定に際してのGHQ草案に影響を与えたといわれる「憲法研究会草案」の作成に関与した憲法学者である。福島県に生まれ、仙台の第二高等学校を経て京都大学文学部に入学。のち、経済学部に転じ、河上肇の指導を受けた。

鈴木と吉野作造の出会いとその内容について、原秀成『日本国憲法制定の系譜I――戦争終結まで』[10]は、詳細な検討を行っている。その要点をごく簡略に記そう。

三二年九月に上京した鈴木は、妻俊子の父・栗原基を通じて吉野作造に面会を依頼した。俊子の兄・栗原佑と鈴木安蔵は京大時代の学友だった。佑と俊子の父・栗原基は、第二高等学校以来の吉野の友人で、本郷教会では吉野と雑誌『新人』の編集をともにした間柄であった。吉野から鈴木安蔵にあてた葉書（三三年一月七日の消印）が残されているが、翌八日に、吉野と鈴木は面会して二時間ほど語りあった。

吉野は鈴木にドイツと日本の憲法史の研究の意義を語り、また、小野梓の『国憲汎論』（一八八五年）などの必読文献を教示した。

そして、三三年三月五日、つまり吉野の逝去のほぼ二週間前、賛育会病院に入院中の吉野は、鈴木と会い、面会謝絶中のところ、一時間も話しあったという。

吉野の死後、明治文化研究会の運営をしていた尾佐竹猛は、一九三七年創設の衆議院憲政史編纂会の委員長になった。尾佐竹は鈴木をこの委員会の委員に加え、鈴木はその仕事として、植木枝盛らの自由民権運動家たちの文書を、高知の図書館で書き写した[11]。

一九四五年一〇月、高野岩三郎の提案で、鈴木安蔵・杉森孝次郎・森戸辰男なども加わった憲法研究会が結成された。そして、この会は同年一二月二六日、作成した草案を「憲法草案要綱」として内閣へ届け、記者団に発表した。また、GHQには英語の話せる杉森が持参した。この要綱では、天皇制の存続は認めているものの、人権規定においては、留保を付すことはなく、具体的な社会権、生存権を規定している。

この要綱には、「GHQが強い関心を示し、通訳・翻訳部（ATIS）がこれを翻訳するとともに、民政局のラウエル中佐から参謀長あてに、その内容につき詳細な検討を加えた文書が提出されている。また、政治顧問部のアチソンから国務長官へも報告」

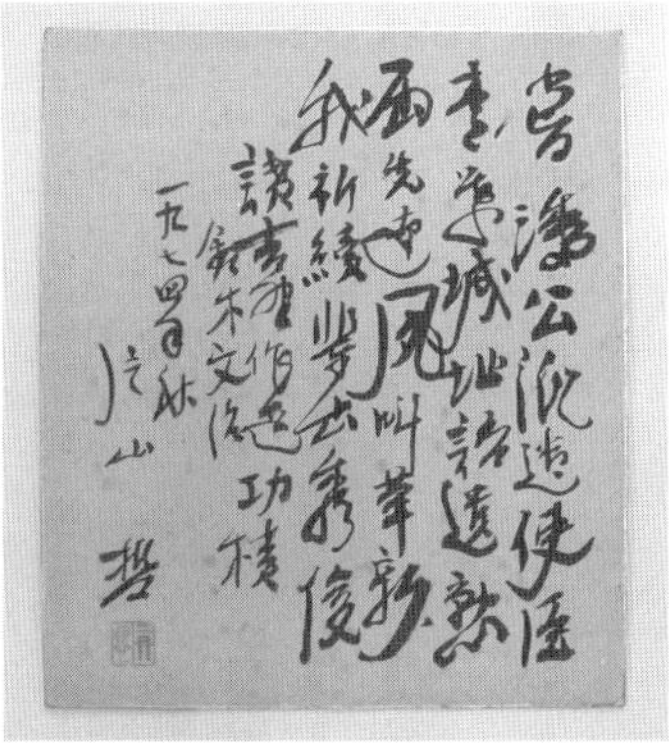

片山哲の色紙　片山哲が吉野作造と鈴木文治の先見性と功績をたたえている。吉野作造記念館所蔵

されたという[12]。

この「憲法草案要綱」には、鈴木安蔵の研究した植木枝盛の憲法構想も反映されているとされている。

このようにみるならば、日本国憲法の制定に影響を与えたとされる「憲法草案要綱」の成立には、間接的ながら吉野作造の考えが流れ込んでいるといえるのではなかろうか。

（1）西村茂樹の作品は「往事談」ではなく「往事録」である。福地桜痴に「懐往事談」があり、混同したのであろう。両書とも、東大の「吉野文庫」目録に記載がある。
（2）『大津事件』の原題は「露国皇太子大津遭難　湖南事件」（一九二九年）である。岩波文庫版『大津事件』の「解説」（三谷太一郎）を参照。
（3）藤井甚太郎「明治文化研究の土台を築いた吉野作造先生」『明治文化全集』再版（一九五五年）「月報」所収。
（4）大久保利謙『近代日本史学事始め』岩波新書、八四頁。
（5）『丸山眞男集』第四巻、一七一～二頁。丸山の指摘は政治学に即しての評価だが、加藤陽子は、「私は、最も多数の国民を対象とした歴史学を日本においてつくりあげたのは、吉野作造ではないかと考えています。吉野は、西欧、中国、日本という三つの地域の政治史を初めて本格的に講じた先生です」と述べているが、それは、近代とはなにかと問い、国民のなかに「近代的政治意識」が誕生したときだと把握したことによるというのである（加藤『戦争まで』七六頁）。
（6）丸山眞男の論文「近代日本思想史における国家理性の問題」（『丸山眞男集』第四巻所収。丸山の『忠誠と反逆』

にも採録）は、ホイートンの『万国公法』に関する吉野・尾佐竹の研究を「日本における国際法の輸入の過程」を明らかにしたものだと位置づけていた。

（7）丸山眞男・加藤周一『翻訳と日本の近代』岩波新書、一一九頁。

（8）吉野は、「明治文化史」の「製作」とともに、「明治文化大字彙（じい）」つまり辞典を早く完成させたいと熱望していた。吉野は、親友の今井嘉幸あての手紙（三一年三月七日）で、今は経済不況で出版社が引き受けてくれないので、大阪朝日新聞社に出版を打診してみてほしいと依頼している。その際、明治文化字彙を「作る資格のあるもの今日三宅〔雪嶺〕、徳富〔蘇峰〕の二翁を措いて僕のほかにないと自信している」と書いている。ただ、「生活に追われながらの仕事」で「甚だ焦慮の至り」だとも書いていた（別巻、六三以下）。

（9）『聞き書　南原繁回顧録』前掲、二三三頁。

（10）原秀成『日本国憲法制定の系譜Ⅰ――戦争終結まで』日本評論社、二〇〇四年。

（11）大久保利謙は、憲政史編纂の仕事で、鈴木安蔵や林茂が「高知の図書館に行って、植木枝盛・片岡健吉文書を写してきています。戦災で原本が焼けてしまいましたから、この写本がいまは原本です」と語った（大久保『日本近代史学事始め』）。

なお、『明治文化全集』では、植木枝盛の『民権自由論』について、吉野が「解題」を執筆している。

（12）http://www.ndl.go.jp/constitution/shiryo/02/052shoshi.html（二〇一七年九月五日アクセス）

あとがき

清水書院の渡部哲治さんとの間では、本書は吉野作造の民本主義論一〇〇年を期して二〇一六年に出版をという話になっていたけれども、ずいぶん遅れてしまい、渡部さんには執筆の遅れのお詫びをしなければならない。結果的には、吉野生誕の一八七八年から一四〇周年の出版ということになった。いずれにせよ、ともかくも執筆を終えることができ、安堵するとともに、本書を「人と思想」シリーズの一冊として書かせていただいたことにお礼を申し上げる。

吉野が論じた対象あるいは言及した時期の主なるものは、大正期日本の政治はもとよりとして、第一次世界大戦前後のヨーロッパ、辛亥革命前後から国民革命期の中国、三・一独立運動前後の朝鮮、そして、時代をさかのぼって近代日本の黎明期・明治維新期と、じつに幅広い。それらを、吉野は、民本主義あるいは民主主義論、社会民主主義論、中国・朝鮮論、明治文化論として精力的に、また、相互に関連させて論じた。それらの世界を覗いているうちに、その広がりと面白さにとらえられ、この本の執筆に思いのほか時間がかかってしまった。

本書を書き終えるまでには多くの人びとのお世話になったが、ここでは最近ことにお世話になったかたがたに言及するにとどめる。清水書院の編集者渡部さんには、原稿を通読して、数多くの有益な指摘をしていただいた。本書が読みやすいものになっているとすれば、それは渡部さんのお力によるところが大きい。また、清水書院で本書の編集を担当くださった杉本佳子さんにも厚くお礼を申し上げる。吉野作造記念館の小嶋翔さんには、本書掲載写真についていろいろとご配慮いただいた。

そして、『吉野作造選集』の編者でもある故松尾尊兊先生のことはここに記しておかなければならない。初対面の二〇〇八年から逝去された一四年まで、お住まいの京都までほぼ毎年一度出向き、お話をうかがい、大いに刺激を受けた。先生から吉野作造について直接にお話をうかがう機会は少なかったけれども、本書執筆にあたり、先生の諸著作から多大の恩恵を受けた。深く感謝の意を表したい。

最後に、本書の執筆中、さまざまな配慮をしてくれた連れ合いのまり子にも感謝したい。

二〇一八年五月

太田　哲男

吉野作造年譜

西暦	年齢	吉野に関わる事柄	歴史上の事項
一八七八（明治一一）		一月二九日、宮城県志田郡大柿村九六番地（現在の大崎市）に、父吉野年蔵、母こうの長男として誕生。戸籍名は作蔵（のち作造と改名）。	
八四	6	三月、古川尋常小学校に入学。	
八八	10	四月、古川高等小学校へ。九二年三月、高等小学校を首席で卒業。	
八九	11		二月、大日本帝国憲法発布。
九一	13	長姉志め死去し、夫和平が吉野家の相続人となる。	
九二	14	六月、新設の宮城県尋常中学校（校長・大槻文彦。現仙台一高）に入学。九七年三月、首席で卒業。	
九七	19	九月、第二高等学校法科（仙台）に入学。 この年、尚絅女学校長アニー・S・ブゼルのバイブル・クラスに出席。	
九八	20	七月、仙台浸礼（バプテスト）教会で、中島力三郎牧師により受洗。	

年	年齢	事項	一般事項
九九	21	阿部たまのと結婚。	
一九〇〇	22	九月、第二高等学校法科を二番で卒業。同月、東京帝国大学法科大学（のちの法学部）政治学科に入学。一木喜徳郎の講義を受講。入学後まもなく、東京帝国大学学生基督教青年会（東大ＹＭＣＡ）に入会、中央学生基督教青年会館に入寮。長女信誕生。海老名弾正牧師の弓町本郷教会に通う。一九〇〇年末ころから本郷教会機関誌『新人』の編集に協力。	
〇一	23	三月、夫人・長女信とともに上京、本郷金助町に住む。九月、帰国した小野塚喜平次の政治学講義を受講。社会主義者の講演会に出席、安部磯雄、木下尚江の講演を聞く。	五月、社会民主党結成（一八日結成、二〇日禁止）。
〇二	24	九月、『国家学会雑誌』幹事（～〇五年五月）。次女明（のち、赤松克麿と結婚）誕生。	
〇三	25	九月、穂積陳重教授の法理学演習に参加。一一月、エスペラントの学習を開始。	
〇四	26	二月、本郷教会に正式に転入。七月、法科大学政治学科を首席で卒業し、大学院に入学。九月、論文「ヘーゲルの法律哲学の基礎」を発表。翌年一月、単行本として刊行。	二月、日露戦争はじまる。

一九〇五	27	島田三郎・海老名弾正・浮田和民らと朝鮮問題研究会を企画。	九月、日露講和条約調印。講和反対国民大会、騒擾化（日比谷焼打ち事件）。
〇六	28	一月、梅謙次郎の斡旋で、袁世凱長男袁克定の家庭教師を引き受け、妻・三女とともに中国・天津へ（一時、奉天へ）。	
〇七	29	九月、新設の北洋法政学堂教習となり、政治学と国法学を担当（日本語で講義）。今井嘉幸が同僚となる。中国共産党の創立に加わった李大釗も学生として在籍。	
〇九	31	一月、ほぼ三年にわたる中国生活を終え、帰国。 二月、東京帝国大学法科大学助教授、担当は政治史。	
一〇	32	四月一五日、欧米留学に出発。留学に際し、海老名・徳富蘇峰を通じて、後藤新平から年額五〇〇円の援助を受けることになる。ハイデルベルクへ。 一三年までに、ウィーン、ベルリン、パリ、ロンドンなどに滞在。また、小都市シュヴェルム、農村のリーデンハイムなどに滞在。この間、佐々木惣一、牧野英一、中田薫などと親交。独・仏・伊・英の各語の学習・稽古につとめる。 ロンドンで議会、トインビー・ホール、貧民窟を訪問。ウ	五月、大逆事件の検挙開始。 八月、韓国併合に関する日韓条約調印。

年	年齢	事項	一般事項
一一		ィーンで大規模なデモを観察、ベルギーでストライキの見聞。	一〇月、辛亥革命。
一二			一月、中華民国成立。
一三（大正二）	35	五月、ロンドンから渡米、ニューヨークからシアトル経由、横浜到着は七月三日。 七月、東京帝国大学の政治史講座担当。 九月、政治史の講義でヨーロッパの社会民主党の動向を扱う（一九一三年度講義録が矢内原忠雄筆記ノートとして残存）。朝鮮人の金雨英に会う。	
一四	36	一一月、『中央公論』編集者の滝田樗陰の訪問を受ける。 二月、寺尾亨の依頼で、政法学校で政治史講師（～一九年六月）。 三月、群馬県安中で講演。湯浅治郎、柏木義円（牧師）との交流開始。春、本郷区千駄木町五一番地に転居。 七月、教授に昇任。	七月、第一次世界大戦勃発。
一九一五	37	一月、『中央公論』に「欧州動乱史」を連載し、八月『欧州動乱史論』（警醒社書店）刊行。 六月、孫文の講演、そのあとともに会食。『日支交渉論』（警醒社書店）刊行。	五月、対華二一カ条要求。

年	年齢	事項	一般事項
		九月、法学博士の学位を受ける。	
一六	38	一月、「憲政の本義を説いて其有終の美を済すの途を論ず」（『中央公論』）。 このころ、頭山満・寺尾亨から依頼され、中国革命史の研究を開始。殷汝耕・戴天仇を紹介される。 五月、『欧州戦局の現在及将来』（現代の政治第二）（実業之日本社）刊行。 六月、「満韓を視察して」で、朝鮮同化政策を批判。	
一七	39	三月、東大YMCA理事長となる。 八月、『支那革命小史』（万朶書房）刊行。	三月、ロシア（露暦）二月革命。 一一月、一〇月革命。
一八	40	二月、東大YMCAで社会主義について公開講演。 三月、賛育会設立に参加し、理事に就任。 四月、シベリア出兵論を批判。 九月、「米騒動に対する一考察」（『中央公論』）。 一一月、吉野と浪人会、立会演説会。 一二月、福田徳三・今井嘉幸らと黎明会設立（～二〇年夏）。	一月、アメリカのウィルソン大統領による「一四カ条」発表。八月、シベリア出兵、米騒動。 一〇月、白虹事件（大阪朝日新聞筆禍事件。長谷川如是閑、大山郁夫ら退社）。 一一月、ドイツ革命。世界大戦終結。 一二月、東大生の赤松克麿・

一九	41	三月二二日、黎明会講演会で、日本の朝鮮統治策を批判。 四月、『普通選挙論』（万朶書房）刊行。 五月、東京における五・四運動で検挙された中国人留学生の救援に奔走。吉野「北京学生団の行動を漫罵するなかれ」（『中央公論』「巻頭言」六月号）。 六月、「民本主義・社会主義・過激主義」で社会民主主義を是認。 八月三〇日～九月一日、友愛会七周年大会、「大日本労働総同盟友愛会」と名称変更。（翌年に「大」を削除）。吉野は引き続き評議員。 九月、東大法学部政治学講座兼担。父年蔵没。国際労働会議労働代表問題で奔走。 一二月、家庭購買組合を設立、理事長に就任。	宮崎竜介ら、新人会を結成。 一月、パリで講和会議（六月、条約調印）。 二月、在日朝鮮留学生、独立期成宣言書（二・八独立宣言）発表。長谷川如是閑・大山郁夫ら、雑誌『我等』創刊（～三〇年二月）。 三月一日、朝鮮で三・一独立運動はじまる。五月、五・四運動。
一九二〇	42	一月、森戸辰男の論文「クロポトキンの社会思想の研究」問題化（森戸事件）。特別弁護人として出廷。 五月、森本厚吉が文化生活研究会を創設し、『文化生活研究』創刊。吉野は有島武郎とともに顧問となり森本を援助。 一一月、日本・朝鮮・中国の社会主義者による「コスモ倶	一二月、日本社会主義同盟成立（二一・五・二八解散命令）。

年	年齢	事項	一般事項
		楽部」組織化、吉野も入会。	
二一	43	秋、本郷駒込神明町三二七番地に転居（終のすみかとなる）。 六月、日本開国史研究を思い立ち、資料の収集に着手。 九月、軍備縮小同志会成立。尾崎行雄、島田三郎、堀江帰一とともに発起人となる。	一一月、海軍軍縮と極東問題のため、ワシントン会議開始（〜二二・二・六）。
二二	44	二月、『東京朝日新聞』に「所謂帷幄上奏について」を発表し、統帥権の独立を批判。 九月、『二重政府と帷幄上奏』（文化生活研究会）刊行。	
二三	45	九月一日、関東大震災で自宅は無事だったが、大学研究室の蔵書の多くを焼く。 一〇月、朝鮮人虐殺問題に関する決議文をもち、堀江帰一とともに首相・内相・法相を歴訪。賀川豊彦による江東方面での救助活動を支援。「朝鮮人虐殺事件について」（『中央公論』二三年一一月）を発表。	九月一日、関東大震災。二日以降、朝鮮人に対する迫害。 九月一六日、憲兵大尉甘粕正彦ら、大杉栄・伊藤野枝ら殺害。
二四	46	二月、東大教授の職を辞し、朝日新聞社に入社。 三月、東京帝国大学法学部講師となる。学内に特に研究室を与えられる。 同月、神戸での「現代政局の史的背景」講演、問題化。 三〜四月、『大阪朝日新聞』に論説「枢府と内閣」連載。 五月、前記講演と論文が問題化し、朝日新聞社に退社を求	一月、イギリスで労働党内閣成立（首相マクドナルド）。 五月一〇日、第一五回総選挙、護憲三派大勝。

年	年齢	事項	社会の動き
		められる。六月、東京地方裁判所検事局から出頭を求められる。朝日退社。七月、不起訴確定。 一〇月、明治文化研究会を設立。 一一月下旬、肋膜炎を発病。	
一九二五	47	一月、東大病院に入院（～六月二七日）。	三月、普通選挙法成立。
二六	48	五月九日、自宅が放火される。 九月、賛育会が財団法人として認可され、理事長に就任（没時まで）。 一一月、安部磯雄（早稲田大学）、堀江帰一（慶應大学）、吉野作造の三教授による新政党組織促進に関する声明書。 一二月五日、社会民衆党結成。中央執行委員会議長安部磯雄、中央執行委員鈴木文治、島中雄三、書記長片山哲。	七月、蒋介石（国民革命軍）、北伐を開始。
二七（昭和二）	49	三月、『無産政党の辿るべき道』（文化生活研究会発行）刊行。 一〇月、中田薫の進言により、東大総長古在由直の学生問題の顧問として遇される。『明治文化全集』（日本評論社）刊行開始、三〇年七月に全二四巻完結。藤井悌（協調会）・矢次一夫らと相談してきた雑誌『社会運動』刊行（一	四月、蒋介石が上海で反共クーデタ。田中義一内閣成立。 五月、山東出兵（第一次）。

年	年齢	事項	社会事項
		回のみの発行）。一二月、論文「我国近代史における政治意識の発生」（『政治学研究』所収）。	
二八	50	二月、普通選挙法の下での最初の総選挙実施。総選挙で無産党候補の応援に奔走。	四月、第二次山東出兵。六月、張作霖爆殺事件。
二九	51	一月、『明治文化研究』の編集人兼発行人となる。八月、『日本無産政党論』（一元社）刊行。一二月、病気で伏せる。	
三〇	52	二月、『現代憲政の運用』（一元社）刊。「統帥権の独立と帷幄上奏」（『中央公論』七月号）を発表し、政府を援護。一二月、『対支問題』（日本評論社）刊。	一月、ロンドン海軍軍縮会議開催（～四月）。
三一	53	健康すぐれず。	九月一八日、満州事変の発端・柳条湖事件。一二月、国際連盟、柳条湖事件の調査のため、リットン委員会を組織。
三二	54	「民族と階級と戦争」（『中央公論』三二年一月。伏せ字多数）を発表、満州事変を批判。七月、社会大衆党結成、吉野は顧問に就任。	
三三	55	一月、鈴木安蔵に会い、憲法制定史研究について話す。賛	一月、ドイツでヒトラー内閣

育会病院に入院。

二月、生前最後の発表論文「スタイン・グナイストと伊藤博文」（『改造』三三年二月）を発表。

三月五日、逗子の湘南サナトリウムに転院。その日の夜に病室近くで出火。

三月一八日夜、吉野逝去。享年五五。

二一日午後、青山学院講堂にて告別式がキリスト教式で挙行。

成立。

※この略年譜は、『吉野作造選集』別巻所収の松尾年譜、田澤晴子『吉野作造』巻末年譜、吉野日記などを参照し、また本書の記述を取り込んで作成した。

参考文献

一 吉野作造の著作

（1） 基本文献は『吉野作造選集』一六冊、松尾尊兊・三谷太一郎・飯田泰三編、岩波書店、一九九五～九七年。この選集は、テーマ別に巻を編集することを基本にしているので、この選集の巻名から、吉野の著作の概要をうかがうことが可能であろう。

1巻 政治と国家／2巻 デモクラシーと政治改革／3巻 大戦から戦後への国内政治／4巻 大戦後の国内政治／5巻 大戦期の国際政治／6巻 大戦後の国際政治／7巻 中国論一／8巻 中国論二／9巻 朝鮮論 付・中国論三／10巻 社会運動と無産政党／11巻 開国と明治文化／12巻 随筆／13巻 日記一／14巻 日記二／15巻 日記三／別巻 書簡・年譜・著作年表ほか。

各巻の巻末には、それぞれ「解説」が付されている。

この『選集』以前の吉野の著作集としては、『吉野作造博士民主主義論集』全八冊（新紀元社、一九四六～四八年）がある。

（2） 吉野の著作の復刻版・四冊（みすず書房、一九八八年）

『古い政治の新しい観方』、『現代政治講話』、『日本無産政党論』、『現代憲政の運用』

（3） 吉野の生前に刊行された著作の多くは、国立国会図書館デジタルコレクションに収録されているので、ウェブサイトでアクセス可能である。

（4） 吉野の論集

『中国・朝鮮論』松尾尊兊編 ―― 平凡社・東洋文庫161 一九七〇

『吉野作造』日本の名著48　三谷太一郎編 ―― 中央公論社　一九七二
『吉野作造論集』三谷太一郎編 ―― 中公文庫　一九七五
『吉野作造評論集』岡義武編 ―― 岩波文庫　一九七五
『吉野作造集』近代日本思想大系17　松尾尊兊編 ―― 筑摩書房　一九七六
『吉野作造政治史講義　矢内原忠雄・赤松克麿・岡義武ノート』―― 岩波書店　二〇一六
『憲政の本義　吉野作造デモクラシー論集』―― 中公文庫　二〇一六

二　吉野の伝記や研究書

川原次吉郎『古川餘影』非売品（復刻版＝吉野作造記念館、一九九五）―― 一九三三
赤松克麿編『故吉野博士を語る』（復刻版＝吉野作造記念館、一九九五）―― 中央公論社　一九三四
田中惣五郎『吉野作造　日本的デモクラシーの使徒』―― 未來社　一九五八（三一書房　一九七一）
田澤晴子『吉野作造　人世に逆境はない』―― ミネルヴァ書房　二〇〇六
松本三之介『吉野作造』―― 東京大学出版会　二〇〇八
尾崎護『吉野作造と中国』―― 中央公論新社　二〇〇八

『吉野作造記念館研究紀要』吉野作造記念館。創刊号（二〇〇四年）から第一三号（二〇一七年）まで刊行されていて、さまざまな観点からの論考が掲載されている。資料という点で注目すべきは、第三号（二〇〇六年）掲載の「吉野作造追悼文特集――『故吉野博士を語る』以外」である。また、吉野作造記念館のウェブサイトも参考になる。この記念館に所蔵されている資料については、『吉野作造記念館所蔵資料目録（二〇一二年度版）』参照。

＊吉野作造記念館　宮城県大崎市古川福沼一丁目二一－三

三　その他の参考文献

河野密・赤松克麿・労農党書記局共著『日本無産政党史』――白揚社　一九三一
赤松克麿『日本社会運動史』――岩波新書　一九五二
朝日新聞大阪本社社史編修室編『村山龍平伝』――朝日新聞社　一九五三
飯田泰三『批判精神の航跡　近代日本精神史の一稜線』――筑摩書房　一九九七
『石橋湛山評論集』松尾尊兊編――岩波文庫　一九八四
伊藤武雄『満鉄に生きて』――勁草書房　一九六四
伊藤之雄『政党政治と天皇』日本の歴史22――講談社　二〇〇二（講談社学術文庫　二〇一〇）
伊藤之雄『元老　近代日本の真の指導者たち』――中公新書　二〇一六
井上寿一『政友会と民政党』――中公新書　二〇一二
梅田俊英・高橋彦博・横関至『協調会の研究』――柏書房　二〇〇四
大島清『高野岩三郎伝』――岩波書店　一九六八
太田哲男『大正デモクラシーの思想水脈』――同時代社　一九八七
太田哲男『若き高杉一郎　改造社の時代』――未來社　二〇〇八
太田哲男『清水安三と中国』――花伝社　二〇一一
『大山郁夫著作集』第三巻（社会改造の根本精神）――岩波書店　一九八八
岡本隆司『袁世凱　現代中国の出発』――岩波新書　二〇一五
片山哲『安部磯雄伝』――毎日新聞社　一九五八
加藤陽子『戦争まで』――朝日出版社　二〇一六
鹿野政直『大正デモクラシー』日本の歴史第27巻――小学館　一九七六

鹿野政直編『大正思想集Ⅱ』近代日本思想大系34――筑摩書房　一九七七
『鹿野政直思想史論集』第1巻――岩波書店　二〇〇七
川島真『近代国家への模索　一八九四〜一九二五』シリーズ中国近現代史②――岩波新書　二〇一〇
木佐木勝『木佐木日記』上・下――中央公論新社　二〇一六（原本＝図書新聞社　一九六五）
佐々木惣一『立憲非立憲』――講談社学術文庫　二〇一六
杉森久英『滝田樗陰』――中公文庫　二〇一七
鈴木文治『労働運動二十年』――一元社　一九三一
ヘンリー＝スミス『新人会の研究』松尾尊兊・森史子訳――東京大学出版会　一九七八
『孫文選集』第三巻――社会思想社　一九八九
竹内好『日本とアジア』――ちくま学芸文庫　一九九三
武田晴人『帝国主義と民本主義』日本の歴史19――集英社　一九九二
『田中浩集』第四巻「長谷川如是閑」――未來社　二〇一三
『田中浩集』第七巻「ヨーロッパ・近代日本　知の巨人たち」――未來社　二〇一三
成田龍一『大正デモクラシー』日本近現代史④――岩波新書　二〇〇七
南原繁・蠟山政道・矢部貞治『小野塚喜平次　人と業績』――岩波書店　一九六三
『長谷川如是閑集』第一巻――岩波書店　一九八九
『長谷川如是閑評論集』飯田泰三・山領健二編――岩波文庫　一九八九
原秀成『日本国憲法制定の系譜Ⅰ――戦争終結まで』――日本評論社　二〇〇四
坂野潤治『日本憲政史』――東京大学出版会　二〇〇八
坂野潤治『近代日本の国家構想』――岩波書店　一九九六

深町英夫『孫文　近代化の岐路』――岩波新書　二〇一六
『藤田省三著作集』7「戦後精神の経験Ⅰ」――みすず書房　一九九八
松尾尊兊『大正デモクラシー』――岩波書店　一九七四
松尾尊兊『普通選挙制度成立史の研究』――岩波書店　一九八九
松尾尊兊『大正デモクラシーの群像』――岩波書店（同時代ライブラリー）一九九〇
松尾尊兊『大正時代の先行者たち』――岩波書店（同時代ライブラリー）一九九三
松尾尊兊『民本主義と帝国主義』――みすず書房　一九九八
松尾尊兊『中野重治訪問記』――岩波書店　一九九九
松尾尊兊『わが近代日本人物誌』――岩波書店　二〇一〇
松尾尊兊『大正デモクラシー期の政治と社会』――みすず書房　二〇一四
『丸山眞男集』第四巻――岩波書店　一九九五
丸山眞男・加藤周一『翻訳と日本の近代』――岩波新書　一九九八
丸山眞男・福田歓一編『聞き書　南原繁回顧録』――東京大学出版会　一九八九
三谷太一郎『大正デモクラシー論　吉野作造の時代』第3版――東京大学出版会　二〇一三
宮崎滔天『三十三年の夢』（島田虔次・近藤秀樹校注）――岩波文庫　一九九三
森戸辰男『思想の遍歴・上・クロポトキン事件前後』――春秋社　一九七二
森本厚吉『生存より生活へ』――文化生活研究会出版部　一九二一
森本厚吉伝刊行会『森本厚吉』――河出書房　一九五六
『山川均全集』第1巻――勁草書房　二〇〇一
山口昌男『「敗者」の精神史』――岩波書店　一九九五

山室信一『日露戦争の世紀 連鎖視点から見る日本と世界』――岩波新書 二〇〇五
吉田千代『評伝鈴木文治』――日本経済評論社 一九八八
吉野源三郎編著『日本における自由のための闘い 『世界』座談会集Ⅱ』――評論社 一九七〇

さくいん

【人　名】

吉野　作造■人と思想196　定価はカバーに表示

2018年 8 月16日　第 1 刷発行©

・著　者 ……………………………… 太田(おおた)　哲男(てつお)
・発行者 ……………………………… 野村　久一郎
・印刷所 ……………………………… 広研印刷株式会社
・発行所 ……………………………… 株式会社　清水書院

〒102-0072　東京都千代田区飯田橋3-11-6
Tel・03(5213)7151～7
振替口座・00130-3-5283
http://www.shimizushoin.co.jp

検印省略
落丁本・乱丁本は
おとりかえします。

本書の無断複写は著作権法上での例外を除き禁じられています。複写される場合は，そのつど事前に，㈳出版者著作権管理機構（電話 03-3513-6969, FAX03-3513-6979, e-mail:info@jcopy.or.jp）の許諾を得てください。

Century Books

Printed in Japan
ISBN978-4-389-42196-0

CenturyBooks

清水書院の〝センチュリーブックス〟発刊のことば

近年の科学技術の発達は、まことに目覚ましいものがあります。月世界への旅行も、近い将来のこととして、夢ではなくなりました。しかし、一方、人間性は疎外され、文化も、商品化されようとしていることも、否定できません。

いま、人間性の回復をはかり、先人の遺した偉大な文化を継承して、高貴な精神の城を守り、明日への創造に資することは、今世紀に生きる私たちの、重大な責務であると信じます。

私たちがここに、「センチュリーブックス」を刊行いたしますのは、人間形成期にある学生・生徒の諸君、職場にある若い世代に精神の糧を提供し、この責任の一端を果たしたいためであります。

ここに読者諸氏の豊かな人間性を讃えつつご愛読を願います。

一九六七年

清水幹山

SHIMIZU SHOIN